Kommerzielle Datenverarbeitung

Eine Schriftenreihe herausgegeben von

Dr.-Ing. Arno Schulz

Elektronische Datenverarbeitung in Handelsbetrieben

von

Hans Robert Hansen

mit 57 Abbildungen

Walter de Gruyter & Co · Berlin 1970

vormals G. J. Göschen'sche Verlagshandlung · J. Guttentag, Verlagsbuchhandlung · Georg Reimer · Karl J. Trübner · Veit & Comp.

 – Archiv-Nr. 1381 701. – Satz und Druck: Courier Druckhaus Ingolstadt. Printed in Germany.

Vorwort

Der moderne Handelsbetrieb ist durch ein großes, sich ständig änderndes Artikelsortiment gekennzeichnet. Dies erfordert eine laufende Kontrolle des Betriebsgeschehens durch das Management. Dazu dienen Informationen, indem alle Real- und Nominalgüterbewegungen auf eine „Informationsebene" abgebildet werden. Dem Computer kommt in diesem Zusammenhang eine entscheidende Bedeutung zu. In dieser Veröffentlichung werden die Anwendungsmöglichkeiten der elektronischen Datenverarbeitung in Handelsbetrieben, wie sie sich aufgrund des gegenwärtigen Standes der elektronischen Verfahrenstechnik ergeben, zusammenfassend dargestellt und einer kritischen Betrachtung unterzogen. Um hierbei zu praxisnahen Ergebnissen zu kommen, hat der Verfasser 1965 und 1969 zwei empirische Erhebungen im Handel durchgeführt, über die hier auch berichtet wird.

Diese Arbeit entstand am Institut für Wirtschaftsprüfungs- und Beratungswesen und der Abteilung für Beschaffungs-, Absatz- und Werbeforschung (Vorstand Professor Dr. C. W. Meyer) der Universität Würzburg. Der Verfasser dankt Herrn Professor Meyer, der diese Arbeit angeregt und durch zahlreiche Hinweise und Diskussionen gefördert hat.

Berlin und Würzburg, im Mai 1970

Arno Schulz
als Herausgeber

Hans Robert Hansen
als Verfasser

Inhalt

1. Anwendungsmöglichkeiten der elektronischen Datenverarbeitung in Handelsbetrieben 11

1.1 Rationalisierungsziele beim Einsatz der elektronischen Datenverarbeitung in Handelsbetrieben 11
1.11 Rationellere Gestaltung der Abläufe 11
1.12 Erweiterte Erschließung von Informationen 12
1.13 Erhöhung der Wirtschaftlichkeit 13

1.2 Struktur des Handels in der Bundesrepublik Deutschland im Hinblick auf die Anwendbarkeit der elektronischen Datenverarbeitung 14
1.21 Abhängigkeit der Anwendbarkeit der elektronischen Datenverarbeitung in Handelsbetrieben von der Betriebsgröße 14
1.22 Gliederung der deutschen Handelsbetriebe nach Betriebsgrößenklassen 15
1.23 Möglichkeiten mittlerer und kleinerer Handelsbetriebe an den Vorteilen der elektronischen Datenverarbeitung teilzuhaben 18
1.231 Gemeinschaftsanlagen 20
1.232 Datenverarbeitung im Lohnauftrag 21
1.233 Datenfernverarbeitung 23

1.3 Auswahlprobleme beim Einsatz der elektronischen Datenverarbeitung in Handelsbetrieben 26
1.31 Ausrichtung der Grundsatzentscheidungen beim Einsatz der elektronischen Datenverarbeitung auf die Bedingungslage 26
1.32 Bewertung der Bedingungslage 28
1.33 Entscheidungsfindung bei der Grundsatzentscheidung über den Automationsgrad der Datenverarbeitung 39
1.34 Optimaler Automationsgrad der Datenverarbeitung in einem angenommenen Handelsbetrieb 47

1.4 Datenerfassungsverfahren für Handelsbetriebe 52
1.41 Datenerfassung durch Lochkarten- und Lochstreifengeräte 53
1.411 Manuelle Stanzverfahren 53
1.411.1 Datenerfassung durch konventionelles Ablochen 53
1.411.2 Datenerfassung durch Ziehkarten 54
1.411.3 Datenerfassung durch Lochkartenetiketten 55
1.412 Strichmarkierungsverfahren 56
1.412.1 Elektromechanisches Umsetzungsverfahren 56
1.412.2 Fotoelektrisches Umsetzungsverfahren 57
1.412.3 Elektromagnetisches Umsetzungsverfahren 57
1.413 Erfassungsverfahren an Maschinenkombinationen 57

1.42 Datenerfassung durch Magnetbandbeschriftungsgeräte 58

1.43 Datenerfassung durch beleglesende Geräte 59
1.431 Markierungsleser 60
1.432 Magnetschriftleser 61
1.433 Klarschriftleser 62
1.434 Handschriftleser 63

1.44 Datenerfassung durch Datenstationen 65

2. Anwendungsbereiche der elektronischen Datenverarbeitung in Handelsbetrieben 67

2.1 Elektronische Datenverarbeitung im Warenbereich 67
2.11 Arbeitsablauf beim Einsatz einer elektronischen Rechenanlage für die Fakturierung 68
2.12 Arbeitsablauf beim Einsatz einer elektronischen Rechenanlage für die Lagerbestandsrechnung und das Bestellwesen 70
2.121 Lagerbestandsführung 70
2.122 Bestellwesen 74
2.121.1 Einfache Lagerbestandslisten 74
2.121.2 Lagerbestandslisten mit Bestellhinweisen 74
2.121.3 Lagerbestandslisten mit Bestellvorschlägen 75
2.121.4 Bestandsrechnung mit Lageroptimierungsmodellen 75
2.13 Arbeitsablauf beim Einsatz einer elektronischen Rechenanlage zur Erstellung von Umsatz- und Ertragsstatistiken 75
2.131 Artikelstatistiken 76
2.131.1 Warengruppenkontrolle 77
2.131.2 Stückkontrolle 77
2.132 Warengruppenstatistik nach Vertretern oder Verkaufsstätten .. 79
2.133 Kundenumsatzstatistik 79

2.2 Elektronische Datenverarbeitung im Rechnungswesen 81
2.21 Arbeitsablauf beim Einsatz einer elektronischen Rechenanlage für die Debitorenbuchhaltung 81
2.211 Soll-Buchung der Debitoren (Rechnungsausgang) 81
2.212 Haben-Buchung der Debitoren (Zahlungseingang) 82
2.213 Erstellung von Mahnungen 83
2.214 Erstellung von Kontenübersichten 84
2.215 Erstellung von Saldenlisten 86
2.22 Arbeitsablauf beim Einsatz einer elektronischen Rechenanlage für die Kreditorenbuchhaltung 86
2.221 Haben-Buchung der Kreditoren (Rechnungseingang) 86
2.222 Soll-Buchung der Kreditoren (Zahlungsanweisung) 88
2.23 Arbeitsablauf beim Einsatz einer elektronischen Rechenanlage für die Betriebsabrechnung 88
2.231 Erstellung des Betriebsabrechnungsbogens 89
2.232 Ermittlung der Kalkulationsfaktoren 91

2.3 Elektronische Datenverarbeitung im Führungsbereich 91
2.31 Ganzheitliche Informations- und Entscheidungssysteme 92
2.32 Ganzheitliche Informationssysteme 94
2.33 Einzelne Handelsfunktionen umfassende Modelle der Unternehmensforschung 97
2.331 Problematik von Optimierungsmodellen im Bereich des Handels – Anwendungsmöglichkeiten und Grenzen beim Einsatz der elektronischen Datenverarbeitung 98
2.332 Wartezeitprobleme 101
2.332.1 Methodische Grundlagen 101
2.332.2 Bildung eines Programmansatzes 103
2.332.3 Praktische Anwendung 107
2.333 Zuteilungsprobleme 107
2.333.1 Methodische Grundlagen 107
2.333.2 Bildung eines Programmansatzes des Transportproblems 109
2.333.3 Praktische Anwendung 112
2.334 Lagerhaltungsprobleme 113
2.334.1 Methodische Grundlagen 113
2.334.2 Bildung eines Programmansatzes 114
2.334.3 Praktische Anwendung 118

3. Anwendung der elektronischen Datenverarbeitung in der Handelspraxis – Ergebnisse empirischer Erhebungen von 1965 bis 1969 120

3.1 Art und Umfang der empirischen Erhebungen des Verfassers 120

3.2 Automationsgrade der Datenverarbeitung in den in die Untersuchungen des Verfassers einbezogenen Handelsbetrieben 122
3.21 Aufgliederung nach Bedarfsgruppen 122
3.22 Aufgliederung nach Betriebsformen 126
3.23 Aufgliederung nach Bruttoumsätzen 129
3.24 Aufgliederung nach Beschäftigten 132

3.3 Kennzeichnung der im deutschen Handel installierten und bestellten elektronischen Rechenanlagen 135
3.31 Aufgliederung der installierten und bestellten elektronischen Rechenanlagen nach Herstellermodellen 135
3.32 Aufgliederung der installierten elektronischen Rechenanlagen nach Computergrößenklassen 139
3.33 Aufgliederung der installierten elektronischen Rechenanlagen nach Anteilen der Hersteller 140

3.4 Kennzeichnung der Gemeinschaftsanlagen und der Datenverarbeitung im Lohnauftrag in den in die Untersuchungen des Verfassers einbezogenen Handelsbetrieben 142
3.41 Beschreibung der ermittelten Gemeinschaftsanlagen 143
3.42 Beschreibung der ermittelten Handelsbetriebe, die ihre Datenverarbeitung in Lohnarbeitsbetrieben durchführen 145

3.5 Argumente für und wider die Einführung der elektronischen Datenverarbeitung in den in die Untersuchungen des Verfassers einbezogenen Handelsbetrieben 146
3.51 Ablehnungsgründe 146
3.52 Einführungsgründe 150

3.6 Organisatorische Aspekte der elektronischen Datenverarbeitung in den in die Untersuchungen des Verfassers einbezogenen Handelsbetrieben 152
3.61 Vorbereitungszeiten bei der Installation 152
3.62 Organisatorische Stellung und Verbindungswege der Datenverarbeitungsabteilung 153

3.7 Anwendungsgebiete elektronischer Rechenanlagen in den in die Untersuchungen des Verfassers einbezogenen Handelsbetrieben 155
3.71 Verwendungszwecke der ermittelten elektronischen Rechenanlagen .. 155
3.72 Integrationsgrade der elektronischen Datenverarbeitung 158

3.8 Kosten der elektronischen Datenverarbeitung in Handelsbetrieben 159
3.81 Beeinflussung der Kostensituation durch die Einführung der elektronischen Datenverarbeitung 159
3.82 Gesamtkosten der Abteilung „Elektronische Datenverarbeitung“ 161
3.83 Einmalig anfallende Kosten der elektronischen Datenverarbeitung ... 162
3.84 Laufend anfallende Kosten der elektronischen Datenverarbeitung 164

3.9 Erträge der elektronischen Datenverarbeitung in den in die Untersuchungen des Verfassers einbezogenen Handelsbetrieben 167
3.91 Beeinflussung der Ertragssituation durch die Einführung der elektronischen Datenverarbeitung 167
3.92 Gesamterfolg des Einsatzes der elektronischen Datenverarbeitung 169

Schlußbetrachtung 171
Beschreibung der bei den Programmablaufplänen verwendeten Symbole .. 174
Quellenverzeichnis 175
Sachregister 201

1. Anwendungsmöglichkeiten der elektronischen Datenverarbeitung in Handelsbetrieben

1.1 Rationalisierungsziele beim Einsatz der elektronischen Datenverarbeitung in Handelsbetrieben

Handelsbetriebe überwinden durch die Verrichtung betriebswirtschaftlicher Funktionen die zwischen Erzeugung und Verbrauch bestehenden Spannungen quantitativer, qualitativer, zeitlicher und räumlicher Art. Die Funktionsverrichtungen finden im Rahmen des nach dem Prinzip der Wirtschaftlichkeit gestalteten Betriebsprozesses in den Phasen der Beschaffung, der Lagerhaltung mit Manipulation und des Vertriebs ihren Ausdruck. Als Zentrum der betrieblichen Willensbildung lenkt die Handelsbetriebsführung den Betrieb als Ganzes und gibt Direktiven für die rationelle Ausübung der Handelsfunktionen in den verschiedenen Leistungsbereichen vor.

Die Rationalisierung der Betriebsstruktur und der betrieblichen Prozesse ist eines der Hauptanliegen der Führung. ‚Rationalisierung' wird dem Wortsinne nach in der betriebswirtschaftlichen Theorie und Praxis unterschiedlich definiert. So nennt beispielsweise Gablers Wirtschaftslexikon für diese Bezeichnung die Begriffsinhalte „Durchführung von Maßnahmen zur Steigerung des wirtschaftlichen Erfolges", „Wahl des richtigen Weges, den Verteilungsprozeß zu vereinfachen", „Einsparung menschlicher Arbeitskräfte", „Streben nach zweckentsprechender Mechanisierung" oder einfach „vernünftig gestalten". In diesen Definitionen werden jeweils Absichten der Rationalisierungsbemühungen genannt, die synonym für die Zwecksetzung der elektronischen Datenverarbeitung stehen können.

Der Anwendungszweck der elektronischen Datenverarbeitung in Wirtschaftsbetrieben ist die Automatisierung der formalen Seite des Betriebsprozesses. Aus dieser allgemeinen Zwecksetzung lassen sich die Rationalisierungsziele ableiten, die von Fall zu Fall von der Betriebsführung durch den Einsatz der realtechnischen Sachmittel verfolgt werden.

1.11 Rationellere Gestaltung der Abläufe

Der Einsatz der elektronischen Datenverarbeitung in Handelsbetrieben ermöglicht die Bearbeitung von, mit anderen Mitteln nicht bzw. nicht im Rahmen der notwendigen Termine zu bewältigendem Massenanfall von Daten. In den Großbetrieben des Handels ist, insbesondere bei den häufig Tausende von Artikeln umfassenden Sortimenten und der hohen Zahl täglich eingehender Aufträge, ein derart großer Datenanfall gegeben, daß mit den herkömmlichen manuellen oder konventionellen Mitteln der Datenverarbeitung die ständig wachsenden Datenmengen oft nicht mehr (bzw. nicht rechtzeitig) bewältigt werden können. Es ist deshalb verständlich, daß sich der Einsatz der Computer im Handel zuerst auf solche Gebiete erstreckte, in welchen nach generellen Regeln massenhaft anfallende Daten zu verarbeiten waren. Die Elektronenrechner übernahmen damit die ‚klassischen' Arbeitsgebiete der konventionellen Lochkartenanlagen wie die Fakturierung, die Lagerbestandsrechnung, die Abrechnung der Löhne und Gehälter usw.

Diese sogenannte Routinedatenverarbeitung ist durch die Elektronik schneller und sicherer durchzuführen, als mit herkömmlichen Mitteln. Es ist damit die Beseitigung einer Vielzahl von Fehlerquellen verbunden, die bei der manuellen Bearbeitung großer Datenmengen auftreten und umfangreiche Kontrollen erfordern, und die Mitarbeiter werden dadurch von ‚geistloser' Routinearbeit weitgehend befreit [507, S. 4].

Um eine genügende Auslastung der Rechnerkapazitäten zu sichern, ist die Umstellung möglichst vieler Arbeitsgebiete auf die Elektronik erforderlich. Die elektronische Datenverarbeitung beschränkt sich somit nicht auf einzelne betriebliche Teilbereiche, sondern sie hat Auswirkungen auf den gesamten Betriebsprozeß. Der Idealfall ist die voll automatisierte integrierte Datenverarbeitung, d. h. „die zusammengefaßte, miteinander verknüpfte Datenverarbeitung eines Unternehmens, wobei die Integration als ein Regelsystem aufgefaßt wird, dazu bestimmt, die Verarbeitung aller im Unternehmen anfallender Daten entsprechend den Zielen der Unternehmensführung vorzunehmen" [182, 2. Blatt].

Je höher der Automationsgrad der Verwaltung eines Betriebes ist, desto mehr muß sich das menschliche Handeln sowohl in zeitlicher, als auch in qualitativer Hinsicht an die eingesetzten Maschinen anpassen, so daß dadurch eine straffere Führung der Datenverwaltung ermöglicht wird [507, S. 4]. Die Einführung der elektronischen Datenverarbeitung zwingt dazu, die gesamte Organisation neu zu durchdenken und sie nach den Erfordernissen der realtechnischen Sachmittel zu gestalten. Es genügt nicht, bestehende Arbeitsabläufe einfach auf die neuen Maschinen umzustellen; vielmehr muß versucht werden, „die Ziele jedes einzelnen Datenverwaltungsweges mit den der mechanisierten oder automatisierten Datenverwaltung adäquaten Formen zu erreichen" [507, S. 4].

1.12 Erweiterte Erschließung von Informationen

Je unübersichtlicher und vielfältiger die internen und externen Gegebenheiten der Bedingungslage eines Handelsbetriebes beschaffen sind, desto größere Dienste kann ein Computer leisten, indem er eine methodische und umfassende Auswertung aller anfallenden Daten ermöglicht, die Flußzeit der Informationen verkürzt und durch prägnante Führungszahlen Grundlagen für ein situationsgerechtes Vorgehen erarbeitet. Weil die realtechnischen Sachmittel in der Lage sind, Routinearbeiten der Führung selbständig zu übernehmen und die Ergebnisse in komprimierter Form schneller als alle bisherigen Maschinen zu liefern, können sich die Führungskräfte auf die Bearbeitung von besonders schwierigen Vorgängen beschränken und sich auf Entscheidungen in Ausnahmefällen konzentrieren (management by exception). Sie gewinnen damit Zeit für ihre eigentlichen Führungsaufgaben (Koordination, Entwicklung neuer Ideen usw.) und verschleißen nicht im täglichen ‚Alltagskram'.

Einen zusätzlichen Vorteil, die Gewinnung von auf anderem Wege nicht zu erhaltender Informationen, erbringt der Einsatz der elektronischen Datenverarbeitung für Zwecke der Unternehmensforschung (Operations Research). Durch umfangreiche Berechnungen mit Hilfe quantitativer Modelle werden hierbei die Entsprechungsgrade möglicher Entscheidungsalternativen mit den Zielsetzungen der Betriebsführung geprüft und damit deren Entscheidungen systematisch vorbereitet und fundiert.

1.13 Erhöhung der Wirtschaftlichkeit

Das Wirtschaftlichkeitsstreben ist eine weitere ‚Dimension' der Rationalisierungsziele [57, S. 67 ff.]. Eine exakte Bestimmung der Veränderungen der Aufwands-/Ertrags-Verhältnisse durch das neue Organisationsmittel ist schwierig, weil sich im Handelsbetrieb „bewertbare Erfolge einer elektronischen Datenverarbeitung ... in aller Regel nur bei Bearbeitung von Aufgaben der reinen Datenverarbeitung nachweisen lassen" [107, S. 179]. Dagegen bleiben nicht bewertbare Vorteile unberücksichtigt, die zum Beispiel aus der schnelleren exakteren Berichterstattung, der Vermeidung von Spitzenbelastungen im Abrechnungswesen, der Verhinderung von Parallelarbeiten durch ‚zwangsläufige' Konzentration der Abrechnung, der Verminderung des Termindrucks und der besseren Übersichtlichkeit der Organisation resultieren [10, S. 113 ff.]. Ebensowenig lassen sich z. B. die Kosteneinsparungen exakt erfassen, die sich im Handel beim Einsatz der Elektronik durch eine Senkung der Lagerbestände, die erhöhte Lieferbereitschaft, eine Verminderung der Außenstände u. ä. ergeben.

Auf die Probleme und die Aussagefähigkeit einer Wirtschaftlichkeitsrechnung beim Einsatz der elektronischen Datenverarbeitung geht der Verfasser an anderer Stelle ein [53, S. 102 ff.]. Hier sei nur erwähnt, daß die Entscheidung über die Einführung der neuen Organisationsmittel in hohem Maße durch die möglichen Aufwandssenkungen und Ertragssteigerungen gegenüber konventionellen Möglichkeiten der Datenverarbeitung bestimmt werden sollte. Der Einsatz der Elektronik erscheint in einem Handelsbetrieb nur dann gerechtfertigt, wenn sich — zumindest langfristig — nicht nur Produktivitäts-, sondern auch Rentabilitätsvorteile gegenüber den herkömmlichen Methoden ergeben.

1.2 Struktur des Handels in der Bundesrepublik Deutschland im Hinblick auf die Anwendbarkeit der elektronischen Datenverarbeitung

Ob sich ein Handelsbetrieb die vielfältigen Vorteile der elektronischen Datenverarbeitung zunutze machen kann, hängt in erheblichem Maße davon ab, inwiefern er die immer noch sehr hohen Kosten einer derartigen Anlage zu tragen vermag. Die Abhängigkeit der Anwendbarkeit der elektronischen Datenverarbeitung in Handelsbetrieben von der Betriebsgröße, die Gliederung der deutschen Handelsbetriebe nach Größenklassen und die Möglichkeiten der kleineren und mittleren Handelsbetriebe, an den Vorteilen der elektronischen Datenverarbeitung zu partizipieren, sollen im folgenden untersucht werden.

1.21 Abhängigkeit der Anwendbarkeit der elektronischen Datenverarbeitung in Handelsbetrieben von der Betriebsgröße

Die Lochkartenversion einer elektronischen Datenverarbeitungsanlage kostet monatlich mindestens ca. 6000,– bis 7000,– DM Miete. Kartenanlagen mit einem on-line-Drucker und einer für größere Aufgaben ausreichenden Speicherkapazität erfordern monatliche Mieten von über 10 000,– DM. Magnetband- und Magnetplattenversionen sind ab ca. 12 000,– DM Monatsmiete zu haben. Zu diesen hohen Mietkosten kommen noch hohe Einrichtungskosten [239, S. 1]. Beim Kauf derartiger Anlagen sind die Kosten entsprechend der von den Herstellern zugrundegelegten Nutzungsdauer von vier bis fünf Jahren etwa 50- bis 60mal höher als der Mietzins [107, S. 209 ff.].

Durch diese sehr hohen Kosten sind die Einsatzmöglichkeiten der elektronischen Datenverarbeitung in Handelsbetrieben in der Bundesrepublik Deutschland bereits abgegrenzt. Da die Handelsbetriebe nach dem erwerbswirtschaftlichen Prinzip arbeiten, läßt sich der Einsatz der elektronischen Datenverarbeitung erst ab einer bestimmten Betriebsgröße wirtschaftlich rechtfertigen.

„Wünschenswert wäre eine konkrete zahlenmäßige Angabe, von welcher Betriebsgröße an sich der Einsatz rentiert“ [102, S. 5]. Aus folgenden Gründen ist jedoch eine solche Angabe nur bedingt möglich:

1. Die elektronischen Rechenmaschinen variieren in ihrer Größe, ihren Fähigkeiten und ihrem Preis [546, S. 8];
2. die Betriebsgröße ist ein zu komplexer Begriff.

Die Betriebsgröße ist eine Größe, die sich aus einer Reihe von Komponenten zusammensetzt, wie zum Beispiel der Umsatzleistung, der Breite des Sortiments, der Höhe des Grundkapitals, der Beschäftigtenzahl, oder auch der Größe des Lagers. Würde man jedoch nur eine dieser Komponenten zum Kriterium für den lohnenden Einsatz der elektronischen Datenverarbeitung machen, so könnte dies sehr leicht zu einer falschen Entscheidung führen.

„Die Verschiedenartigkeit der Waren hinsichtlich Wert und äußerer Beschaffenheit, abweichende Absatzhäufigkeiten in den einzelnen Branchen, Einflüsse von Standort, Dienstleistungen und speziellen Betriebsaufgaben führen zu unterschiedlichen Betriebskosten und Datenverarbeitungsaufgaben in den einzelnen Handelsbetrieben und schmälern ebenfalls die Aussagekraft der Betriebsgröße als Maßstab für die Wirtschaftlichkeit der elektronischen Datenverarbeitung" [558].

Als Beispiel dafür, wie abwegig es ist, Mindestbetriebsgrößen als Kriterium für einen wirtschaftlichen Einsatz der elektronischen Rechenanlagen heranzuziehen, beschreibt Hartmann [54, S. 58] den lohnenden Einsatz einer kleineren elektronischen Rechenanlage in einem Büro für statische Berechnungen in Westdeutschland. Dieses Büro beschäftigte nur 10 Mitarbeiter. Die Anlage (Mietkosten 7000,– DM) setzte das Unternehmen jedoch in die Lage, Aufträge hereinzunehmen, für deren Durchführung sonst etwa 40 Mitarbeiter erforderlich gewesen wären; zudem wurden die statischen Berechnungen mit 1/10 der früheren Kosten erstellt. Hartmann möchte mit diesem Beispiel die zum Teil in der Fachliteratur [194, S. 25; 102, S. 6] vertretene Ansicht widerlegen, wonach bestimmte Mindestbetriebsgrößen als Kriterium für einen rentablen Einsatz der elektronischen Datenverarbeitung genannt werden können.

Da jedoch die Computer im deutschen Handel in der Regel kaum als hochwertige Rechenanlagen für Optimierungsprobleme, sondern vielmehr in überwiegendem Maße für Zwecke der reinen Routinedatenverarbeitung eingesetzt werden, kann die Kenntnis der Betriebsgröße sicherlich Prognosen darüber erleichtern, inwieweit der Handelsbetrieb in der Lage sein wird, die erheblichen Kosten der elektronischen Anlagen zu tragen. Als wichtigstes Kriterium für den wirtschaftlichen Einsatz der elektronischen Datenverarbeitung nennt Hartmann „eine möglichst große Zahl täglicher und in der Art sich wiederholender Geschäftsvorfälle" [54, S. 59]. Ein derart großer, für die elektronische Bearbeitung geeigneter Datenanfall ist jedoch im Handel in der Regel erst ab einer bestimmten Umsatzleistung bzw. einer entsprechenden Beschäftigtenzahl gegeben. Insofern kann das Kriterium der Betriebsgröße mit gewissen Einschränkungen (vgl. hierzu die Abschnitte 3.23 und 3.24) darüber Aufschluß geben, ob die Untersuchung der Organisation eines Handelsbetriebes in Bezug auf die Anwendung der elektronischen Datenverarbeitung erfolgversprechend ist [332, S. 212].

1.22 Gliederung der deutschen Handelsbetriebe nach Betriebsgrößenklassen

Um einen ungefähren Überblick über die Möglichkeiten des Einsatzes der elektronischen Datenverarbeitung in Handelsbetrieben in der Bundesrepublik Deutschland zu geben, werden im folgenden diese Betriebe auf Grund ihrer

Betriebsgröße gegliedert. „Merkmal der Betriebsgröße dürfte bei Einzelhandlungen in erster Linie die Absatzbereitschaft des Betriebes sein. Diese findet ihren Ausdruck in der Zahl der Personen, die für die Umsatzleistung (Beschaffung und Absatz) eingesetzt werden, in der Größe des Warenlagers und der Geschäftsräume. In Ermangelung einer exakteren Erfassung kommt der Leistungsbereitschaft der erzielte Absatz am nächsten, obwohl dieser den Leistungswillen und die Leistungsbereitschaft des Betriebes nur in ihren realisierten Teilen ausdrückt" [138, S. 340]. Entsprechend dieser Definition Seyfferts werden im folgenden zur Größenklassenfixierung sowohl der Einzelhandels- wie der Großhandelsbetriebe die Absatzhöhe und die Zahl der Beschäftigten herangezogen.

Da die Kenntnis der Betriebsgröße jedoch nur Anhaltspunkte dafür geben kann, inwiefern die Betriebe in der Lage sein werden, die erheblichen Kosten der elektronischen Datenverarbeitung zu decken, gelten die folgenden Faustzahlen nur unter großen Vorbehalten. Verschiedene Herstellerfirmen elektronischer Rechenanlagen sind der Ansicht, daß die gesamten Jahreskosten des elektronischen Systems nicht 1 % des Jahresumsatzes eines Handelsbetriebes übersteigen sollten. Auch Glaser geht davon aus, daß eine Kostenbelastung von 1 % vom Umsatz als Richtzahl für den wirtschaftlichen Einsatz von Datenverarbeitungsanlagen in Handelsbetrieben angesehen werden kann [242, S. 3]. Dieser Kostenbegriff beinhaltet die Mietkosten bzw. die Abschreibung der Anlagen, die Gehälter für Bedienungspersonal, Materialkosten, Heizung, Licht, Strom usw. Damit käme jedoch bei den gegenwärtigen Preisen für elektronische Rechenanlagen der Einsatz eines Computers nur für Betriebe mit mindestens 10 Millionen DM Jahresumsatz in Frage. Nach Meinung der Rationalisierungsgemeinschaft des Handels eignen sich Großhandelsbetriebe sogar erst dann für den Einsatz der elektronischen Datenverarbeitung, wenn sie einen Umsatz von mehr als 25 Millionen DM haben [237, S. 18]. Entsprechend den Werten der Abbildung 1 kämen somit in der Bundesrepublik Deutschland nur etwa 450 Einzelhandelsbetriebe und ca. 600 Großhandelsbetriebe für den Einsatz von Elektronenrechnern in Frage. Da die Zahlenangaben in Abbildung 1 aus dem Jahre 1961 datieren, dürften sich die Werte allerdings seither wesentlich erhöht haben. Trotzdem ist der Kreis der potentiellen Anwender der elektronischen Datenverarbeitung in Bezug auf die Gesamtzahl der deutschen Handelsbetriebe nach wie vor sehr klein, wenn man die Gültigkeit der angegebenen Faustzahl unterstellt. Letztere wird allerdings vom Verfasser erheblich in Zweifel gezogen, und die Auffassung, daß eine Kostenbelastung von 1 % des Umsatzes sozusagen die Wirtschaftlichkeitsschwelle für den Einsatz der elektronischen Datenverarbeitung im Handel darstelle, wurde auch durch praktische Untersuchungen widerlegt (vgl. Abschnitt 3.23). Eine derartige Faustzahl ist wegen verschiedener Branchenzugehörigkeiten und Funktionsverrichtungen der einzelnen Handelsbetriebe viel zu global und sie dürfte höchstens bei der gegenwärtig noch überwiegend

Absatzgrößenklassen in 1.000 DM	Anzahl der Einzelhandelsbetriebe in Prozent	Anzahl der Einzelhandelsbetriebe absolut	Absatzanteil der Einzelhandelsbetriebe in Prozent	Absatzanteil der Einzelhandelsbetriebe kumulierte Prozent	Anzahl der Großhandelsbetriebe in Prozent	Anzahl der Großhandelsbetriebe absolut	Absatzanteil der Großhandelsbetriebe in Prozent	Absatzanteil der Großhandelsbetriebe kumulierte Prozent
10 – 20	7,6	32.686	0,6	0,6	4,3	5.759	0,1	0,1
20 – 50	23,4	100.110	3,7	4,3	12,4	16.420	0,3	0,4
50 – 80	17,5	74.999	5,2	9,5	8,8	11.691	0,4	0,8
80 – 100	9,0	38.303	3,7	13,2	4,8	6.435	0,3	1,1
100 – 250	28,8	123.537	20,7	33,9	22,0	29.164	2,7	3,8
250 – 500	9,1	38.977	14,2	48,1	16,0	21.193	4,3	8,1
500 – 1.000	2,9	12.317	8,9	57,0	13,0	17.341	6,9	15,0
1.000 – 2.000	1,0	4.449	6,5	63,5	9,0	11.956	9,5	24,5
2.000 – 5.000	0,5	2.148	6,9	70,4	6,1	8.142	14,2	38,7
5.000 – 10.000	0,1	588	4,3	74,7	2,0	2.683	10,4	49,1
10.000 – 25.000	0,1	281	4,7	79,4	1,1	1.451	12,1	61,2
25.000 – 50.000	0,02	93	3,5	82,9	0,3	347	7,2	68,4
50.000 – 100.000	0,01	33	2,4	85,3	0,1	144	5,6	74,0
100.000 – 250.000	0,00	23	3,2	88,5	0,1	88	7,4	81,4
250.000 – 1.000.000	0,00	11	11,5	100,0	0,02	31	7,8	89,2
1.000.000 und mehr	0,00				0,01	13	10,8	100
insgesamt	100,00	428.565	100,0		100,00	132.849	100,0	

Abb. 1

Gliederung der umsatzsteuerpflichtigen Groß- und Einzelhandelsbetriebe des Bundesgebietes im Jahre 1961 nach Absatzgrößenklassen (jährlicher Bruttoumsatz) [171, S. 1197 ff.]

durchgeführten Routinedatenverarbeitung Anhaltspunkte für die Anwendbarkeit der elektronischen Datenverarbeitung bieten.

F. Martin nennt als unterste Grenze für die Anwendbarkeit der elektronischen Datenverarbeitung im kommerziellen Bereich Betriebe mit mindestens 200 Beschäftigten [194, S. 25]. G. Meyer differenziert insofern, als er für kleine Anlagen eine Mindestbeschäftigtenzahl von 2000 nennt, während sich der Einsatz großer Anlagen erst ab 10 000 Beschäftigten lohne [102, S. 6]. Diese Zahlen Meyers aus dem Jahre 1960 haben jedoch heute kaum noch Gültigkeit, da in den letzten Jahren sehr viel billigere, oft leistungsfähigere Anlagen auf den Markt kamen und somit eine nutzbringende Anwendung durchaus auch in mittleren Betrieben gewährleistet sein kann. Setzt man eine Beschäftigtenzahl von mindestens 100 Beschäftigten für die lohnende Anwendung der elektronischen Datenverarbeitung voraus, so kämen nach Abbildung 2 insgesamt etwa 2000 Einzelhandels- und Großhandelsbetriebe für die elektronische Datenverarbeitung in Frage. Praktische Untersuchungen haben ergeben, daß jedoch zum Teil auch Handelsbetriebe mit weniger als 100 Beschäftigten bereits elektronische Datenverarbeitungsanlagen installiert haben (vgl. Abschnitt 3.24).

Dadurch, daß die wirtschaftliche Verwendung der elektronischen Datenverarbeitung in Handelsbetrieben bestimmte Größenordnungen voraussetzt, wird der Einsatz der Computer vorerst vorwiegend in folgenden Betriebsformen die größten Fortschritte machen:

1. Warenhäuser,
2. Versandhäuser,
3. Filialbetriebe,
4. freiwillige Ketten, Konsum- und Einkaufsgenossenschaften,
5. sonstige Großbetriebe [165, S. 3] des Groß- und Einzelhandels, die durch einen entsprechend umfangreichen Datenanfall für eine elektronische Bearbeitung ihrer Geschäftsvorfälle geeignet sind [289, S. 721].

1.23 Möglichkeiten mittlerer und kleinerer Handelsbetriebe an den Vorteilen der elektronischen Datenverarbeitung teilzuhaben

Nur ein geringer Teil aller Handelsbetriebe kann sich also gegenwärtig die Anschaffung eines eigenen Computers leisten. Fast 80 % des gesamten Einzelhandelsumsatzes und etwa 60 % des Großhandelsumsatzes entfallen jedoch immer noch auf die klein- und mittelbetrieblichen Formen des Handels [289, S. 721]. Wollen auch diese Betriebe an den Vorteilen der elektronischen Datenverarbeitung teilhaben, ohne daß das Kostenproblem für sie unüberwindbar wird, so haben sie die Möglichkeit gemeinsam einen Computer zu benutzen oder ihre Datenverarbeitung außer Haus in einem herstellereigenen oder unabhängigen

Beschäftigtengrößenklasse mit . . . Beschäftigten	Anzahl der Einzelhandelsbetriebe		Beschäftigte der Einzelhandelsbetriebe		Anzahl der Großhandelsbetriebe		Beschäftigte der Großhandelsbetriebe	
	in Prozent	absolut	in Prozent	absolut	in Prozent	absolut	in Prozent	absolut
1 – 2	64,94	318.359	22,66	464.756	46,91	62.802	7,75	90.422
3 – 9	30,47	149.445	31,89	654.035	35,54	47.516	20,09	232.438
10 – 49	4,10	20.142	17,14	351,525	14,93	19.961	33,52	391.096
50 – 99	0,28	1.373	4,58	94.102	1,68	2.217	12,80	149.347
100 – 499	0,18	894	–	–	0,87	1.129	17,08	199.288
500 – 999	0,02	91	3,02	61.965	0,05	69	–	–
1.000 – 4.999	0,01	48	3,85	79.103	0,02	29	4,06	47.400
5.000 und mehr	0,00	13	–	–	0,00	1	–	–
insgesamt	100,00	490.365	100,00	2.051.077	100,00	133.724	100,00	1.166.465

Anmerkung: Die Werte an den mit – – gekennzeichneten Stellen konnten nicht ermittelt werden.

Abb. 2

Gliederung der Einzelhandels- und Großhandelsbetriebe des Bundesgebietes in Beschäftigtengrößenklassen nach dem letzten Handelszensus des Statistischen Bundesamtes [173, S. 210 f.]

Servicebetrieb in Lohnarbeit abwickeln zu lassen. Letztere Möglichkeit kommt auch für Handelsbetriebe in Betracht, welche durch eine schrittweise Automation einzelner Funktionen in Form der externen Verarbeitung den Übergang auf eine eigene elektronische Rechenanlage reibungslos ohne größere Umstellungsschwierigkeiten gestalten wollen, und sie ist in den Fällen angebracht, wenn kurzfristig auftretende Arbeitshäufungen (z. B. in der Hochsaison) nicht von der eigenen Anlage kapazitätsmäßig bewältigt werden können.

1.231 Gemeinschaftsanlagen

Bei einer Gemeinschaftsanlage kooperieren mehrere Handelsbetriebe im Betrieb einer elektronischen Datenverarbeitungsanlage. Aus dem Bereiche des Handels sind Beispiele bekanntgeworden, bei denen Großhändler gleicher [365, S. 52 ff.] und verschiedener Organisationen [253, S. 42 ff.], gleicher und verschiedener Wirtschaftsstufen und Groß- und Einzelhändler einer bzw. mehrerer Branchen [258, S. 8 ff.] in unterschiedlicher Anzahl (2 bis über 100 Teilnehmer) durch Gemeinschaftsanlagen zusammenarbeiten. Die im Gemeinschaftsbetrieb der elektronischen Datenverarbeitungsanlage entstehenden Kosten werden nach dem Kostendeckungsprinzip, entsprechend der Inanspruchnahme durch die Vertragspartner nach Schlüsseln aufgeteilt. In diesem Falle (d. h. wenn kein erwerbswirtschaftlicher Zweck verfolgt wird) kommen als Rechtsformen für den Betrieb der Anlage speziell die Formen des Konsortiums der BGB-Gesellschaft, also der GmbH, in Frage [385, S. 50].

Die Kosten der Vorbereitung des Rechenzentrums für eine Gemeinschaftsanlage, welche für die organisatorische Vorbereitung der notwendigen Räume mit Einbau von Klimaanlagen, doppelten Böden, schallschluckenden Wänden usw. sowie die eigentliche Installation mit den einmalig entstehenden Aufstellungsgebühren anfallen, werden von der Rationalisierungsgemeinschaft des Handels auf ca. 250 000,– bis 300 000,– DM geschätzt [385, S. 51]. Die laufenden Kosten für den Betrieb betragen je nach Ausstattung der Anlagen monatlich ca. 65 000,– bis 100 000,– DM, falls Rechner mittlerer Größe eingesetzt werden; der größte Teil der im Handel installierten und projektierten Gemeinschaftsanlagen bewegt sich im Preisbereich um rund 70 000,– bis 80 000,– DM [385, S. 52].

Die günstigsten, weil kostensparenden Bedingungen für eine Gemeinschaftsanlage liegen dann vor, wenn die Beteiligten ihre Datenverarbeitungsaufgaben nach einem allgemeingültigen Organisationsschema abwickeln können, da dadurch der Gebrauch von einheitlichen Programmen möglich wird. Die Verwendung gleicher Nummernsysteme bringt ebenfalls erhebliche Vorteile, so daß Handelsbetriebe ähnlicher Struktur offensichtlich beim Betrieb von Gemeinschaftsanlagen im Vorteil sind.

Die größten Probleme von Gemeinschaftsanlagen ergeben sich nicht – wie manchmal behauptet wird – durch Geheimhaltungsschwierigkeiten [363, S. 461], sondern durch die zeitliche Abstimmung der Arbeiten der verschiedenen Partner. Beßler schlägt hierzu vor, bereits festliegende Arbeiten nach bestimmten Prioritäten tageweise in monatliche Terminpläne einzutragen. „Für jede Woche des Planungsmonats werden anschließend Wochenpläne aufgestellt, die den zeitlichen Durchlauf der Datenblöcke durch die einzelnen Bearbeitungsstufen festlegen und die Maschinenbelegung ausweisen" [218, S. 2]. Trotzdem werden sich Terminkollisionen bei Gemeinschaftsanlagen durch Zeitüberschreitungen bei einzelnen Arbeiten nie ganz vermeiden lassen.

1.232 Datenverarbeitung im Lohnauftrag

Für die Datenverarbeitung im Lohnauftrag stehen bereits heute in fast allen größeren deutschen Städten Servicebüros der Hersteller elektronischer Rechenanlagen oder freie Rechenzentren zur Verfügung. Diese Möglichkeiten zur elektronischen Datenverarbeitung sind insbesondere für solche Betriebe geeignet, welche nur einzelne Arbeitsgebiete automatisieren wollen. Der Betrieb gliedert dann diese, in sich geschlossenen Datenverarbeitungsprobleme, wie z. B. im Handel die Lagerbestandsabrechnung, die Einkaufsdisposition, die Inventurauswertung, die Buchhaltung usw., aus dem Betriebsprozeß aus und läßt die entsprechenden Daten im Lohnauftrag auswerten.

Die Datenverarbeitung im Lohnauftrag ist jedoch relativ teuer. Der durchschnittliche Satz für eine Maschinenstunde beträgt je nach in Anspruch genommener Maschinenkonfiguration ca. 300,– bis 1000,– DM. Dazu kommt, daß Betriebe, die Servicebüros in Anspruch nehmen, in der Regel einen Teil der Maschinenprogramme erst noch anfertigen lassen müssen. Das kostet je nach Schwierigkeit des Programms zwischen 1000,– und 5000,– DM; bei sehr schwierigen Programmen kann die obere Grenze noch erheblich überschritten werden [247, S. 3].

Es ist deshalb bedeutsam, daß in jüngster Zeit gerade für den Bereich des Handels spezielle Anwendungsprogramme von unabhängigen Rechenzentren und von Herstellerseite entwickelt worden sind, die als Standardvorschläge für Abrechnungs- und Dispositionsaufgaben in Lohnarbeitsbetrieben konzipiert sind. Bekanntgeworden ist der umfassende allgemeine Vorschlag für den Lebensmittelgroßhandel von Raßbichler aus dem Jahre 1965, nach dem inzwischen 35 kleinere und mittlere Lebensmittelgroßhandlungen in verschiedenen Städten des Bundesgebiets arbeiten [311, S. 10]. Dieses in Zusammenarbeit mit einer Herstellerfirma entwickelte Anwendungsprogramm soll in kurzen Zügen erläutert werden.

Beim Erstellen der Programmteile ging Raßbichler von zwei Zielsetzungen aus:

1. Wirtschaftlichkeit des Verfahrens und Flexibilität des Standardvorschlags,
2. möglichst geringe Vorbereitungsarbeiten und -zeiten.

Diese Ziele werden erreicht, indem genaue Anweisungen für die Organisationsumstellung und Datenerfassung vorgegeben werden. Die Stammdaten werden bei der Umstellung in den Großhandelsbetrieben in Lochkarten gelocht und im Rechenzentrum dann auf Magnetplatten übertragen. Änderungen der Stammdaten, sowie alle anfallenden Geschäftsvorgänge werden ebenfalls in Lochkartenform erfaßt und in dieser Form an das Servicezentrum gesandt. Dort werden sie zur Änderung der Datenbestände und für laufende Auswertungen in die Datenverarbeitungsanlage eingegeben. Der Aufbau und das Ausfüllen der Ablochunterlagen sind in der Beschreibung des Standardvorschlags genauestens erklärt. Im einzelnen werden anhand der Bestellisten folgende Datengruppen erfaßt:

1. Kunden (bis zu 599 belieferte Abnehmer sind speicherplatzmäßig vorgesehen),
2. Artikel (für 6999 Artikel mit vierstelligen Nummern und einer Sonderstelle sind Speicherplätze vorgesehen),
3. Einstandspreise je Artikel,
4. Weitergabepreise je Artikel (für Karton und Abbruch),
5. Sonderabgabepreise,
6. (vorgeschlagene) Ladenverkaufspreise,
7. Staffelpreise,
8. Rabatte (fünf frei zu wählende Rabattbereiche),
9. Reisende (maximal 20 Reisende, pro Kunde bis zu 4 Reisende),
10. statistische Auswertungen (Kundenumsätze und Warenrohgewinne in 24 Warengruppen, Verkaufsmengen je Kunde für 10 ausgesuchte Artikel).

Die Datenanlieferung erfolgt durch Boten oder per Bahnexpreß abends, der Rücktransport vom Servicezentrum nach Fertigstellung der laufenden Arbeiten spätestens in den frühen Morgenstunden, so daß die Auswertungen normalerweise bei Arbeitsbeginn vorliegen.

An täglichen Arbeiten wird der Änderungsdienst der Datenbestände, die Fakturierung, das Erstellen von Kontoauszügen mit Bank-Lastschriften der Kunden und die Führung eines Rechnungsausgangsbuchs durchgeführt. Monatlich wird eine Rohgewinnermittlung nach Betriebsabteilungen (Sortimentsgruppen), nach 24 Warengruppen und für jeden einzelnen Artikel erstellt und eine Liste mit dem Umsatz und Rohgewinn der Großhandlung pro Streckenlieferant geliefert. Eine Sortimentsbeobachtungsliste gibt Aufschluß über die Bestellhäufigkeiten, die Umsatzhöhe und Rohgewinnhöhe der einzelnen Artikel, eine Vertreter-Liste weist die Umsätze je Vertreter für die Provisionsabrechnung aus und eine Kunden-Umsatzliste gibt einen Überblick über die pro Kunde getätigten Umsätze (aufgeteilt nach verschiedenen Gesichtspunkten). Als vierteljährliche Auswertungen werden von dem Rechenzentrum erstellt: Liste ‚Rohgewinn Großhandel nach Warengruppen', Kundenstatistik (Rohgewinn der Kunden nach Warengruppen), Gegenüberstellung der ,Rohgewinne Großhandel und Kunde', Mengenstatistik zehn ausgewählter Artikel [434, S. 678 ff.].

Aus dieser groben Skizzierung der Anwendungsprogramme wird bereits deutlich, welche Arbeitserleichterungen damit auf dem Gebiete der Routinedatenverarbeitung geschaffen werden und wie vielfältig die Auswertungsmöglichkeiten der Statistiken für Dispositionszwecke der Betriebsführung sind. Leider liegen bisher für andere Bereiche des Handels nur zum Teil derart umfassende Standardvorschläge für die Datenverarbeitung im Lohnauftrag vor. Ihre Erarbeitung durch Verbände, Herstellerfirmen und unabhängige Servicebüros dürften zukünftig weitere Kreise von Handelsbetrieben zur Benutzung von Rechenzentren veranlassen.

1.233 Datenfernverarbeitung

Die Übermittlung des Datenmaterials vom Handelsbetrieb zur Gemeinschaftsanlage bzw. zum Servicebüro erfolgt im Handel bisher noch meist durch Boten, per Post oder per Bahn, wodurch sich häufig nicht unerhebliche Verzögerungen ergeben, welche die Aktualität der Auswertungen einschränken. Einer der größten Vorteile der elektronischen Datenverarbeitung, nämlich die zeitnahe Informationsbeschaffung für Dispositionszwecke, wird bei diesen konventionellen Formen der Datenübermittlung nicht oder nur unvollkommen genutzt. Es ist deshalb insbesondere für den Handel mit seiner großen Zahl von mittleren und kleineren Betrieben und der hohen örtlichen Dezentralisation der einzelnen Betriebsstätten von Großunternehmen von erheblicher Bedeutung, daß innerhalb der letzten 5 Jahre – seit der Freigabe des Leitungsnetzes der Deutschen Bundespost für Zwecke der Datenübertragung im Jahre 1965 – erhebliche Fortschritte auf dem Gebiete der elektrischen Datenfernübertragung gemacht worden sind.

Datenfernverarbeitungssysteme bestehen aus Einheiten für die Ein- und Ausgabe, die Übertragung und die Verarbeitung der Daten. Als Geräte für die Übertragung ,maschinenfertiger' Daten werden von Herstellerseite angeboten [429, S. 139]:

1. Fernschreiber bzw. Geräte, die mit bis zu 50 Bits/Sekunde Übertragungsgeschwindigkeit arbeiten,
2. Geräte mit Tastatur bzw. langsamen Ein-/Ausgabeeinheiten für Lochkarten oder Lochstreifen mit Geschwindigkeiten bis zu 200 Bits pro Sekunde,
3. Einrichtungen, die von und zu maschinenlesbaren Speichermedien oder Puffereinrichtungen mit der maximal möglichen Geschwindigkeit von bis zu 2400 Bits pro Sekunde übertragen,
4. Geräte, die mit noch höheren Übertragungsgeschwindigkeiten arbeiten.

Erstere Geräte können bei Einhaltung gewisser Regeln über das öffentliche Fernschreibwahlnetz (Telexnetz) der Bundesrepublik übertragen, welches Geschwindigkeiten bis zu 50 Zeichen/Sekunde zuläßt. Geräte mit Übertragungsgeschwindigkeiten von bis zu 200 Bits pro Sekunde können auf überlassenen Telegraphenleitungen bzw. über das öffentliche Telegraphenwahlnetz (Datex-Netz) der Bundespost diese Leistungen erreichen, oder sie nehmen das öffentliche Fernsprechnetz bzw. fest gemietete Fernsprechstromwege für die Übertragung in Anspruch. In letzteren Fällen ist zwischen der Sende- bzw. Empfangsstation und der Fernsprechleitung eine spezielle Datenübertragungseinrichtung erforderlich. Dieses (beim Anschluß an das öffentliche Fernsprechnetz posteigene) Gerät dient zur Umsetzung (Modulation) der gesendeten Gleichstrom-Codezeichen in tonfrequente Codezeichen bzw. auf der Empfangsseite zur Rückumsetzung (Demodulation) in Gleichstromzeichen. Übertragungsgeräte, welche die maximal mögliche Geschwindigkeit der Fernsprechleitungen (1200 Bits/Sekunde, geplant 2400 Bits/Sekunde) ausnützen wollen, sind ebenfalls zur Verwendung posteigener Modems (Abkürzung für Modulator – Demodulator) gezwungen; letztere werden von der Bundespost gegen monatliche Gebühren den Teilnehmern überlassen und von der Post gewartet. Sie gestatten die Übertragung binärer codierter Nachrichten in jedem beliebigen Alphabet und Code. Die Bundespost erhebt gegenwärtig für die Zurverfügungstellung eines Modems eine einmalige Einrichtungsgebühr von 90,– DM, eine monatliche Grundgebühr zwischen 9,– und 18,– DM und eine Überlassungs- und Unterhaltungsgebühr je nach Größe des Modems von monatlich 25,– bis 195,– DM. Die Übertragungsgebühren entsprechen bei Inanspruchnahme von Telefonwählleitungen den normalen Fernsprechgebühren (18 Pf/Takt). Geräte, welche mit noch höheren Übertragungsleistungen arbeiten, als es die Fernsprechleitungen erlauben, sind auf Breitbandstromwege angewiesen, welche die Bundespost von Fall zu Fall zur Verfügung stellt [429, S. 139 f.].

Ohne auf die technischen Einzelheiten der zur Datenfernübertragung angebotenen Geräte einzugehen, sei erwähnt, daß Kuhrt/Giesecke/Maurer noch 1966 bei der Prüfung der zur Verfügung stehenden Einrichtungen zu dem Ergebnis kamen, „daß vorhandene Übertragungsanlagen bisher nur in beschränktem Maße in der Lage sind, Daten wirtschaftlich zu übertragen“ [84, S. 130]. Ursächlich für diese Tatsache sei die „ungenügende Fehlersicherheit der Systeme, besonders in bezug auf die erreichbare Fehlersicherheit elektronischer Rechenanlagen, und die Störanfälligkeit der Wahlleitungen“ und ferner die „mangelhafte Flexibilität in der Netzgestaltung und Austauschbarkeit der verschiedenen Systeme untereinander“ [84, S. 130]. Allerdings sind seither von den Herstellern neue Datenstationen [415, S. 793 ff.; 428, S. 144 ff.; 430, S. 211 ff.] und von seiten der Bundespost neue Fehlererkennungs- und Korrekturgeräte entwickelt worden, die auch bei stark gestörten Fernsprechverbindungen eine praktisch fehlerfreie Übertragung gewährleisten. Die Fehlerwahrscheinlichkeiten liegen bei ca.

fünf Bits je Million gesendeter Zeichen. Genaue Informationen über den gegenwärtigen Stand der technischen und verwaltungstechnischen Entwicklung enthalten die vom Fernmeldetechnischen Zentralamt der Deutschen Bundespost in Darmstadt herausgegebenen „Merkblätter zur Datenübertragung" (die von Interessenten angefordert werden können).

Bisher machen im Bereich des Handels nur einige wenige Großbetriebe (z. B. Warenhauskonzerne) von den Möglichkeiten der Datenfernübertragung Gebrauch. Die Rationalisierungsgemeinschaft des Handels kam nach einer Untersuchung der Kosten der Datenfernübertragung zu dem Schluß, daß für kleine und mittlere Handelsbetriebe die Übertragung über eigene Fernsprechleitungen wegen der hohen Kosten nicht in Frage komme und daß in diesen Fällen auch meist der Datenanfall nicht groß genug sei, um eine eigene Telegrafenleitung rentabel zu betreiben. Auch die Übertragung über das öffentliche Wählnetz sei für die meisten Handelsbetriebe noch zu teuer, so daß bis auf weiteres der Post- und Expreßversand der Datenträger wegen der niedrigen Kosten im Handel vorrangige Bedeutung behalten werde [401, S. 62 ff.]. Diese Feststellung aus dem Jahre 1966 besitzt nach Ansicht des Verfassers gegenwärtig nur noch beschränkte Gültigkeit, insbesondere wenn man bedenkt, daß die Aufwendungen für die Datenfernübertragung zusammen mit den anteiligen Kosten einer Gemeinschaftsanlage bzw. der Datenverarbeitung im Lohnauftrag immer noch wesentlich geringer sind als die Kosten für die Installation und den Betrieb einer eigenen elektronischen Rechenanlage. Über einen direkten Anschluß an ein Servicezentrum sind jedoch die Auswertungen der elektronischen Datenverarbeitung praktisch genauso schnell zu erhalten, wie über eine eigene Anlage [242, S. 3 ff.; 363, S. 461].

Für die USA wird geschätzt, daß schon 1975 der Fernmeldeverkehr für Aufgaben der elektronischen Datenverarbeitung die Größenordnung des gegenwärtigen Fernsprechverkehrs erreichen wird. Interessanterweise hat sich die Bundespost im September 1969 zusammen mit mehreren Datenverarbeitungsherstellern zur Gründung eines eigenen Computerdienstes entschlossen, so daß ein neuer Betriebstyp, die Deutsche Datel GmbH, neben die herstellereigenen und unabhängigen Servicezentren tritt. Diese Gesellschaft unterscheidet sich von den herkömmlichen Dienstleistungsbetrieben dadurch, daß sie in ihrer Struktur nicht von einem Anlagenhersteller abhängig ist. Als Kreis potentieller Kunden gelten vorwiegend mittelständische Unternehmen, welche durch Systemberatung, Programmierunterstützung und Kundenschulung und durch Zurverfügungstellung der erforderlichen Terminals unterstützt werden sollen. Durch Einrichtung von Agenturen, bei denen jeweils mehrere räumlich nahegelegene Kunden eine Datenendstation gemeinsam zum Kontakt mit dem Time-sharing-Rechenzentrum der Gesellschaft nutzen können, wird eine Senkung der laufenden Kosten für die einzelnen Teilnehmer angestrebt. Selbstverständlich können die Teilnehmerendeinrichtungen auch bei interessierten Kunden eingesetzt werden.

1.3 Auswahlprobleme beim Einsatz der elektronischen Datenverarbeitung in Handelsbetrieben

1.31 Ausrichtung der Grundsatzentscheidungen beim Einsatz der elektronischen Datenverarbeitung auf die Bedingungslage

Eine empirische Erhebung von Witte hat ergeben, daß der Entscheidungsprozeß bei der Erstinstallation elektronischer Rechenanlagen, beginnend mit dem Willensakt ernsthaft die Einführung der elektronischen Datenverarbeitung zu prüfen und endend mit dem Vertragsabschluß, im Durchschnitt (bei mehr als 300 untersuchten Unternehmen) ca. 14 Monate dauert. An diesem komplexen Entscheidungsprozeß wirken durchschnittlich 13 Personen mit [447, S. 492]. Die während dieses Prozesses zu fällenden grundsätzlichen Entscheidungen betreffen die Art der einzusetzenden Datenverarbeitung (manuelle, konventionelle oder elektronische Datenverarbeitung), die Benutzungsform bei elektronischer Datenverarbeitung (Betrieb einer eigenen Anlage, einer Gemeinschaftsanlage oder Vergabe der Datenverarbeitung im Lohnauftrag), die Maschinenkonfiguration (Maschinenart, Maschinenkapazität, Maschinenzahl), die Bezugsquellen (Hersteller, Leasing-Gesellschaften, sonstige Lieferanten z. B. für second-hand-computers), die auf die elektronische Datenverarbeitung zu übertragenden Aufgabenarten (Ausführungsarbeiten, Informationserschließung, Entscheidungsfindung) und den auf die elektronische Datenverarbeitung zu übertragenden Aufgabenumfang (einzelne Funktionsabläufe, Teilintegration, Vollintegration).

Diese Auswahlprobleme haben deshalb grundsätzlichen Charakter, weil sie – einmal entschieden – nicht ohne große organisatorische Schwierigkeiten und damit verbundene Kosten rückgängig gemacht werden können. Sie sind nicht delegierbar und fallen damit in den Aufgabenbereich der Betriebsführung, da ihre langfristigen Auswirkungen die Rentabilität und Stabilität des Betriebes nachhaltig beeinflussen und Fehlentscheidungen unter Umständen schwerwiegende Folgen im Spannungsverhältnis zwischen Kapital und Vermögen nach sich ziehen [20, S. 17].

Die Hauptprobleme im Rahmen des Entscheidungsprozesses beim Einsatz der elektronischen Datenverarbeitung bestehen darin, die jeweils situationsoptimalen Entscheidungsalternativen der genannten zur Wahl stehenden Möglichkeiten herauszufinden. „Der Wert der Alternativen ist das Maß ihrer Zweckerfüllung, d. h. einer Handlungsweise wird ein um so höherer Wert zugeordnet, je vollständiger sie den Zweck erfüllt“ [37, S. 3]. Um den Rang einer Alternative in der Skala alternativer Aktionsmöglichkeiten zu ermitteln, ist es somit erforderlich, den Grad ihrer Entsprechung bezüglich der Einflußtendenzen des Entscheidungsfeldes festzustellen. Dabei müssen alle auf einen Entscheidungskomplex wirkenden Bestimmungsfaktoren in die Beurteilung eingehen, und zwar mit dem Gewicht, das ihnen im Hinblick auf die zu treffende Entscheidung zukommt.

Auch wenn eine Entscheidung ‚nach dem Fingerspitzengefühl', d. h. durch Intuition, gefällt wird, berücksichtigt der Entscheidende in der Regel diese Determinanten der Bedingungslage des Auswahlproblems. Allerdings hängt dann die Qualität der getroffenen Entscheidung in starkem Maße von den Fähigkeiten dieses Subjekts ab, alle Gegebenheiten zu erkennen und zu berücksichtigen, welche das Entscheidungsfeld konstituieren, bestimmen und abgrenzen. Je komplexer die Objekte der Auswahlprobleme gestaltet sind, desto mehr besteht die Gefahr, daß das Entscheidungssubjekt die Vielzahl und Vielfalt der wirkenden Faktoren und möglichen Alternativen nur beschränkt erkennt, so daß der Vollkommenheitsgrad seiner Wahlhandlungen abnimmt [53, S. 211]. Da zudem das intuitive Handeln „zu einem großen Teil auf unbewußten Reaktionen" beruht und „keine rationale Begründung und Erfassung" [101, S. 86] zuläßt, ist es zur Lösung der Entscheidungsprobleme beim Einsatz der elektronischen Datenverarbeitung ungeeignet.

Eine zweite Methode des Entscheidungsfällens ist die quantitative Analyse, bei der auf Grund eines Modells mit Hilfe mathematischer Ansätze unter mehreren möglichen Alternativen die optimalste ermittelt wird. Das Entscheidungsmodell fußt auf einem System von Gleichungen, welche die Bedingungslage erfassen, bei welcher die anstehenden Wahlmöglichkeiten optimiert (d. h. die optimalen Lösungen gesucht) werden sollen. Gegenwärtig wird bereits mit erfolgversprechenden Ansätzen operiert. Das Hauptproblem dabei ist, sämtliche Einflüsse der Bedingungslage der zu behandelnden Entscheidungen zahlenmäßig zu erfassen.

Diese Schwierigkeiten ergeben sich nicht bei der von C. W. Meyer entwickelten Entscheidungsmethode der qualitativen Synthese. Diese gestattet auch eine Berücksichtigung nicht numerisch fixierbarer Einflüsse des Entscheidungsfeldes, indem sie auf der Grundlage einer qualitativen Bewertung alternierender Konstellationen der Bedingungslage die jeweils situationsoptimalen Handlungsalternativen bestimmt [100, S. 132 ff.]. „Derartige Entscheidungen richten sich also jeweils nach den gegebenen Umständen ... Es wird bei ihnen die beste Entsprechung zwischen den Merkmalen der zur Entscheidung anstehenden Wahlmöglichkeiten einerseits und den Merkmalen der Situation andererseits gesucht und durch die Entscheidung herbeigeführt" [101, S. 87]. Ausgangspunkt dieser Methode ist die Analyse der problemrelevanten Bestimmungsfaktoren. Sodann werden die Zusammenhänge zwischen diesen Determinanten und den Wahlhandlungsmöglichkeiten der in Frage stehenden Entscheidung untersucht und die einzelnen Bestimmungsfaktoren entsprechend ihrer Einflußstärke gewichtet. Daran schließt sich eine Bewertung der einzelnen Erscheinungsformen bzw. Merkmalsausprägungen der Bestimmungsfaktoren nach ihrer Einflußstärke auf die zur Wahl stehenden Alternativen an. Dieser isolierten Ermittlung der Einflußtendenzen der einzelnen Merkmale der Bestimmungsfaktoren folgt die Bestimmung der Gesamteinflüsse aller Bestimmungsfaktoren auf die verschiedenen

Wahlalternativen, so daß mittels dieser qualitativen Synthese ein rational fundierter Wahlakt (Entschluß) unter den möglichen Handlungsalternativen nach deren unterschiedlichen Intensitätsgraden einer Entsprechung mit der Bedingungslage ermöglicht wird. Als optimalste unter den zur Wahl stehenden Möglichkeiten wird jeweils jene erkannt, welche der Bedingungslage am besten angepaßt ist.

Im folgenden wird der Versuch unternommen, die Anwendbarkeit der Methode der qualitativen Synthese auf die Entscheidungsprobleme beim Einsatz der elektronischen Datenverarbeitung in Handelsbetrieben nachzuweisen. Die erste Stufe dieser Methode, die qualitative Analyse der problemrelevanten Bestimmungsfaktoren, soll hierbei ausgeklammert werden. Der Verfasser hat sich in seiner Arbeit „Bestimmungsfaktoren für den Einsatz elektronischer Datenverarbeitungsanlagen in Unternehmungen" [53] ausführlich mit der Untersuchung dieser Determinanten beschäftigt. Auf dieser Grundlage bauen die folgenden Ausführungen auf; sie werden eröffnet von der Gewichtung der einzelnen Bestimmungsfaktoren nach ihrer Einflußstärke auf die in Frage stehenden Grundsatzentscheidungen.

1.32 Bewertung der Bedingungslage

Bei der Entscheidungsfindung nach der Meyerschen Methode der qualitativen Synthese ist eine Bewertung der von den problemrelevanten Bestimmungsfaktoren der Bedingungslage auf das jeweilige Auswahlproblem einwirkenden Einflüsse notwendig. Im Gegensatz zu Ruf, der die Bewertung als ein ‚Wertgeben', d. h. als Zuerkenntnis eines Wertes auf Grund eines Bewertungsvorgangs interpretiert [125, S. 36 f.], wird hier der Ansicht von Engels gefolgt, wonach das Bewerten einen Vorgang der ‚Wertfeststellung' darstellt [37, S. 22]. „Dieser Auffassung gemäß wird in der Bewertung eine Tätigkeit erblickt, die festliegende effektive ‚Werte' erfasse" [125, S. 36]. Der Wert eines Objekts wird somit als diesem zugehörig betrachtet; er entsteht nicht erst durch den psychischen Vorgang der Bewertung. Das schließt jedoch nicht aus – da der Wert „eine ganz bestimmt definierte Subjekt-Objekt-Beziehung" [37, S. 22] feststellt – daß der Wert eines Objekts von verschiedenen Individuen unterschiedlich beurteilt wird.

Daraus folgt, daß es einen Wert, der nicht aus einer Subjekt-Objekt-Beziehung resultiert, sondern absolut für sich steht, den sogenannten ‚objektiven' Wert, nicht gibt [159, S. 65]. Es ist jedoch die Feststellung ‚verobjektivierter' Werte möglich, indem eine Vielheit von Individuen das zu bewertende Objekt einschätzt und die dominierenden Ansichten der Mehrheit zur Bestimmung der Werthöhe herangezogen werden. Aus diesem Grunde hat sich der Verfasser entschlossen, seine persönlichen Vorstellungen von der Bedeutung der problemrelevanten Bestimmungsfaktoren hintanzustellen, um durch eine empirische Untersuchung zu ermitteln, welcher Wert den Determinanten des Einsatzes der elektronischen Datenverarbeitung in Handelsbetrieben in der Praxis beigemessen wird.

Zu diesem Problemkreis wurden im Frühjahr 1969 über 400 verschiedene Handelsbetriebe befragt. Die Meinungen und Urteile zu den Einflußgewichten der Bestimmungsfaktoren dieses Entscheidungskomplexes waren jedoch nach Betriebsform, -größe und Branche der Befragten so unterschiedlich, daß sich keine eindeutigen Tendenzen der Übereinstimmung der verschiedenen Einzelschätzungen ergaben. Zudem war auch eine große Zahl der Befragten nicht willens bzw. erklärten sich aus Gründen der Arbeitsüberlastung u. ä. außerstande, den umfangreichen, an sie übersandten Fragebogen auszufüllen. Das Nichtzustandekommen einheitlicher Bewertungstendenzen ist erklärlich, wenn die unterschiedlichen Bedingungslagen der Befragten und die differierenden Bewußtseinslagen der jeweiligen Promotoren des Entscheidungsprozesses beim Einsatz der elektronischen Datenverarbeitung betrachtet werden. Am Beispiel des Bestimmungsfaktors ‚Saisonentwicklung' läßt sich dieser Sachverhalt verdeutlichen. Ein Spielwarenhändler, der ca. 70 % seines Jahresumsatzes in den Monaten November/Dezember tätigt, dürfte wahrscheinlich dieser Determinante großes Gewicht beimessen, da dadurch eine rationelle Ausnutzung einer elektronischen Datenverarbeitungsanlage in seinem Betrieb erschwert bzw. unter Umständen sogar unmöglich gemacht wird. Dagegen hat dieser Faktor z. B. für eine pharmazeutische Großhandlung überhaupt keine bzw. nur untergeordnete Bedeutung.

Eine Verobjektivierung subjektiver Werturteile erschien dem Verfasser infolgedessen nur möglich, indem er seine Befragung auf Handelsbetriebe beschränkte, welche gleichen bzw. weitgehend ähnlichen Einflüssen in ihrer Meinungsbildung unterworfen sind. Nach diesen Gesichtspunkten wurde eine schriftliche Erhebung bei Filial- und filialähnlichen (freiwilligen Handelsvereinigungen, Einkaufsgenossenschaften, Konsumgenossenschaften) Systemen im Lebensmittelhandel der Bundesrepublik Deutschland durchgeführt. Dabei wurden 86 Betriebe mit installierten elektronischen Datenverarbeitungsanlagen erfaßt; die Rücklaufquote betrug 27,9 % der befragten Auswahl, d. h. die Antworten von 24 Handelsbetrieben konnten in die Auswertung einbezogen werden. In den nachfolgenden Schemata wird die Bewertung der Bedingungslage beim Einsatz der elektronischen Datenverarbeitung durch die Befragten wiedergegeben. Mit diesen Werten wird im folgenden der Lösungsweg demonstriert; es sei jedoch ausdrücklich darauf hingewiesen, daß hier nicht der Anspruch auf Allgemeingültigkeit dieser Einschätzungen erhoben wird bzw. erhoben werden kann. Zum ersten bezog sich die Erhebung nur auf den Lebensmittelhandel und zum zweiten in diesem Bereich nur auf eine relativ geringe Zahl von Handelsbetrieben, die weder im Repräsentativ- noch im Zufallsauswahlverfahren ausgewählt wurden.

Der umfangreiche Fragebogen, um dessen Beantwortung jeweils die Geschäftsführung der befragten Handelsbetriebe ersucht wurde, enthielt neben Fragen zur allgemeinen betrieblichen Situation 390 Fragen, die sich auf die Bewertung der einzelnen Entscheidungskriterien beim Einsatz der elektronischen Datenverarbeitung bezogen. Da eine exakte Einordnung von Werten in eine zu differenzierte Intensitätsskala auf erhebliche Schwierigkeiten stößt [159, S. 62 ff.], wurden hierbei für jedes Kriterium nur 4 Antwortmöglichkeiten vorgegeben: die Einflußstärken ‚stark', ‚mittel', ‚gering' und ‚kein Einfluß'. Um trotzdem eine differenzierte und der tatsächlichen Breite unterschiedlicher Einflußintensitäten gerecht werdende Wertfeststellung zu ermöglichen, wurde wiederum der Methodik C. W. Meyers gefolgt, der durch die vertikale Aufgliederung des Entscheidungsfeldes und die jeweils voneinander getrennte Bewertung der von jeder Stufe ausgehenden Einflüsse einen Weg weist, wie mit einer Gewichtungsreihe von nur wenigen Kategorien durch die vertikale Zusammenfassung der Einzelwerte der drei Stufen eine breite Varianz der Gesamtwerte erreicht werden kann [100, S. 132 ff.]. „Nachdem die Bestimmungsfaktoren sich einmal mit den als Komponenten der Bedingungslage bezeichneten Sachverhalten ... verbinden, weiterhin im Rahmen jeder Komponente aus ... verschiedenen Bezugskomplexen entspringen und schließlich auch noch jeweils für sich durch unterschiedliche Merkmale näher gekennzeichnet werden, hängt die Einflußgröße, die einem Bestimmungsfaktor allgemein zukommt, erstens davon ab, welches Gewicht die Komponente der Bedingungslage, der er angehört, im Vergleich zu den ... anderen Komponenten besitzt. Zweitens wird sie durch das Gewicht bedingt, das der den Bestimmungsfaktor ergebende Bezugskomplex gegenüber den ... anderen der jeweiligen Komponente aufweist, drittens von dem Stärkeverhältnis des Bestimmungsfaktors zu den ... weiteren Faktoren seines Bezugskomplexes, und als letztes auch noch durch das gewichtsmäßige Verhältnis der ... Merkmale des Bestimmungsfaktors untereinander" [100, S. 132].

Demgemäß wurde in dem Fragebogen zuerst eine Bewertung der Einflüsse der marktlichen, organisatorischen, finanzwirtschaftlichen, personellen und maschinenbezogenen Komponenten der Bedingungslage auf jede der eingangs skizzierten Grundsatzentscheidungen verlangt (vgl. die Abbildung 3). Auf der zweiten Stufe wurden die Befragten um eine Beurteilung der Gewichte der jeweils drei Bezugskomplexe dieser Komponenten ersucht (vgl. die Abbildungen 4 und 5), also z. B. bei der maschinenbezogenen Komponente die Bezeichnung der Einflüsse der hardware, der software und der Leistungsfähigkeit der Lieferanten. Auf der dritten Stufe, welche die Bezugskomplexe weiter untergliedert, wurde die Wertfeststellung für die einzelnen Bestimmungsfaktoren erforderlich (vgl. die Abbildungen 6—10), d. h. zum Beispiel für den Bezugskomplex ‚hardware' die Bewertung der Leistungen der Zentraleinheit, des externen Speichers und der Eingabe-/Ausgabegeräte. Es ist für die Demonstration des weiteren Lösungsweges nicht notwendig, die prozentualen Häufigkeiten der Beurteilung der einzelnen Werte wiederzugeben [vgl. hierzu 53, S. 266 ff.]; diese Zahlen lassen jedoch meist eine weitgehende Übereinstimmung der verschiedenen Einzelschätzungen, d. h. also eindeutige Einflußtendenzen erkennen. Deshalb wurden in den nachfolgenden Schemata jeweils nur die am häufigsten von den Befragten genannten Werturteile in den zutreffenden Antwortfeldern durch eingetragene Kreuze gekennzeichnet.

Anmerkung: In den nachfolgenden Abbildungen 3–10 sind die Spalten 1–6 folgendermaßen bezeichnet:

Spalte 1 = Grundsatzentscheidung über die Art der Datenverarbeitung (manuell, konventionell mit Lochkartenanlagen, elektronische Datenverarbeitung)

Spalte 2 = Grundsatzentscheidung über die Benutzungsform bei elektronischer Datenverarbeitung (Eigenverarbeitung, Gemeinschaftsanlage, Datenverarbeitung im Lohnauftrag)

Spalte 3 = Grundsatzentscheidung über die Maschinenkonfiguration der elektronischen Datenverarbeitung (Maschinenart, Maschinenkapazität, Maschinenzahl)

Spalte 4 = Grundsatzentscheidung über die Bezugsquellen bei elektronischer Datenverarbeitung (Hersteller, Leasing-Gesellschaften, sonstige Lieferanten)

Spalte 5 = Grundsatzentscheidung über die auf die elektronische Datenverarbeitung zu übertragenden Aufgabenarten (Ausführungsarbeiten, Informationserschließung, Entscheidungsfindung)

Spalte 6 = Grundsatzentscheidung über den auf die elektronische Datenverarbeitung zu übertragenden Aufgabenumfang (einzelne Funktionsabläufe, Teilintegration, Vollintegration)

Einfluß der Komponenten der Bedingungslage \ Grundsatzentscheidungen beim Einsatz der EDV		1	2	3	4	5	6
Marktliche Komponente	stark						
	mittel					×	
	gering	×	×				×
	kein E.			×	×		
Organisatorische Komponente	stark	×				×	×
	mittel			×			
	gering		×		×		
	kein E.						
Finanzwirtschaftliche Komponente	stark		×				
	mittel	×		×	×	×	×
	gering						
	kein E.						
Personelle Komponente	stark						
	mittel	×				×	
	gering		×	×	×		×
	kein E.						
Maschinenbezogene Komponente	stark			×	×	×	
	mittel		×				×
	gering						
	kein E.	×					

Abb. 3

Der Einfluß der Komponenten der Bedingungslage auf die Grundsatzentscheidungen beim Einsatz der elektronischen Datenverarbeitung.

Einfluß der Bezugskomplexe der Bedingungslage / Grundsatzentscheidungen beim Einsatz der EDV			1	2	3	4	5	6
Marktliche Komponente	Gesamtwirtschaftliche Entwicklung	stark	×					
		mittel						
		gering					×	×
		kein E.		×	×	×		
	Konkurrenz-verhältnisse	stark						
		mittel	×	×			×	
		gering						×
		kein E.			×	×		
	Kunden-verhältnisse	stark						
		mittel					×	
		gering	×					
		kein E.		×	×	×		×
Organisatorische Komponente	Aufbau-organisation	stark						
		mittel	×				×	
		gering						×
		kein E.		×	×	×		
	Eingabe- und verarbeitungs-orientierte Merkmale der Datenverarbeitungsaufgaben	stark	×		×		×	×
		mittel		×				
		gering				×		
		kein E.						
	Ergebnisorientierte Merkmale der Datenverarbeitungsaufgaben	stark			×		×	×
		mittel	×			×		
		gering		×				
		kein E.						
Finanzwirtschaftliche Komponente	Finanzierung	stark		×		×		
		mittel	×		×			
		gering					×	×
		kein E.						
	Beeinflussung der Kosten-situation durch die jeweilige Form der Datenverarbeitung	stark	×	×	×		×	×
		mittel				×		
		gering						
		kein E.						
	Beeinflussung der Ertrags-situation durch die jeweilige Form der Datenverarbeitung	stark	×		×		×	×
		mittel		×		×		
		gering						
		kein E.						

Abb. 4

Der Einfluß marktlicher, organisatorischer und finanzwirtschaftlicher Bezugskomplexe der Bedingungslage auf die Grundsatzentscheidungen beim Einsatz der elektronischen Datenverarbeitung.

Einfluß der Bezugskomplexe der Bedingungslage		Grundsatzentscheidungen beim Einsatz der EDV	1	2	3	4	5	6
Personelle Komponente	Personalqualität	stark						
		mittel	×		×		×	
		gering		×				×
		kein E.				×		
	Personalquantität	stark						
		mittel	×	×				×
		gering			×		×	
		kein E.				×		
	Personalschulung	stark	×		×		×	
		mittel		×				×
		gering				×		
		kein E.						
Maschinenbezogene Komponente	hardware	stark			×	×		
		mittel		×				×
		gering					×	
		kein E.	×					
	software	stark				×	×	
		mittel			×			×
		gering		×				
		kein E.	×					
	Leistungsfähigkeit der Lieferanten	stark				×		
		mittel			×			
		gering		×			×	×
		kein E.	×					

Abb. 5

Der Einfluß personeller und maschinenbezogener Bezugskomplexe der Bedingungslage auf die Grundsatzentscheidungen beim Einsatz der elektronischen Datenverarbeitung.

Einfluß der Bestimmungsfaktoren der Bedingungslage / Grundsatzentscheidungen beim Einsatz der EDV			1	2	3	4	5	6
Gesamtwirtschaftliche Entwicklung	Technischer Fortschritt auf dem Datenverarbeitungssektor	stark	×					
		mittel						
		gering					×	×
		kein E.		×	×	×		
	Konjunkturentwicklung	stark						
		mittel	×					
		gering		×			×	×
		kein E.			×	×		
	Saisonentwicklung	stark						
		mittel	×					
		gering						
		kein E.		×	×	×	×	×
Konkurrenzverhältnisse	Wettbewerbsgrad	stark	×					×
		mittel		×			×	
		gering						
		kein E.			×	×		
	Transparenz der Konkurrenzlage	stark						
		mittel	×				×	
		gering						×
		kein E.		×	×	×		
	Entwicklungsstand der Datenverarbeitung bei der Konkurrenz	stark						
		mittel	×					
		gering					×	
		kein E.		×	×	×		×
Kundenverhältnisse	Spannungsverhältnis zwischen Angebot und Nachfrage	stark						
		mittel	×					
		gering					×	
		kein E.		×	×	×		×
	Transparenz der Kundenlage	stark						
		mittel	×					
		gering					×	
		kein E.		×	×	×		×
	Kundenbindung an die Unternehmung	stark						
		mittel						
		gering	×				×	
		kein E.		×	×	×		×

Abb. 6

Der Einfluß der marktlichen Bestimmungsfaktoren der Bedingungslage auf die Grundsatzentscheidungen beim Einsatz der elektronischen Datenverarbeitung.

Einfluß der Bestimmungsfaktoren der Bedingungslage		Grundsatzentscheidungen beim Einsatz der EDV	1	2	3	4	5	6
Aufbauorganisation	Anpassung des Instanzenaufbaus an Aufgabenänderungen	stark						
		mittel	×				×	×
		gering						
		kein E.		×	×	×		
	Organisatorische Stellung der Datenverarbeitungsabteilung	stark	×					
		mittel					×	
		gering						×
		kein E.		×	×	×		
	Verlauf der Informationswege	stark						
		mittel	×				×	
		gering						
		kein E.		×	×	×		×
Eingabe- und verarb. orient. Merkmale der DV-Aufgaben	Programmierbarkeit der Datenverarbeitungsaufgaben	stark	×				×	×
		mittel						
		gering						
		kein E.		×	×	×		
	Umfang der Datenverarbeitungsaufgaben	stark	×	×	×		×	×
		mittel						
		gering				×		
		kein E.						
	Räumliche Gestaltung der Datenverarbeitungsaufgaben	stark						
		mittel	×		×			×
		gering		×			×	
		kein E.				×		
Ergebnisorientierte Merkmale der DV-Aufgaben	Inhaltliche Strukturierung der Datenverarbeitungsaufgaben	stark						
		mittel	×				×	×
		gering			×			
		kein E.		×		×		
	Formale Strukturierung der Datenverarbeitungsaufgaben	stark						
		mittel			×		×	
		gering	×			×		×
		kein E.		×				
	Zeitliche Strukturierung der Datenverarbeitungsaufgaben	stark	×					
		mittel		×	×			
		gering					×	×
		kein E.				×		

Abb. 7

Der Einfluß der organisatorischen Bestimmungsfaktoren der Bedingungslage auf die Grundsatzentscheidungen beim Einsatz der elektronischen Datenverarbeitung.

Einfluß der Bestimmungsfaktoren der Bedingungslage		Grundsatzentscheidungen beim Einsatz der EDV	1	2	3	4	5	6
Finanzierung	Kapital-quantität	stark	×	×				
		mittel			×			
		gering					×	×
		kein E.				×		
	Kapital-fristigkeit	stark						
		mittel	×	×		×		
		gering						
		kein E.			×		×	×
	Kapital-qualität	stark						
		mittel						
		gering	×	×	×	×		
		kein E.					×	×
Beeinflussung d. Kostensituation durch die jeweilige Form der DV	Kostenveränderungen pro Betriebsperiode	stark	×					
		mittel		×	×		×	×
		gering				×		
		kein E.						
	Kostenveränderungen pro Bearbeitungseinheit	stark			×			×
		mittel	×	×			×	
		gering				×		
		kein E.						
	Veränderungen der Kostenstruktur	stark						
		mittel		×				
		gering	×		×			×
		kein E.				×	×	
Beeinflussung d. Ertragssituation durch die jeweilige Form der DV	Veränderungen der Rationalisierungserträge	stark	×				×	×
		mittel		×	×			
		gering				×		
		kein E.						
	Veränderungen der Optimierungserträge	stark						
		mittel			×			×
		gering	×	×			×	
		kein E.				×		
	Veränderungen der Informationserträge	stark					×	×
		mittel	×	×	×			
		gering				×		
		kein E.						

Abb. 8

Der Einfluß der finanzwirtschaftlichen Bestimmungsfaktoren der Bedingungslage auf die Grundsatzentscheidungen beim Einsatz der elektronischen Datenverarbeitung.

Einfluß der Bestimmungsfaktoren der Bedingungslage / Grundsatzentscheidungen beim Einsatz der EDV			1	2	3	4	5	6
Personalqualität	Leistungsfähigkeit des Personals	stark	×				×	×
		mittel		×	×			
		gering						
		kein E.				×		
	Leistungswillen des Personals	stark						
		mittel						
		gering	×	×			×	×
		kein E.			×	×		
	Einstellung des Personals zur Automatisierung der Datenverarbeitung	stark						
		mittel						×
		gering	×	×			×	
		kein E.			×	×		
Personalquantität	Quantität des vorhandenen Personals	stark	×	×				
		mittel			×		×	
		gering						×
		kein E.				×		
	Personalbeschaffungsmöglichkeiten aus dem Arbeitsmarkt	stark		×				
		mittel	×				×	
		gering			×			×
		kein E.				×		
	Personalbeschaffungsmöglichkeiten von Datenverarbeitungsmaschinen-Lieferanten	stark						
		mittel						
		gering	×		×		×	
		kein E.		×		×		×
Personalschulung	Unternehmensinterne Schulungsmöglichkeiten	stark						
		mittel						
		gering	×	×	×	×	×	×
		kein E.						
	Schulungsmöglichkeiten bei unabhängigen Institutionen	stark						
		mittel	×					
		gering			×		×	
		kein E.		×		×		×
	Schulungsmöglichkeiten bei Datenverarbeitungsmaschinen-Lieferanten	stark	×			×	×	×
		mittel			×			
		gering						
		kein E.		×				

Abb. 9

Der Einfluß der personellen Bestimmungsfaktoren der Bedingungslage auf die Grundsatzentscheidungen beim Einsatz der elektronischen Datenverarbeitung.

Einfluß der Bestimmungsfaktoren der Bedingungslage / Grundsatzentscheidungen beim Einsatz der EDV			1	2	3	4	5	6
hardware	Leistung der Zentraleinheit	stark			×	×		×
		mittel		×			×	
		gering						
		kein E.	×					
	Leistung des externen Speichers	stark			×			×
		mittel		×			×	
		gering				×		
		kein E.	×					
	Leistung der Eingabe-/Ausgabegeräte	stark			×			×
		mittel		×			×	
		gering				×		
		kein E.	×					
software	Programmiersystem	stark						
		mittel			×	×		×
		gering		×			×	
		kein E.	×					
	Steuersystem	stark			×			
		mittel				×		×
		gering		×			×	
		kein E.	×					
	Standardprogramm-bibliothek	stark			×	×	×	×
		mittel						
		gering		×				
		kein E.	×					
Leistungsfähigkeit der Lieferanten	Technischer Entwicklungsstand der Lieferanten	stark						
		mittel			×	×		
		gering					×	
		kein E.	×	×				×
	Kundendienst der Lieferanten	stark			×	×		
		mittel						
		gering		×			×	×
		kein E.	×					
	Vertragsbedingungen der Lieferanten	stark		×		×		
		mittel						
		gering			×			
		kein E.	×				×	×

Abb. 10

Der Einfluß der maschinenbezogenen Bestimmungsfaktoren der Bedingungslage auf die Grundsatzentscheidungen beim Einsatz der elektronischen Datenverarbeitung.

1.33 Entscheidungsfindung bei der Grundsatzentscheidung über den Automationsgrad der Datenverarbeitung

Im folgenden soll anhand einer ausgewählten Grundsatzentscheidung demonstriert werden, wie durch die Analyse der Einflüsse der einzelnen Bestimmungsfaktoren [53, S. 31 ff.] und der durch die empirische Untersuchung ermittelten Einflußintensitäten (vgl. die Abbildungen 3–10) mittels der Methode der qualitativen Synthese eine rationale Entscheidungsfindung beim Einsatz der elektronischen Datenverarbeitung in Handelsbetrieben ermöglicht wird. Als Beispiel wird hierfür die Grundsatzentscheidung über die Art der einzusetzenden Datenverarbeitung (manuelle, konventionelle oder elektronische Datenverarbeitung) herangezogen, da dieser Fragenkomplex für zahlreiche, an der ‚Computerschwelle' stehende Handelsbetriebe derzeit die größte Bedeutung und Aktualität besitzt.

Der Ablauf des Entscheidungsprozesses wird für einen Filialbetrieb des Lebensmittelhandels dargestellt, da eine verobjektivierte Gewichtung der Einflußintensitäten der Kriterien der Bedingungslage durch die erwähnte Befragung nur für diesen Bereich ermittelt wurde. Diese in den Abbildungen 3–10 wiedergegebene Gewichtung wird nun in eine Punktwertung transformiert; durch die Bezifferung mit Punktwerten ist es möglich, auch nicht gleichnamige Werte zu erfassen und vergleichbar zu machen.

Die in den Abbildungen 3–10 durch eingetragene Kreuze gekennzeichneten Einflußintensitäten der einzelnen Kriterien der Bedingungslage werden durch folgende Punktzahlen ausgedrückt:

starker Einfluß	= Punktwert 3
mittlerer Einfluß	= Punktwert 2
schwacher Einfluß	= Punktwert 1
kein Einfluß	= Punktwert 0

Diese Zuordnung von Punktziffern führt zu einer Einzelgewichtung der Kriterien der Bedingungslage (Komponenten — Bezugskomplexe — Bestimmungsfaktoren). Darauf aufbauend erfolgt die Ermittlung der Gesamtgewichte der einzelnen Bestimmungsfaktoren durch die Multiplikation ihrer Gewichtungsziffern mit denen ihres übergeordneten Bezugskomplexes und ihrer jeweiligen Komponente.

Die beiden Phasen zur Feststellung der Gesamtgewichte seien am Beispiel des Bestimmungsfaktors ‚Technischer Fortschritt auf dem Datenverarbeitungssektor' erläutert. Aus Abbildung 6 ergibt sich, daß diesem Faktor von der überwiegenden Mehrheit der Befragten für die Grundsatzentscheidung ‚Art der Datenverarbeitung' die Einflußintensität ‚stark' zugeordnet wurde; damit erhält diese Determinante das Einzelgewicht 3. Ihr zugehöriger Bezugskomplex ‚Gesamtwirtschaftliche Entwicklung' wurde laut Abbildung 4 ebenfalls mit der Einflußintensität ‚stark' gewichtet, so daß auch dieses Kriterium das Einzelgewicht 3 erhält. Die ‚Marktliche Komponente' der Bedingungslage, welche diesem Bezugskomplex vorangestellt ist, wurde von der Mehrheit der Befragten nach Abbildung 3 mit der Einflußstärke ‚gering' bewertet, so daß diesem Kriterium als Einzelgewicht der Punktwert 1 zugeteilt wird. Das Gesamtgewicht des Bestimmungsfaktors ‚Technischer Fortschritt auf dem Datenverarbeitungssektor' ergibt sich sodann durch die Multiplikation dieser genannten Einzelgewichte (3 × 3 × 1) und beträgt demnach 9.

Diese mehrstufige Errechnung der Gesamtgewichte wird für alle Bestimmungsfaktoren der Bedingungslage durchgeführt, wodurch sich das nachfolgende, in Abbildung 11 dargestellte Gewichtungssystem ergibt.

Die problemrelevanten (d. h. in Abbildung 11 mit > 0 bewerteten) Determinanten können verschiedenartige Merkmalsausprägungen aufweisen, welche tendenziell unterschiedliche Einflüsse auf die Grundsatzentscheidung über die Art der Datenverarbeitung in einem Handelsbetrieb ausüben. Diese Merkmale werden für jeden Bestimmungsfaktor in der Reihenfolge gruppiert und bewertet, wie sie die fortschreitende Automation der Datenverarbeitung begünstigen. Auf eine Bewertung der Merkmale nach der Art ihrer Einflüsse auf die Alternativen manuelle, konventionelle und elektronische Datenverarbeitung wird zugunsten der genannten Lösung verzichtet, da die Übergänge zwischen diesen Datenverarbeitungsverfahren fließend sind.

Die Merkmalsausprägung eines Bestimmungsfaktors, welche die fortschreitende Automation der Datenverarbeitung am wenigsten hemmt bzw. am meisten fördert, erhält den Punktwert 3 zugeordnet. Die Merkmalsausprägung, von der die größten Hemmnisse bzw. die negativsten Förderungstendenzen dieser Entwicklung ausgehen, wird mit dem Punktwert 1 beziffert, und dem jeweils zwischen diesen beiden gegensätzlichen Kriterien stehenden Merkmal wird der Punktwert 2 zuerkannt. Es sei ergänzend darauf hingewiesen, daß im konkreten Einzelfall durchaus die Einbeziehung von mehr Merkmalsausprägungen möglich ist, welche auf einer bipolaren Skala nach ihren Einflußtendenzen geordnet werden; die Beschränkung auf nur drei Merkmalsausprägungen erfolgt hier allein aus Anschaulichkeitsgründen.

Die Analyse der Bedingungslage ergibt [53, S. 31 ff.], daß die Determinanten des Entscheidungsfeldes für die Automation der Datenverarbeitung diese Entwicklung am wenigsten fördern bzw. am meisten hemmen, wenn folgende (dementsprechend mit dem Punktwert 1 zu beurteilende) Bedingungen gegeben sind:

1. Marktliche Bestimmungsfaktoren

Stagnierender technischer Fortschritt auf dem Datenverarbeitungssektor; depressive konjunkturelle Entwicklung; starke saisonale Schwankungen; kein Konkurrenzdruck; hohe Transparenz der Konkurrenzlage; überwiegend manuelle Datenverarbeitung bei der Konkurrenz; Verkäufermarkt; hohe Transparenz der Kundenlage; feste Bindung der Kunden an den Handelsbetrieb.

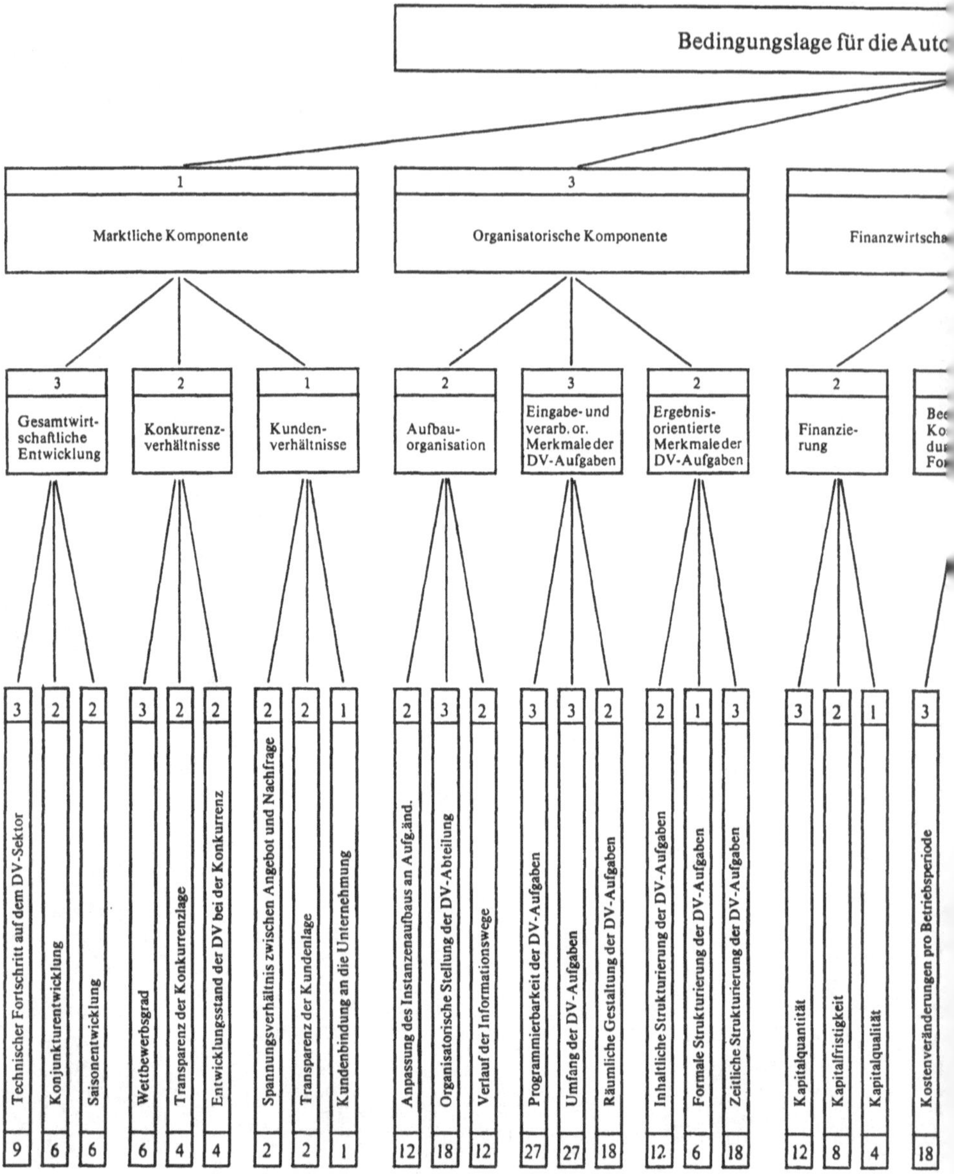

A

Gesamtgewichte der einz

des Automationsgrad

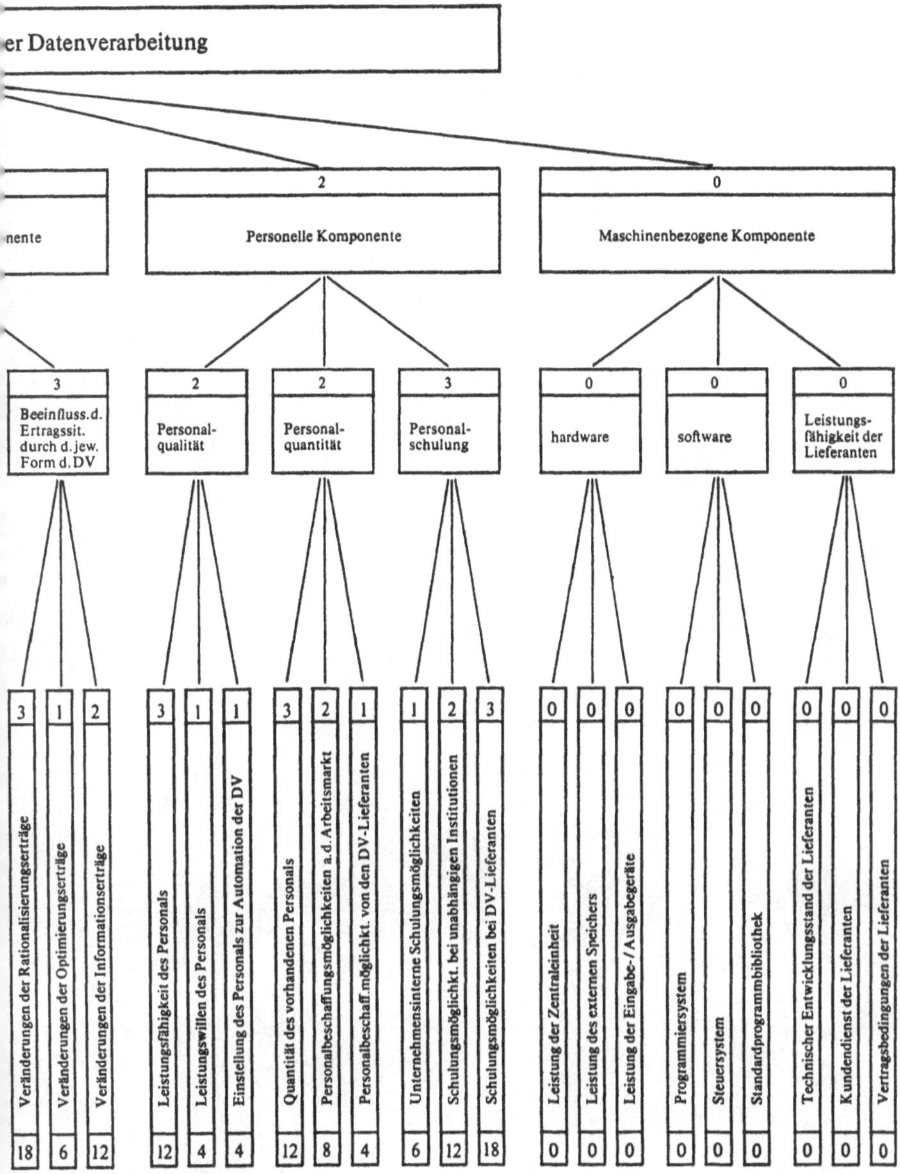

stimmungsfaktoren
tenverarbeitung.

2. Organisatorische Bestimmungsfaktoren

Keine Anpassung des Instanzenaufbaus an Aufgabenänderungen; Unterstellung der Datenverarbeitungsabteilung unter eine Fachabteilung einer niedrigen Stufe; Verlauf der Informationswege von und zu der Datenverarbeitungsabteilung entlang den Schienen der Betriebshierarchie; unbestimmte Strukturierung der Datenverarbeitungsabläufe; geringer Datenanfall; große räumliche Streuung und Entfernung der Orte des Datenanfalls, der Datenverarbeitung und der Datenauswertung; annähernde Vollkommenheit des Informationsstatus; keine bedingungsgerechte (d. h. informativen, organisatorischen und repräsentativen Erfordernissen entsprechende) Form der Datenträger; geringe Dringlichkeit der Informationen.

3. Finanzwirtschaftliche Bestimmungsfaktoren

Geringe Finanzkraft; Kurzfristigkeit und überwiegender Fremdkapitalcharakter des Finanzkapitals; Kostensteigerungen sowohl pro Betriebsperiode als auch pro Bearbeitungseinheit und eine Erstarrung der Kostenstruktur durch die fortschreitende Automation der Datenverarbeitung; keine Einsparungen an Personal und Sachkapital und eine Minderung der Optimierungs- und Informationserträge durch die fortschreitende Automation der Datenverarbeitung.

4. Personelle Bestimmungsfaktoren

Niedrige Qualifikation, Eignungsentsprechung und ein schwacher Leistungswille des Datenverarbeitungspersonals; ablehnende Einstellung der Gesamtheit der Mitarbeiter zur Automation der Datenverarbeitung; ausreichende Quantität des vorhandenen und des aus dem Arbeitsmarkt zu beschaffenden Verwaltungspersonals; keine Bereitstellung von qualifiziertem Personal durch die Datenverarbeitungsmaschinen-Lieferanten; Fehlen von unternehmensinternen Schulungsmöglichkeiten; tiefes Niveau der Lehrveranstaltungen bei unabhängigen Schulungsstätten für Datenverarbeitung; keine Möglichkeiten zur Aus- und Weiterbildung bei Datenverarbeitungsmaschinen-Lieferanten.

Zur Darstellung der diesen negativen Tendenzen für die Automation der Datenverarbeitung entgegengesetzten positiven (mit dem Punktwert 3 zu bewertenden) und den zwischen diesen beiden konträren Polen stehenden (mit dem Punktwert 2 zu bewertenden) Merkmalsausprägungen wird auf die nachfolgenden Abbildungen 12—15 verwiesen. Die dort wiedergegebenen Schemata enthalten in der ersten Spalte die sich aus der Abbildung 11 ergebenden Gesamtgewichte der einzelnen Bestimmungsfaktoren, welche sich durch die Multiplikation der Einzelgewichte des Bestimmungsfaktors, seines übergeordneten Bezugskomplexes und seiner zugehörigen Komponente der Bedingungslage errechnen; in der zweiten Spalte wird jeweils die Art der problemrelevanten Bestimmungsfaktoren bezeichnet. In den folgenden drei Spalten werden die verschiedenen Merkmalsausprägungen der einzelnen Bestimmungsfaktoren dargestellt, wobei diese nach ihren jeweiligen Einflußtendenzen auf die Automation der Datenverarbeitung geordnet sind. Die dritte Spalte enthält die Merkmale mit den negativsten Auswirkungen (Einzelgewicht = 1), die vierte Spalte gibt die Merkmale mit den zwischen den beiden bipolaren Ausprägungen stehenden Einflüssen (Einzelgewicht = 2) wieder und die fünfte Spalte dient der Darstellung der positivsten, d. h. die Automation der Datenverarbeitung am meisten fördernden bzw. am wenigsten hemmenden Merkmale (Einzelgewicht = 3) der einzelnen Bestimmungsfaktoren.

Die Gesamtgewichte der einzelnen Merkmale werden durch die Multiplikation der nach Abbildung 11 errechneten (in der ersten Spalte der Abbildungen 12 bis 15 wiedergegebenen) Gesamtgewichte der Bestimmungsfaktoren mit den Einzelgewichten der zutreffenden Ausprägungen ermittelt. Die Form der Bewertung ist also so gestaltet, daß sich die Tendenzen eines Bestimmungsfaktors zur Automation der Datenverarbeitung desto stärker darstellen, je höher die ermittelte Gesamtpunktzahl ist.

Durch die Addition der Gesamtgewichte der die Automation der Datenverarbeitung jeweils am wenigsten hemmenden bzw. am meisten fördernden Merkmale aller problemrelevanten Bestimmungsfaktoren ergibt sich eine Gesamtsumme, welche als maximal mögliche Totalzahl die absolut günstigste Lage für die Automation der Datenverarbeitung symbolisiert. Ergibt die Bewertung der individuellen Bedingungslage eines Handelsbetriebes (= Addition der Gesamtgewichte der jeweils zutreffenden in die sechste Spalte der Abbildungen 12–15 einzutragenden Merkmalsausprägungen) eine dieser Totalzahl angenäherte Summe, so deutet das darauf hin, daß sich der betreffende Betrieb für die am höchsten automatisierten Verfahren, den Einsatz elektronischer Hochleistungsanlagen, eignet.

Die Addition der Gesamtgewichte der die Automation jeweils am meisten hemmenden bzw. am wenigsten fördernden Merkmale aller problemrelevanten Bestimmungsfaktoren ergibt hingegen jene Gesamtsumme, welche als minimal mögliche Totalzahl die absolut ungünstigste Lage für die Automation der Datenverarbeitung darstellt. Zeichnet sich bei der Bewertung der individuellen Bedingungslage eines Handelsbetriebes eine dieser Totalzahl nahekommende Gesamtsumme ab, so ist dieser Betrieb kaum für automatisierte Verfahren der Datenverarbeitung geeignet, und es ist hier die manuelle Datenverarbeitung angebracht.

Tendiert die in einem konkreten Fall ermittelte Gesamtpunktzahl in ihrer Größe eher zu dem mittleren Totalwert, welcher sich durch die Addition der Gesamtgewichte der zwischen den beiden bipolaren Ausprägungen stehenden Merkmale ergibt, so deuten die Einflußtendenzen der individuellen Bedingungslage des Handelsbetriebes auf die Zweckmäßigkeit eines mittleren Automationsgrades der Datenverarbeitung hin, d. h. – je nach Höhe der Gesamtpunktzahl – auf die Anwendung von z. B. Buchungsautomaten, konventionellen Lochkartenanlagen oder elektronischen Kleinanlagen.

Bestimmungsfaktoren der Automation d. DV / Einflußtendenz d. Merkmale d. Bestimmungsfaktoren auf die Automation d. DV		Tendenzen für die Automation der Datenverarbeitung (negativ → positiv)			Gesamtgewicht der einzelnen Merkmalsauspräg.
Wertzahl	Art des Bestimmungsfaktors	Gewicht der einzelnen Merkmale 1	2	3	
9	Technischer Fortschritt auf dem Datenverarbeitunssekt.	Stagnierender technischer Fortschritt	Verzögerter technischer Fortschritt	Beschleunigter technischer Fortschritt	
6	Konjunkturentwicklung	Depression	Rezession	Aufschwung	
6	Saisonentwicklung	Starke saisonale Schwankungen	Schwache saisonale Schwankung.	Keine saisonalen Schwankungen	
6	Wettbewerbsgrad	Kein Konkurrenzdruck	Schwacher Konkurrenzdruck	Starker Konkurrenzdruck	
4	Transparenz d. Konkurrenzlage	Hohe Transparenz	Mittlere Transparenz	Niedrige Transparenz	
4	Entwicklungsstand der Datenverarbeit. bei der Konkurrenz	Überwiegend manuelle Datenverarbeitung	Überwiegend konventionelle Datenverarb. m. Lochkart.anlg.	Überwiegend elektronische Datenverarbeitung	
2	Spannungsverhältnis zwischen Angebot und Nachfrage	Verkäufermarkt	Gleichgewicht zwischen Angebot und Nachfrage	Käufermarkt	
2	Transparenz der Kundenlage	Hohe Transparenz	Mittlere Transparenz	Niedrige Transparenz	
1	Kundenbind. an d. Unternehm.	Feste Bindung	Schwache Bindung	Keine Bindung	
	Marktliche Bestimmungsfaktoren	40	80	120	

Abb. 12
Bewertung der Merkmale der marktlichen Bestimmungsfaktoren nach der Art ihres Einflusses auf die Automation der Datenverarbeitung.

Bestimmungsfaktoren der Automation d. DV / Einflußtendenz d. Merkmale d. Bestimmungsfaktoren auf d. Automation d. DV		Tendenzen für die Automation der Datenverarbeitung (negativ → positiv)			Gesamtgewicht der einzelnen Merkmalsopräg.
Wertzahl	Art des Bestimmungsfaktors	Gewicht der einzelnen Merkmale 1	2	3	
12	Anpassung d. Instanzenaufbaus an Aufgabenänderungen	Keine Anpassung	Langsame Anpassung	Rasche Anpassung	
18	Organisatorische Stellung der Datenverarbeitungsabteilung	Unterstellung unter eine Fachabteilung einer niedrigen Stufe	Hierarchische Einordnung auf 2. od. 3. Stufe n. d. obersten Führung	Hierarchische Einordnung unmittelbar unter d. oberste Führung	
12	Verlauf der Informationswege	Wege entlang den Schienen der Betriebshierarchie	Mischformen	Zweigleisige, strahlenförmige Wege von u. zu d. DV-Abteilung	
27	Programmierbarkeit der Datenverarbeitungsaufgaben	Unbestimmte Strukturierung der Abläufe	Begrenzte Konstanz und Repetierbarkeit der Abläufe	Hohe Konstanz und Repetierbarkeit der Abläufe	
27	Umfang der Datenverarbeitungsaufgaben	Geringer Datenanfall	Umfangreicher Datenanfall	Massenanfall von Daten	
18	Räumliche Gestaltung der Datenverarbeitungsaufgaben	Große räumliche Streuung und Entfernung d. Orte d. Datenanfalls, d. DV u. Datenauswert.	Mittlere räumliche Streuung und Entfernung d. Orte d. Datenanfalls, d. DV u. Datenauswert.	Räumliche Konzentration der Orte des Datenanfalls, der DV und Datenauswertung	
12	Inhaltliche Strukturierung der Datenverarbeitungsaufgaben	Annähernde Vollkommenheit des Informationsstatus	Mittlerer Vollkommenheitsgrad des Informationsstatus	Geringer Vollkommenheitsgrad des Informationsstatus	
6	Formale Strukturierung der Datenverarbeitungsaufgaben	Keine bedingungsgerechte Form der Datenträger	Überwiegend bedingungsgerechte Form der Datenträger	Bedingungsgerechte Form der Datenträger	
18	Terminliche Strukturierung der Datenverarbeitungsaufgaben	Geringe Dringlichkeit der Informationen	Mittlere Dringlichkeit der Informationen	Große Dringlichkeit der Informationen	
	Organisatorische Bestimmungsfaktoren	150	300	450	

Abb. 13

Bewertung der Merkmale der organisatorischen Bestimmungsfaktoren nach der Art ihres Einflusses auf die Automation der Datenverarbeitung.

Bestimmungsfaktoren der Automation d. DV \ Einflußtendenz d. Merkmale d. Bestimmungsfaktoren auf d. Automation d. DV		Tendenzen für die Automation der Datenverarbeitung (negativ → positiv)			Gesamtgewicht der einzelnen Merkmalsauspräg.
Wertzahl	Art des Bestimmungsfaktors	Gewicht der einzelnen Merkmale 1	2	3	
12	Kapitalquantität	Geringe Finanzkraft	Mittlere Finanzkraft	Große Finanzkraft	
8	Kapitalfristigkeit	Kurzfristigkeit des Finanzkapitals	Mittelfristigkeit des Finanzkapitals	Langfristigkeit des Finanzkapitals	
8	Kapitalqualität	Überwiegender Fremdkapitalcharakter	Ausgeglichener Gemischtkapitalcharakter	Überwiegender Eigenkapitalcharakter	
18	Durch fortschreit. Automation d. DV verursachte Kostenveränder. pro Betriebsperiode	Kostensteigerungen	Kostenkonstanz	Kostensenkungen	
12	Durch fortschreit. Automation der DV verursachte Kostenveränder. pro Bearbeitungseinh.	Kostensteigerungen	Kostenkonstanz	Kostensenkungen	
6	Durch fortschreit. Automation der DV verursachte Veränder. der Kostenstruktur	Erstarrung der Kostenstruktur	Keine Veränderung der Kostenstruktur	Wachsende Elastizität der Kostenstruktur	
18	Durch fortschreit. Automation der DV verursachte Veränder. der Rationalisierungserträge	Keine Einsparungen an Personal und Sachkapital	Geringe Einsparungen an Personal und Sachkapital	Große Einsparungen an Personal und Sachkapital	
6	Durch fortschreit. Automation der DV verursachte Veränder. der Optimierungserträge	Minderung der Optimierungserträge	Konstanz der Optimierungserträge	Steigerung der Optimierungserträge	
12	Durch fortschreit. Automation der DV verursachte Veränder. der Informationserträge	Minderung der Informationserträge	Konstanz der Informationserträge	Steigerung der Informationserträge	
	Finanzwirtschaftliche Bestimmungsfaktoren	100	200	300	

Abb. 14

Bewertung der Merkmale der finanzwirtschaftlichen Bestimmungsfaktoren nach der Art ihres Einflusses auf die Automation der Datenverarbeitung.

Bestimmungsfaktoren der Automation d. DV / Einflußtendenz. d. Merkmale d. Bestimmungsfaktoren auf d. Automation d. DV		Tendenzen für die Automation der Datenverarbeitung (negativ → positiv)			Gesamtgewicht der einzelnen Merkmalsauspräg.
Wertzahl	Art des Bestimmungsfaktors	Gewicht der einzelnen Merkmale 1	2	3	
12	Leistungsfähigkeit des Personals	Niedrige Qualifikation und Eignungsentsprechung	Mittlere Qualifikation und Eignungsentsprechung	Hohe Qualifikation und Eignungsentsprechung	
4	Leistungswille des Personals	Schwache Antriebsstärke	Begrenzte Antriebsstärke	Starke Antriebsstärke	
4	Einstellung d. Personals zur Automatisierung der DV	Ablehnung	Neutrale Haltung	Zustimmung	
12	Quantität des vorhandenen Personals	Mengenmäßige Personalüberdeckung	Mengenmäßige Personalentsprechung	Mengenmäßige Personalunterdeckung	
8	Personalbeschaffungsmöglichkeiten aus dem Arbeitsmarkt	Personalüberangebot	Arbeitsmarktgleichgewicht	Personalunterangebot	
4	Personalbeschaffungsmöglichkeiten von DV-Lieferanten	Keine Bereitstellung von qualifiziertem Personal durch die Lieferanten	Leihweise, zeitl. begrenzte Bereitstellung v. qualifiziertem Personal durch die Lieferanten	Zeitl. unbegrenzte Bereitstellung von qualifiziertem Personal durch die Lieferanten	
6	Unternehmensint. Schulungsmöglichk. von DV-Lieferanten	Fehlen von Lehrkräften und Schulungseinrichtungen	Begrenzte Verfügung üb. Lehrkräfte u. Schulungseinrichtgn.	Ausreichende Verfügung üb. Lehrkräfte u. Schulungseinricht.	
12	Schulungsmöglichkeiten bei unabhängigen Institutionen	Tiefes Niveau der Lehrveranstaltungen	Mittleres Niveau der Lehrveranstaltungen	Hohes Niveau der Lehrveranstaltungen	
18	Schulungsmöglichkeiten bei DV-Lieferanten	Keine Schulungsmöglichkeiten	Geringe Intensität und Umfang der Aus- und Weiterbildung	Große Intensität und Umfang der Aus- und Weiterbildung	
	Personelle Bestimmungsfaktoren	80	160	240	

Abb. 15

Bewertung der Merkmale der personellen Bestimmungsfaktoren nach der Art ihres Einflusses auf die Automation der Datenverarbeitung.

1.34 Optimaler Automationsgrad der Datenverarbeitung in einem angenommenen Handelsbetrieb

Im folgenden soll am Beispiel eines angenommenen Handelsbetriebes gezeigt werden, wie auf der Basis der festgestellten Einflußintensitäten nach der skizzierten Vorgehensweise der optimale Automationsgrad der Datenverarbeitung ermittelt werden kann. Ausgangspunkt der Überlegungen ist eine Analyse der Bedingungslage dieses Handelsbetriebes, um die in diesem konkreten Falle wirksamen Einflußtendenzen der Determinanten zu bestimmen. Dabei wird zuerst die individuelle Situation gekennzeichnet, ehe die besonderen, bei dem gewählten Handelsbetrieb wirksamen Merkmalsausprägungen der problemrelevanten Bestimmungsfaktoren beschrieben werden.

Der angenommene Handelsbetrieb tätigt mit 50 Filialen in der Lebensmittelbranche 110 Millionen DM Umsatz/Jahr. Er verfügt über ca. 1200 Beschäftigte. Die Verkaufsstätten sind sämtlich nicht weiter als 50 km von der Zentrale entfernt und verfügen über eine Gesamtbetriebsfläche von ca. 13 000 qm. Sie werden zweimal wöchentlich aus einem ca. 3000 Artikel umfassenden Trockensortiment beliefert; Frischwaren werden täglich disponiert und in Kühlfahrzeugen ausgefahren. Die gegenwärtigen Hauptprobleme ähneln denen zahlreicher ähnlich gelagerter Betriebe: „Schwächen zeigt die Organisation ... noch durch die aufwendige manuelle Ermittlung der Lagerbestände und die damit verbundene Festlegung optimaler Bestellmengen und -zeiten. Die für betriebliche Entscheidungen notwendigen Informationen liegen der Geschäftsleitung ... häufig viel zu spät vor“ [255, S. 15]. Deshalb wird geprüft, ob die bisherige manuelle Datenverarbeitung, die mit dem durch das schnelle Wachstum hervorgerufenen Anstieg an zu verarbeitenden Daten kaum noch zurechtkommt, durch den Einsatz einer elektronischen Rechenanlage rationalisiert werden kann; „sie soll in der ersten Phase die Filialabrechnung und Artikelbestandskontrolle, Buchhaltung sowie Lohn- und Gehaltsabrechnung und verkaufsanalytische Statistiken liefern, später auch für Planungs- und Beschaffungszwecke eingesetzt werden“ [255, S. 15].

Die individuelle Bedingungslage für dieses Entscheidungsproblem ergibt sich wie folgt:

Der technische Fortschritt auf dem Datenverarbeitungssektor ist nach wie vor rasant; soeben ist eine neue Generation von elektronischen Rechenanlagen angekündigt worden. Die konjunkturelle Entwicklung wird auch für die absehbare Zukunft allgemein sehr positiv beurteilt, und in der Branche sind saisonale Schwankungen kaum spürbar. Die Konkurrenten, welche sich — gezwungen durch den starken regionalen Wettbewerb — modernster Management- und Datenverarbeitungstechniken bedienen, sind zwar ihrer Zahl und Struktur nach bekannt, Informationen über das jeweilige Verhalten der Wettbewerber und über deren langfristige Strategien wurden bisher jedoch der Geschäftsführung des angenommenen Betriebes meist nur fragmentarisch und häufig erst sehr spät bekannt. Ähnliches gilt für die Kunden des Betriebes. Ihre Zahl, ihr jeweiliges Einkaufsvolumen und ihre individuellen Artmerkmale sind weitgehend unbekannt, und es ist bisher – wohl wegen der starken Konkurrenz – auch nicht gelungen, den begrenzten Kreis von Stammkunden auszuweiten.

Die Geschäftsführung des angenommenen Betriebes ist sich darüber klar, daß nur eine organisatorische Umstrukturierung und Anpassung des Instanzenaufbaus an die durch die geplante Automation hervorgerufenen Aufgabenänderungen optimale Bedingungen für den Einsatz hochwertiger Anlagen schafft. Um der Datenverarbeitungsabteilung die nötige Rückendeckung bei der Durchsetzung umwälzender organisatorischer Neukonzeptionen zu gewähren, soll sie unmittelbar unter die oberste Führung in den Betriebsaufbau eingegliedert werden. Zweigleisige, strahlenförmige Wege sollen die Datenverarbeitungsabteilung mit den übrigen betroffenen Abteilungen verbinden. Die zu automatisierenden Datenverarbeitungsaufgaben weisen eine hohe Konstanz und Repetierbarkeit der Abläufe auf, der Datenanfall ist umfangreich und der Informationsstatus des Betriebes ist durch einen geringen Vollkommenheitsgrad, aber durch eine große Dringlichkeit der Informationen gekennzeichnet. Die Orte des Datenanfalls (Filialen) weisen eine mittlere räumliche Streuung und eine relativ große Entfernung von der Zentrale auf, wo die Datenverarbeitung stattfinden soll. Die Datenträger sind ohne Schwierigkeiten in eine bedingungsgerechte Form zu bringen, da bei Einführung der elektronischen Datenverarbeitung der Einsatz von Zeichenlochkarten als Orderblocks vorgesehen ist.

Dem Handelsbetrieb steht langfristiges Finanzkapital aus Eigenmitteln in ausreichendem Maße zur Verfügung, so daß keine Fremdfinanzierung bei der Anschaffung einer eigenen Datenverarbeitungsanlage erforderlich wäre. Die Automation der Datenverarbeitung führt bei gleichbleibenden Kosten pro Betriebsperiode zu Kostensenkungen pro Bearbeitungseinheit (wie mittels einer Kostenvergleichsrechnung festgestellt wurde). Mit dieser Entwicklung ist jedoch eine Erstarrung der Kostenstruktur des Handelsbetriebes verbunden. Durch den Verkauf zweier dann überflüssiger Additionsmaschinen und die Einsparung von einigen, bisher mit Abrechnungsarbeiten beschäftigten Arbeitskräften, durch die erhoffte Senkung der Lagerbestände bei verbesserter Lieferbereitschaft und durch die aktuellere, umfassende Informationserschließung sind mittels der Automation der Datenverarbeitung Ertragssteigerungen möglich.

Das Datenverarbeitungspersonal besitzt nur eine mittlere Qualifikation und Eignungsentsprechung, einen begrenzten Leistungswillen und steht der Automation der Datenverarbeitung skeptisch gegenüber, da insgeheim Entlassungen befürchtet werden. Die vorhandenen Arbeitskräfte reichen kaum noch zur Bewältigung des wachsenden Datenanfalls aus; die Einstellung zusätzlicher Mitarbeiter ist jedoch wegen der äußerst gespannten Arbeitsmarktsituation sehr schwierig.

In Betracht kommende Datenverarbeitungsmaschinenlieferanten sind bereit, während der Vorbereitungs- und Umstellungszeit auf das neue Organisationssystem Personal für Beratungsleistungen zur Verfügung zu stellen. Der Handelsbetrieb besitzt keine eigenen Schulungsmöglichkeiten für das auszubildende Datenverarbeitungspersonal, jedoch werden von unabhängigen Institutionen Lehrveranstaltungen mit befriedigendem Niveau angeboten, und auch die Herstelleraus- und -weiterbildung entspricht allen Anforderungen.

Diese projektierte Bedingungslage eines angenommenen Lebensmittelfilialbetriebes mittlerer Größe wird in den nachfolgenden Abbildungen 16 und 17 noch einmal übersichtlich dargestellt. In der ersten Spalte der beiden Übersichten werden die Bestimmungsfaktoren und in der zweiten Spalte die bei unserem konkreten Beispiel jeweils zutreffenden Merkmalsausprägungen gekennzeichnet. Die Gesamtgewichte der einzelnen Merkmalsausprägungen, welche sich aus den Abbildungen 12—15 durch die Multiplikation der Einzelgewichte der zutreffenden Merkmale mit den Wertzahlen der zugehörigen Bestimmungsfaktoren errechnen lassen, werden in der dritten Spalte wiedergegeben.

Die nachfolgende Abbildung 18 zeigt einen Vergleich der in den Abbildungen 12—15 errechneten maximal und minimal möglichen und den mittleren Gesamtgewichten der Merkmalskomplexe der Bedingungslage mit den bei dem angenommenen Handelsbetrieb festgestellten Werten der Merkmalskomplexe (vgl. Abb. 16 und 17).

Die Bedingungslage des angenommenen Handelsbetriebes wird durch das Totalgewicht 964 symbolisiert. Damit tendieren die Einflüsse der Bestimmungsfaktoren hier zu einem Wert zwischen dem einen mittleren Automationsgrad charakterisierenden Totalgewicht von 740 und dem die Optimallage für den Einsatz elektronischer Hochleistungsrechner kennzeichnenden Totalgewicht von 1110. Deshalb erscheint das bisher praktizierte manuelle Datenverarbeitungsverfahren unzweckmäßig. Der angenommene Handelsbetrieb paßt sich am besten der gegebenen Situation an, indem die Datenverarbeitung durch den Einsatz realtechnischer Sachmittel automatisiert wird. Die Verhältnisse gestatten wohl kaum den Einsatz von Großrechnern, da das Totalgewicht von 964 deutlich unter dem, die Optimallage für diese Anlagen kennzeichnenden Totalgewicht von 1110 liegt. Die Entscheidung wird sich im vorliegenden Falle vielmehr darauf konzentrieren, ob eine kleinere oder mittlere elektronische Datenverarbeitungsanlage angebracht ist. Da das errechnete Totalgewicht des angenommenen Betriebes deutlich über dem Mittelwert (925) des mittleren und maximal möglichen Totalgewichts liegt, dürfte nach den gegebenen Umständen die letztere Lösung der Bedingungslage besser angepaßt sein. Die Verwendung einer elektronischen Datenverarbeitungsanlage mittlerer Größe erscheint auch im Hinblick auf die Art der zukünftig geplanten Aufgabenstellungen und die mögliche Integration zusätzlicher Arbeitsgebiete [336, S. 572] eher gerechtfertigt.

Bestimmungsfaktoren	Merkmale	Gesamt-gewicht
Technischer Fortschritt auf dem Datenverarbeitungssektor	Beschleunigter technischer Fortschritt	27
Konjunkturentwicklung	Aufschwung	18
Saisonentwicklung	Keine saisonalen Schwankungen	18
Wettbewerbsgrad	Starker Konkurrenzdruck	18
Transparenz der Konkurrenzlage	Niedrige Transparenz	12
Entwicklungsstand der Datenverarbeitung bei der Konkurrenz	Überwiegend elektronische Datenverarbeitung	12
Spannungsverhältnis zwischen Angebot und Nachfrage	Käufermarkt	6
Transparenz der Kundenlage	Niedrige Transparenz	6
Kundenbindung an die Unternehmung	Schwache Bindung	2
Marktliche Bestimmungsfaktoren		119
Anpassung des Instanzenaufbaus an Aufgabenänderungen	Rasche Anpassung	36
Organisatorische Stellung der Datenverarbeitungsabteilung	Hierarchische Einordnung unmittelbar unter die oberste Führung	54
Verlauf der Informationswege	Zweigleisige, strahlenförmige Wege von und zu der DV-Abteilung	36
Programmierbarkeit der Datenverarbeitungsaufgaben	Hohe Konstanz und Repetierbarkeit der Abläufe	81
Umfang der Datenverarbeitungsaufgaben	Umfangreicher Datenanfall	54
Räumliche Gestaltung der Datenverarbeitungsaufgaben	Mittlere räumliche Streuung und Entfernung der Orte des Datenanfalls, der DV und Datenauswertung	36
Inhaltliche Strukturierung der Datenverarbeitungsaufgaben	Geringer Vollkommenheitsgrad des Informationsstatus	36
Formale Strukturierung der Datenverarbeitungsaufgaben	Bedingungsgerechte Form der Datenträger	18
Terminliche Strukturierung der Datenverarbeitungsaufgaben	Große Dringlichkeit der Informationen	54
Organisatorische Bestimmungsfaktoren		405

Abb. 16

Bedingungslage der Automation der Datenverarbeitung eines angenommenen Lebensmittelfilialbetriebs mittlerer Größe (I).

Bestimmungsfaktoren	Merkmale	Gesamt-gewicht
Kapitalquantität	Große Finanzkraft	36
Kapitalfristigkeit	Langfristigkeit des Finanzkapitals	24
Kapitalqualität	Überwiegender Eigenkapitalcharakter	24
Durch die fortschreitende Automation der DV verursachte Kostenveränderungen pro Betriebsperiode	Kostenkonstanz	36
Durch die fortschreitende Automation der DV verursachte Kostenveränderungen pro Bearbeitungseinheit	Kostensenkungen	36
Durch die fortschreitende Automation der DV verursachte Veränderungen der Kostenstruktur	Erstarrung der Kostenstruktur	6
Durch die fortschreitende Automation der DV verursachte Veränderungen der Rationalisierungserträge	Geringe Einsparungen an Personal und Sachkapital	36
Durch die fortschreitende Automation der DV verursachte Veränderungen der Optimierungserträge	Steigerung der Optimierungserträge	18
Durch die fortschreitende Automation der DV verursachte Veränderungen der Informationserträge	Steigerung der Informationserträge	36
Finanzwirtschaftliche Bestimmungsfaktoren		252
Leistungsfähigkeit des Personals	Mittlere Qualifikation und Eignungsentsprechung	24
Leistungswille des Personals	Begrenzte Antriebsstärke	8
Einstellung des Personals zur Automatisierung der Datenverarbeitung	Ablehnung	4
Quantität des vorhandenen Personals	Mengenmäßige Personalunterdeckung	36
Personalbeschaffungsmöglichkeiten aus dem Arbeitsmarkt	Personalunterangebot	24
Personalbeschaffungsmöglichkeiten von DV-Lieferanten	Leihweise, zeitlich begrenzte Bereitstellung von qualifiziertem Personal durch die Lieferanten	8
Unternehmensinterne Schulungsmöglichkeiten	Fehlen von Lehrkräften und Schulungseinrichtungen	6
Schulungsmöglichkeiten bei unabhängigen Institutionen	Mittleres Niveau der Lehrveranstaltungen	24
Schulungsmöglichkeiten bei DV-Lieferanten	Große Intensität und Umfang der Aus- und Weiterbildung	54
Personelle Bestimmungsfaktoren		188

Abb. 17

Bedingungslage der Automation der Datenverarbeitung eines angenommenen Lebensmittelfilialbetriebs mittlerer Größe (II).

Merkmalskomplexe \ Gesamtgewichte	Bedingungslage min.	mittl.	max.	angenommener Handelsbetrieb
Marktliche Bestimmungsfaktoren	40	80	120	119
Organisatorische Bestimmungsfaktoren	150	300	450	405
Finanzwirtschaftliche Bestimmungsfaktoren	100	200	300	252
Personelle Bestimmungsfaktoren	80	160	240	188
Insgesamt	370	740	1.110	964

Abb. 18

Vergleich der maximal und minimal möglichen und der mittleren Gesamtgewichte der Merkmalskomplexe der Bedingungslage mit den Gesamtgewichten der Merkmalskomplexe eines angenommenen Lebensmittelfilialbetriebs mittlerer Größe.

1.4 Datenerfassungsverfahren für Handelsbetriebe

Sollen Daten elektronisch verarbeitet werden, dann müssen die in den Datenträgern enthaltenen Merkmale erfaßt, von Eingabegeräten aufgenommen und der Zentraleinheit zugeführt werden.

Bei der Bearbeitung eines Geschäftsvorganges entfallen derzeit etwa die Hälfte der Bearbeitungszeit auf die Datenerfassung, 40 % auf die Datenübermittlung und nur 10 % auf die Datenverarbeitung [556], und eine Erhebung der Rationalisierungsgemeinschaft des Handels „in Handelsfirmen mit automatischen Datenverarbeitungsanlagen ergab, daß die Kosten für das Datenerfassungspersonal durchschnittlich höher liegen als die für das Personal des Rechenzentrums (Programmierer, Analytiker und Bediener)“ [217, S. 12]. Auch die im dritten Teil dieses Buches wiedergegebenen empirischen Untersuchungen des Verfassers erbrachten das Resultat, daß sich gerade im Bereich der Datenerfassung derzeit die größten Engpässe der Datenverarbeitung im Handel ergeben, während die eigentlichen Verarbeitungsprobleme weitgehend gelöst erscheinen. Die Schwierigkeiten bei der Datenerfassung schließen häufig eine rentable Nutzung elektronischer Rechenanlagen aus, insbesondere deshalb, weil dadurch der Hauptvorteil der Elektronik – die hohe Rechengeschwindigkeit – nicht ausgenutzt werden kann. Welche Methoden in der Vergangenheit zur Datenerfassung für

Handelsbetriebe entwickelt worden sind und welche neuen zeit- und kostensparenden Verfahren in der jüngsten Gegenwart von der Herstellerseite vorgestellt wurden, soll im folgenden behandelt werden.

1.41 Datenerfassung durch Lochkarten- und Lochstreifengeräte

Daten sind in ihrer Erscheinungsform trotz ihrer grundsätzlich immateriellen Seinsweise unabdingbar an materielle oder energetische Medien gebunden, durch welche die Informationsinhalte abgebildet werden. Die freie Wahl der Datenträger ist beschränkt, da sich nicht alle Zeichenträger für eine maschinelle Verarbeitung eignen [14, S. 67]. Als erstes Bindeglied zwischen datenverarbeitenden Maschinen und den in verschiedener Form vorliegenden Informationen wurde Ende des 19. Jahrhunderts von Hollerith die Lochkarte entwickelt, welche Zeichen durch in bestimmter Form angeordnete Lochungen darstellt. Diese Lochkarten werden auch heute nach denselben grundsätzlichen Prinzipien gestaltet und sind nach wie vor die im Handel am häufigsten verwendeten Datenträger zur Eingabe. Lochstreifen enthalten ebenfalls die zu speichernden Daten in Form von Lochungen. Sie haben gegenüber Lochkarten den Vorteil der größeren Informationsspeicherungs-Kompaktheit, besseren Transportierbarkeit und der gegenüber der einzelnen Karte erweiterten Kapazität (keine feste Informationslänge), nachteilig ist dagegen ihre mangelnde Sortierfähigkeit. Je nachdem, ob die Lochungen in diesen Datenträgern direkt durch manuelles Einstanzen der zu erfassenden Informationen angebracht werden, ob dies über den Umweg von Strichmarkierungen erfolgt, welche maschinell in Lochungen umgesetzt werden oder ob die Datenerfassung quasi nebenbei an Maschinenkombinationen durchgeführt wird, sollen im folgenden manuelle Stanzverfahren, Strichmarkierungsverfahren und Datenerfassungsverfahren an Maschinenkombinationen unterschieden werden.

1.411 Manuelle Stanzverfahren

1.411.1 Datenerfassung durch konventionelles Ablochen

Bei dieser ursprünglichsten Form der Datenerfassung werden die aufzunehmenden Daten der anfallenden Belege manuell mittels eines Lochkarten- bzw. Lochstreifenstanzers in maschinenlesbaren Datenträgern gespeichert. Für das Lochen und Prüfen kann man je nach Qualität der Bedienungskräfte und dem Schwierigkeitsgrad der Unterlagen mit einer Leistung von 6000 bis 9000 Zeichen/Stunde rechnen [218, S. 2 f]. Diese Form der Datenübernahme vom Urbeleg hat im Handel den Vorteil, daß bei der Datenerfassung sich ständig ändernde Daten (wie z. B. Verkäufer-Nr., Konditionen usw. bei der Auftragsbearbeitung) ohne weitere Umstände registriert werden können. Allerdings ist dieses Verfahren sehr zeitraubend und fehleranfällig bzw. mit hohen Prüfkosten verbunden.

1.411.2 Datenerfassung durch Ziehkarteien

Bei der Datenerfassung mittels Ziehkarteien erfolgt das Ablochen von Karten im vorhinein. Die im Großhandel mit Textilien, mit pharmazeutischen Artikeln und im Versandhandel am häufigsten angewandte Methode ist die Vorratshaltung der vorher abgelochten Karten in einer zentralen Ziehkartei [240, S. 1; 509, S. 8 ff.]. Bei der Auftragsbearbeitung wird nach dem Eingang der Bestellung diese zunächst geprüft und geht zur Kommissionierung an das Lager. Dort wird bei der Warenentnahme auf dem Auftrag vermerkt, welche Waren nicht oder in nicht ausreichender Menge vorhanden sind. Die Bestellung gelangt anschließend zur Ziehkartei, welche sich aus der Kundenadreßkartei, der Artikelkartei und der Konditionskartei zusammensetzt. Nach Ziehung des entsprechenden Kartensatzes wird die zusammengestellte Ware nochmals mit den gezogenen Artikelkarten verglichen und anschließend fakturiert [451, S. 36 ff.].

Die Artikelkartei kann entweder – wie eben beschrieben – als Gebrauchskartei geführt werden, welche nur zur Erfassung der Auftragsdaten dient, oder sie ist als Verbrauchskartei angeordnet, welche den jeweiligen Artikelbestand wiedergibt. Bei letzterer Form der sogenannten Spiegelkartei werden von jedem Verkaufsobjekt so viele Karten (aufgeschlüsselt nach Verpackungseinheiten) in der Kartei geführt, wie am Lager Einheiten vorrätig sind. Dadurch stellt die Artikelkartei die Lagervorräte spiegelbildlich dar und erlaubt eine permanente Bestandskontrolle. Die Ziehleistungen der Karteisachbearbeiterinnen liegen nach Untersuchungen der Rationalisierungsgemeinschaft des Handels je nach der Anordnung der Karteien und der Qualifikation der Zieherinnen im Großhandel zwischen 400 und 800 Lochkarten/Stunde [384, S. 27].

Speziell für Selbstbedienungsgeschäfte und den Cash-and-carry-Großhandel eignet sich die Datenerfassung mittels einer dezentralen Ziehkartei. Dabei wird für jeden Artikel im Sortiment eine Anzahl Lochkarten hergestellt, in die neben der Artikelnummer, Artikelbezeichnung, Menge und Verkaufspreis noch eine Reihe für den Kunden nicht lesbare Angaben gespeichert sein können. Diese Lochkarten werden in einem Behälter jeweils direkt bei der betreffenden Ware aufbewahrt. Der Kunde, welcher den Betrieb betritt, erhält eine Adreßkarte ausgehändigt, welche die vollständige Anschrift des Kunden und verschlüsselte Hinweise enthält, falls bei dem Kunden eventuelle Unregelmäßigkeiten vorgekommen sein sollten. Der Kunde geht dann durch das Lager, entnimmt die gewünschten Waren den Lagerfächern und lädt sie auf einen Sammelwagen. Gleichzeitig zieht er aus dem bei der Ware angebrachten Behälter jeweils die entsprechenden Artikelkarten und stellt sie in einem am Wagen befestigten

Kasten ab. Die Lochkarten sind immer auf eine Verpackungseinheit bezogen, d. h. entnimmt der Kunde mehrere Einheiten der Ware, so muß er mehrere Karten ziehen. Ist der Kunde mit seinem Auftrag fertig, so wird am Ausgang die Ware mit den zugehörigen Karten verglichen. Anschließend werden diese auf einer einfachen Tabelliermaschine aufgelistet und die Faktura wird erstellt. Die Lochkarten stehen einer späteren elektronischen Auswertung zur Verfügung.

Dieses Verfahren kann vereinfacht werden, indem nur die Muster der einzelnen Artikel in einem Ausstellungsraum zur Verfügung stehen. Pro Artikel wird dann nur eine Wareneinheit ausgestellt, bei welcher jeweils die vorgestanzten lochschriftübersetzten Karten liegen. Der Kunde geht durch die Musterausstellung und entnimmt anstelle der Ware von den vorgelochten Bestellkarten so viel, wie er von dem betreffenden Artikel zu kaufen wünscht. An der Kasse wird dem Kartenstapel die Adreßkarte des Kunden hinzugefügt und fakturiert. Der Kunde erhält das Rechnungsoriginal zur Zahlung, während die Kopie an das Lager gegeben wird, wo entsprechend dieser Unterlage die Ware bereitgestellt wird. Gegen Vorweisung der quittierten Rechnung kann der Kunde anschließend seine Ware in Empfang nehmen [241; 563, S. 2 f.].

1.411.3 Datenerfassung durch Lochkartenetiketten

Bei diesem Verfahren der Datenerfassung wird schon bei der Warenauszeichnung ein Etikett mit den Artikeldaten bedruckt und gelocht, so daß es als Erstbeleg durch die frühzeitige Datenerfassung für zahlreiche Auswertungen (Erfassung der Wareneingänge, Inventur, Statistik) zur Verfügung steht. Das Etikett, dessen einzelne Abschnitte die Artikel-Nr., den Preis usw. enthalten, befestigt man an der Ware. Beim Verkauf geht ein Abschnitt als Quittung an den Kunden, während das eigentliche Warenetikett zur Ermittlung des Umsatzes und des Warenabgangs zur Verfügung steht.

Da die auf diesem Wege gewonnenen Preisschilder relativ teuer sind, ist dieses Verfahren nur beim Absatz von größeren, abgepackten Mengen wirtschaftlich, wie beispielsweise im Cash-and-carry-Großhandel, oder bei Gütern mit einem bestimmten Wert, etwa im Möbel-, Textil- und Schuheinzelhandel. Häufig werden in diesen Branchen auch in drei Teile untergliederte Lochkartenanhänger verwendet, von denen ein Abschnitt als Verkaufsquittung, einer als Versandunterlage und einer als Warenetikett dient.

Bei dem bekanntesten Auszeichnungssystem mit Kimball-Etiketten können ein- bis vierteilige Abrißetiketten hergestellt werden, welche bis zu 24 gelochte und gedruckte Stellen enthalten können. Redecker ermittelte im Rahmen eines Verfahrensvergleichs die Leistung des Warenauszeichners wie folgt: „Die hohe Druck- und Stanzleistung wirkt sich erst bei größeren Warenposten mit gleichen Auszeichnungsdaten aus. Bei dem Testfall sollten 280 vierteilige Etiketten für

204 Artikel erstellt werden. Die Einstellungszeit betrug knapp 40 Minuten, die Druck- und Stanzzeit 7 Minuten, somit die gesamte Auszeichnung 47 Minuten" [313, S. 43].

Eine direkte Verarbeitung der Lochkartenetiketten ist derzeit noch nicht möglich. Die Umwandlung der Etiketten in Lochkarten bzw. Lochstreifen mit Hilfe eines speziellen Etikettenumwandlers geschieht beim Kimball-Verfahren mit einer Geschwindigkeit von ca. 6000 Etiketten/Stunde [313, S. 43].

1.412 Strichmarkierungsverfahren

Strichmarkierungsverfahren der Datenerfassung arbeiten mit Lochkarten, auf denen die zutreffenden Daten bei der Erfassung mittels Strichen markiert werden. Die Strichmarkierungen werden im nachhinein durch Markierungsleser automatisch in Lochungen umgesetzt. Diese Verfahren wurden von den Herstellern entwickelt, damit die Datenerfassung möglichst frühzeitig am Ort des Datenanfalls stattfinden kann. Soll z. B. der Bedarf eines Filialbetriebes untersucht werden, so beginnt die Datenerfassung in den einzelnen Verkaufsstätten. An sie werden Bestellochkarten-Blocks ausgegeben, welche sämtliche Artikel (mit Angabe der Artikel-Nr., Preise, Zahl der Packungen usw.) gegliedert nach Warengruppen enthalten. Die Filialleiter geben bei den einzelnen Artikeln ihre Bedarfsmengen an, indem sie unter den vorgedruckten möglichen Stückelungen die gewünschte durch eine Strichmarkierung kennzeichnen.

Schwierigkeiten können sich dadurch ergeben, daß der Personenkreis, welcher die Markierungen anbringt, nicht genügend geschult oder nicht sorgfältig genug ist. Bei der Markierung müssen nämlich strenge Normen eingehalten werden, deren Nichtbeachtung bei der Umsetzung der Markierungen in Lochungen zu erheblichen Stockungen (Aussteuerung von nicht normgerechten Karten und Neuaufnahme) führt.

Von den Herstellerfirmen elektronischer Rechenanlagen wurden verschiedene Verfahren entwickelt, um die Strichmarkierungen maschinell in Lochungen umwandeln zu können. Sie arbeiten entweder auf elektromechanischer, fotoelektrischer oder elektromagnetischer Basis. Es sei hier noch erwähnt, daß auch Leseeinheiten angeboten werden, welche unter Verzicht auf den Umweg der Umwandlung der Markierungen in Lochungen die markierten Zeichen direkt in die Datenverarbeitungsanlage einlesen können bzw. die beide Betriebsarten beherrschen.

1.412.1 Elektromechanisches Umsetzungsverfahren

Bei diesem Verfahren werden die mit einem sogenannten Elektrographitfüller oder -stift markierten Karten in der Lochkartenanlage mittels Bürsten abgefühlt und die Markierungen werden auf Grund ihrer Stromleitfähigkeit in Lochungen umgewandelt. Beßler beschreibt den technischen Ablauf bei dem nach diesem

Prinzip arbeitenden IBM-Marksensing-Verfahren folgendermaßen: „Beim Durchlauf der Karte durch einen Doppler fühlen drei Bürsten jede Markierungsspalte ab. Die beiden äußeren Bürsten senden dabei je einen ‚halbstarken' Strom durch die Markierung. Die mittlere Bürste übernimmt beide Ströme und veranlaßt das Lochen" [217, S. 12]. Je nachdem, ob die Zeichenlocheinrichtung in die Abfühleinrichtung, die Stanzeinheit oder in beide eingebaut wird, lassen sich die markierten Daten in Form von Lochungen in andere Karten, in gleiche oder nachfolgende Karten einstanzen.

1.412.2 Fotoelektrisches Umsetzungsverfahren

Bei dem fotoelektrischen Verfahren werden die markierten Karten lichtelektrisch abgefühlt, indem sie von unten beleuchtet und von oben durch eine Fotozellenreihe abgetastet werden. Der Ort von zu stanzenden Lochungen ergibt sich durch Hell-Dunkel-Unterschiede im Karton der Karten, welche durch die Markierungen hervorgerufen werden. Die durch die Schwärzungen des Papiers verursachte Abblendung des durchfallenden Lichtes wird elektronisch verstärkt, wodurch die Lochung durch die Stanzeinheit bewirkt wird. Die Lochkarten müssen wegen der erforderlichen Transparenz aus Spezialkarton sein; sie sind nur einseitig beschriftbar.

1.412.3 Elektromagnetisches Umsetzungsverfahren

Bei dem elektromagnetischen Verfahren werden normale beidseitig verwendbare Lochkarten mit (radierbaren) Spezialstiften markiert. Die eisenoxydhaltigen Markierungen werden an einer ersten Station magnetisiert und an einer zweiten Station auf Grund ihrer Magnetisierung in Lochungen umgewandelt. Das geht z. B. bei dem Magnetolekteur-Verfahren von Bull/GE so vor sich, daß auf der Magnetisierbahn mittels eines Oszillators ein starkes Feld aufgebaut wird, das die Ferrit-Markierungen der passierenden Karten magnetisiert. Dann fühlen 40 Magnetköpfe die Markierungen ab, die beim Durchlauf der Karten Impulse hervorrufen, welche — elektronisch verstärkt — die Lochungen auslösen [217, S. 14]. Gegenüber dem fotoelektrischen hat das elektromagnetische Verfahren den Vorteil der größeren Sicherheit, da eine Verschmutzung der Karten nicht zu einer Beeinträchtigung ihrer Lesbarkeit führt.

1.413 Erfassungsverfahren an Maschinenkombinationen

Bei der Datenerfassung an Maschinenkombinationen werden an Addier- und Saldiermaschinen, an Fakturier- und Buchungsmaschinen oder an Registrierkassen u. ä. wie z. B. Waagen und Auszeichnungsmaschinen, Lochkarten- bzw. Lochstreifenlocher angeschlossen, die praktisch nebenbei die verrechneten Daten auf maschinengerechte Datenträger übernehmen. Die genannten kombinierten Aggregate werden gegenwärtig zu Kaufpreisen ab 12 000,– DM für Addier- und Saldiermaschinen, ab 15 000,– DM für Registrierkassen und ab 22 000,– DM für Fakturier- und Buchungsmaschinen auf dem Markt angeboten [216, S. 18], so daß die Möglichkeiten einer dezentralisierten Datenerfassung wegen der aufzuwendenden Kosten stark eingeschränkt sind.

Insbesondere für den Handel wurden derartige Kassen entwickelt, in die nicht nur der Preis, sondern auch die Artikel-Nr. und Kunden-Nr. bei zu fakturierenden Verkäufen eingetippt werden können. Allerdings sind die Erfassungskapazitäten der Registrierkassen bisher auf maximal 8 Stellen pro Motorgang beschränkt, so daß nach der Erfassung eines fünfstelligen Verkaufspreises höchstens drei Stellen für statistische Zwecke verwendbar sind [313, S. 37]. Sollen weitere Daten wie z. B. die Verkäufer-Nr., Konditionen usw. ebenfalls bei der Erfassung der Warenverkäufe aufgezeichnet werden, so muß dies in vor- oder nachgelagerten Phasen geschehen, was mit Verzögerungen des Registriervorgangs, Ablenkungen der Kassiererin von ihrer ursprünglichen Aufgabe und einer zunehmenden Unübersichtlichkeit der Kassenbons verbunden ist. In der Regel werden deshalb in der Praxis die Registrierkassen mit angeschlossenem Locher nur zur Erfassung der Verkäufe benutzt, während Addier- oder Saldiermaschinen zur Registrierung der Wareneingänge und mengenstatistischer Daten dienen [313, S. 37 ff.]. Redecker untersuchte in einem Verfahrensvergleich die Datenerfassung an der Kasse, der Kasse plus Addiermaschine, einer Springwagensaldiermaschine und einer Auszeichnungsmaschine – jeweils mit angeschlossenen Lochern – und kam zu dem Ergebnis: „Es gibt leider keine ideale Datenerfassungsmethode, die in jedem Unternehmen mit gleichem Erfolg eingesetzt werden kann. Das wirtschaftliche Verfahren der Datenerfassung wird von der Betriebsgröße, der Betriebsorganisation, dem Sortiment und nicht zuletzt dem Auswertungsprogramm, nach dem die erfaßten Daten ausgewertet werden sollen, bestimmt“ [313, S. 46].

Es soll noch erwähnt werden, daß mit den angeführten Maschinen auch eine Datenerfassung mittels eines angeschlossenen Druckwerks für eine maschinell lesbare Schrift oder einer Station zur magnetischen Beschriftung von Magnetbändern möglich ist, jedoch haben diese Verfahren im Handel bisher kaum praktische Bedeutung gewonnen.

1.42 Datenerfassung durch Magnetbandbeschriftungsgeräte

Gegenüber den bisher beschriebenen Verfahren ist die Datenerfassung mittels Magnetbandbeschriftungseinheiten wesentlich leistungsfähiger, da die Maschinenfunktionen durchweg schneller ablaufen, Fehlerkorrekturen schneller ausgeführt werden können, die Maschinen schneller einzurichten sind und eine bessere Ausnutzung der Maschinenkapazitäten möglich ist.

Aus diesen Gründen werden von Herstellerseite gegenüber herkömmlichen Lochkarten- und Lochstreifengeräten 25- bis 40%ige Leistungssteigerungen durch Magnetbandbeschriftungsgeräte genannt, welche sich durch theoretische Berechnungen und praktische Tests ergeben hätten. Je nach Datenart, Belegformat und Fähigkeiten der Bedienerinnen schwanken die Leistungen der Datentypistinnen bei der Magnetbandbeschriftung zwischen 6000 und 15 000 Anschlägen in der Stunde.

Magnetbandgeräte zur Datenerfassung sind Mehrfunktionseinheiten mit den möglichen Betriebsarten ‚Schreiben', ‚Lesen mit Datenanzeige' und ‚Datenprüfen'. Verbreitet ist das Konzept, die Magnetbänder zur Datenerfassung in Kassettenform zu gebrauchen, die handlich, leicht auswechselbar und bei hoher Lebensdauer beliebig oft verwendbar sind. Der Ablauf bei der Datenerfassung ist folgender: Nach dem Einsetzen der Kassette wird die Betriebsart ‚Schreiben' durch Tastendruck festgelegt und das gewünschte Programm zur Datenaufnahme wird abgerufen, nach dessen Regeln die Daten auf Magnetband erfaßt werden sollen. Sodann können die zu erfassenden Daten über eine alphanumerische Tastatur eingegeben werden. Dabei ist die Möglichkeit gegeben, eingetippte Fehler durch Rücksetzen des Bandes um eine Stelle bzw. ein Feld und erneute Eingabe zu korrigieren.

Bei der Betriebsart ‚Datenprüfen' wird die beschriftete Magnetbandkassette eingelegt, das zugehörige Programm gewählt und die Daten werden durch erneute Eingabe in der gleichen Reihenfolge wie bei der Datenaufnahme eingetastet. Dabei erfolgt ein zeichenweiser Vergleich auf Übereinstimmung; bei Feststellung von Ungleichheiten wird die Tastatur gesperrt und der Fehler wird durch ein Signal angezeigt. Er kann durch Überschreibung berichtigt werden.

Bei der Betriebsart ‚Lesen mit Datenanzeige' werden die gelesenen Zeichen des Magnetbandes auf einer Datenanzeige in Klarschrift ausgewiesen. Dadurch ist es möglich, erkannte Fehler anzuzeigen oder Informationen irgendeiner Stelle des Bandes abzurufen.

Die erstellten beschrifteten Bänder können von Magnetbandlesegeräten mit hoher Geschwindigkeit (bis zu 1000 Zeichen/Sekunde) direkt in die Datenverarbeitungsanlage eingelesen werden.

1.43 Datenerfassung durch beleglesende Geräte

Beleglesende Geräte eröffnen die Möglichkeit, Daten direkt zu erfassen, welche auf im täglichen Praxisgebrauch üblichen Belegen enthalten sind. Das bedeutet, daß diese Geräte nicht — wie etwa die noch immer am verbreitetsten Lochkartenmaschinen — an ganz bestimmte Formate der Datenträger gebunden sind, sondern daß Länge, Breite und Stärke der Erfassungsformulare innerhalb gewisser Grenzen frei gestaltbar sind. Gegenwärtig sind als beleglesende Geräte

Markierungsleser, Magnetschriftleser, Klarschriftleser, Handschriftleser und Kombinationsformen dieser Geräte auf dem Markt.

1.431 Markierungsleser

Markierungsleser erkennen Strichmarkierungen auf Belegen und wandeln die erfaßten Daten in Lochungen auf Lochkarten um bzw. geben diese unter Verwendung gewisser Zusatzeinrichtungen direkt in die elektronische Datenverarbeitungsanlage ein. Sie sind mit einer optischen Leseeinheit zur Erkennung der Strichmarkierungen auf den Belegen ausgerüstet, welche eine starke Lichtquelle enthält. Der helle Papieruntergrund der durchlaufenden Belege reflektiert beim Passieren der Lichtquelle einen Großteil des ausgestrahlten Lichtes, während an den Orten der dunklen Markierstriche das Licht größtenteils absorbiert wird. Anhand dieses Hell-Dunkel-Unterschiedes und damit durch die Position der Markierung auf dem Beleg wird die Datenerfassung gesteuert. Andere Umsetzungsverfahren arbeiten — wie bei den Kartenmarkierungsverfahren beschrieben — auf elektromechanischer bzw. elektromagnetischer Basis.

Aus dem Bereiche des Handels sind zahlreiche Beispiele für den Einsatz von Markierungslesern zur Datenerfassung bekanntgeworden [418, S. 554 ff.; 433, S. 2145 ff.; 440, S. 437 ff.]. Besondere Vorteile ergeben sich dabei im Großhandel beim Bestellwesen, da die Erteilung der Aufträge keine wesentliche Umstellung der Kunden (bzw. Filialen) vom bisherigen zum maschinell lesbaren Ordersatz erfordert. Statt des früheren Ausschreibens der Verkaufsobjekte und der Bestelleinheiten müssen nunmehr nur die gewünschten gestückelten Abgabemengen durch Strichmarkierungen gekennzeichnet werden. In der Praxis genügen meist drei bis fünf Markierungsmöglichkeiten pro Vorgang. Da bei der Gestaltung der Belege die Darstellungsmöglichkeiten kaum beschränkt sind, ist es möglich, zweckentsprechende, aussagefähige Formulare zu benützen, die in ihrem Aufbau auch den sonst im Handel üblichen Ordersatzformularen angepaßt sein können. Die Verarbeitungsgeschwindigkeiten liegen bei dem im Handel derzeit am verbreitetsten Herstellermodell IBM 1231/1232 nach Herstellerangaben je nach Arbeitsweise zwischen 800 und 2000 Belegseiten pro Stunde. „Umfaßt ein Sortiment z. B. rund 2500 Artikel, so wird ein Ordersatz bei 70 Positionen je Seite 35 Seiten umfassen. Bei täglicher Belieferung von z. B. 50 Abnehmern ergibt das 1750 Seiten, die einer Maschinenzeit von etwa 90 Minuten entsprechen" [433, S. 2147]. Eine süddeutsche Konsumgenossenschaft benötigte zum Lesen ihres aus 44 Blättern bestehenden Ordersatzes von maximal 70 Artikeln mit jeweils 5 Markierstellen pro Seite nur etwas länger (2 bis 2½ Stunden bei 1500 ausgefüllten Auftragsformularen), was die hohe Leistungsfähigkeit dieser Aggregate unterstreicht [440, S. 438 f.]. Da zu dünn oder fehlerhaft markierte und schlecht radierte Belege von der Maschine ausgesteuert werden, ist eine sorgfältige Unterweisung der Mitarbeiter im Gebrauch der Belege erforderlich. Diese dauert in der Praxis ca. 1 bis 2 Stunden [418, S. 556]; trotzdem ergeben sich meist bei der Einführung der Markierungsbögen erhebliche Schwierigkeiten. So betrug die Fehlerquote in einem großen Filialbetrieb des Lebensmittelhandels anfänglich 60 %; sie konnte durch die betreffenden Fehler kennzeichnende Schemaschreiben und durch Ansprechen der jeweiligen Vorgesetzten innerhalb von 12 Wochen auf etwa 3 % gesenkt werden [418, S. 556]. In der erwähnten Konsumgenossenschaft betrug diese Rate bei einem monatlichen Neudruck der Dispositions-Preislisten und des Markierungsordersatzes weniger als 0,3 % [440, S. 442].

1.432 Magnetschriftleser

Magnetschriftleser, welche in der zweiten Hälfte der fünfziger Jahre in den USA primär für Zwecke der Banken entwickelt wurden, haben sich inzwischen auch in zahlreichen anderen Bereichen der Wirtschaft durchgesetzt. Während Markierungsleser die Bedeutung der zu erfassenden Zeichen aus deren Positionen auf den bearbeiteten Belegen erkennen, sind Magnetschriftleser in der Lage, die Art der aufzunehmenden Zeichen aus deren Gestalt zu bestimmen. Die Zeichen werden mit magnetisierbarer Farbe in normierter, auch visuell gut lesbarer Schrift (z. B. E-13 B-Schrift, CMC-7-Schrift) auf die Belege gedruckt. Da sehr strenge Bedingungen bei der Belegerstellung gegeben sind („Es gehören dazu die Verwendung der entsprechenden Schriftzeichen, Druck mit eisenoxydhaltiger Farbe, Einhaltung der vorgeschriebenen Zeichendichte, die Garantie für eine bestimmte Druckqualität und eine Reihe weiterer Faktoren" [431, S. 2111]), eignen sich zum Druck bei der Formularherstellung am besten Rotations-, Flach- und Offsetdruckverfahren. Während der Belegverwendung können zur Beschriftung z. B. Adreß-Platten-Maschinen, Spezialschreibmaschinen, Schaltermaschinen oder spezielle Kodiergeräte Verwendung finden.

Der technische Ablauf beim Lesen der Belege wird von Olf folgendermaßen beschrieben: „Im Magnetschriftleser ... werden die Belege auf einer Trommel unter zwei Stationen hindurchgeführt. An der ersten Station werden die Eisenoxydteilchen magnetisiert und an Station zwei auf Grund ihrer Magnetisierung gelesen. Der Abstand zwischen der Oberfläche der zu lesenden Belege und dem Lesekopf ist minimal klein. Der Lesekopf ist nicht verstellbar. Es kann also nur eine Zeile gelesen werden und diese muß bei allen Belegen auf der gleichen Höhe stehen. Während bei der E-13 B-Schrift zur Zeichenerkennung die flächenmäßige Verteilung der eisenoxydhaltigen Farbe maßgebend ist, ist es bei der CMC-7-Schrift die Folge von kurzen und langen Abständen zwischen den 7 Strichen, aus denen das einzelne Zeichen zusammengesetzt ist" [431, S. 2111].

Magnetschriftleser werden derzeit überwiegend für Massensortierprobleme praktisch eingesetzt. Es gibt Anlagen, die nur zu diesem Zweck geeignet sind, und Anlagen, die sowohl im unabhängigen Betrieb sortieren als auch in Verbindung mit der elektronischen Rechenanlage als Eingabeeinheit geeignet sind. Die Verarbeitungsleistungen sind von der Beleglänge abhängig und können bis zu 96 000 Belege in der Stunde betragen.

1.433 Klarschriftleser

Klarschriftleser sind in der Lage, die gedruckten Zeichen einer begrenzten Anzahl von Schriften mit Hilfe austauschbarer Vergleichsmuster aus deren Gestalt zu erkennen; diese müssen jedoch in einer ganz bestimmten Größe, Art und Qualität gedruckt sein. Die bei uns gebräuchlichen lesbaren Schriften bestehen aus bis zu 26 Alphabetbuchstaben, den 10 Ziffern und einer Reihe von Sonderzeichen, so daß keine Beschränkungen der Ausdrucksfähigkeit bei der Belegbeschriftung gegeben sind. Im Gegensatz zu den Magnetschriftlesern ist es bei den Klarschriftlesern völlig gleichgültig, welche Maschinen zur Belegerstellung herangezogen werden, sofern diese zur Niederschrift einer maschinenlesbaren Schrift geeignet sind. Allerdings sind gewisse Mindestbedingungen bezüglich der Druckqualität und der Zeichendichte bei der Belegerstellung einzuhalten.

Beim Durchlauf der zu erfassenden Belege wird im Klarschriftleser von einer aus einer Lampenreihe bestehenden Lichtquelle das Lesefeld auf den Belegen ausgeleuchtet. Während die schwarzgedruckten Zeichen das Licht absorbieren, wird es von dem hellen Papieruntergrund reflektiert. Die durch die einzelnen Zeichen hervorgerufenen Reflektionen werden parallel auf eine umlaufende Rasterscheibe projiziert und dort mittels spiralenförmig angeordneter Öffnungen in Längsstreifen zerlegt. Die durch eine vorgeschaltete Auswahlstation durchgehenden Lichtquanten werden auf eine Fotolinse geworfen, von dort in zeichentypische elektrische Impulse umgewandelt und verstärkt. Diese Impulse der einzelnen gelesenen Zeichen werden mit den gespeicherten Mustern verglichen und dadurch erkannt.

Die Zeichenanordnung auf den Belegen ist beweglich, jedoch können in einem Maschinendurchlauf höchstens zwei Zeilen gelesen werden. Da die Belegformate innerhalb gewisser Grenzen variabel sind und die Leseleistung der Klarschriftleser maßgeblich von der Beleglänge beeinflußt wird, lassen sich keine allgemein gültigen Leistungszahlen angeben. Die Maximalleistungen betragen ca. 25 000 gelesene Belege pro Stunde bei einer Erkenntnis von etwa 500 Zeichen pro Sekunde. Die Anlagen können entweder direkt an einen Computer angeschlossen (on-line), zu Sortierzwecken im unabhängigen Betrieb (off-line) eingesetzt oder beim Anschluß einer Stanzeinheit zur Erstellung von Lochkarten herangezogen werden.

Es werden kombinierte Geräte angeboten, welche mittels einer besonderen Lesestation in der Lage sind, zusätzlich handschriftlich auf den Belegen eingetragene Strichmarkierungen zu lesen. Ferner sind Klarschriftstreifenleser und Klarschriftkartenleser auf dem Markt, die grundsätzlich nach denselben Prinzipien mit optisch lesbarer Schrift auf Streifen oder Karten operieren. Aus dem Bereiche des Handels (insbesondere der Mineralölbranche) sind Beispiele bekanntgeworden, wie die Verkaufsabrechnung durch den Einsatz von Klarschriftkarten (z. B. als Kreditkarten) wesentlich rationalisiert werden kann.

1.434 Handschriftleser

Die Eingabedaten der elektronischen Datenverarbeitung entstammen insbesondere im Handel zum großen Teil Eingangsbelegen, auf denen Informationen handschriftlich festgehalten sind. Bisher war eine direkte maschinelle Verarbeitung dieser Datenträger ausgeschlossen, weil die realtechnischen Sachmittel nicht in der Lage waren, derartige Zeichen zu erkennen. Da die Möglichkeit der automatischen Erfassung handgeschriebener Informationen die Datenverarbeitung revolutionieren und ihre Anwendungsbereiche enorm ausweiten würde, bezeichnete Sprick im Jahre 1963 die automatische Erkennung handgeschriebener Zeichen als eines der Fernziele der Forschung dieses Gebietes [442, S. 2084]. Der erste Field Test mit einem experimentellen Handschriftenleser zur Lösung einer praktischen Aufgabe wurde bemerkenswerterweise auf dem Warenhaussektor durchgeführt. Dabei wurden im Jahre 1964 mehrere Monate lang die Verkaufsbelege im täglichen Geschäftsverkehr des Warenhauses Higbee in Cleveland/Ohio maschinell gelesen und weiterverarbeitet [432, S. 424 f.]. Am 4. Oktober 1966 wurde dann der erste kommerziell anwendbare Belegleser der Öffentlichkeit vorgestellt, welcher mit einer Zusatzeinrichtung ‚Lesen Handschrift' versehen war. Dieses Gerät, welches seit 1968 auch in der Praxis eingesetzt ist, liest Ziffern und Sonderzeichen in Handschrift und Maschinenschrift sowie Markierungen in verschiedenen Größen und Arten (auch auf einem Beleg) auf Belegformaten von DIN A 5 bis DIN A 8. Die Herstellerfirma, welche dieses Gerät herausbrachte, verzichtete darauf, einen reinen Handschriftenleser zu entwickeln, weil die organisatorischen Randbedingungen im Bereich der Datenerfassung so extrem verschieden sind, daß eine Mehrfunktionseinheit, welche nach der unterschiedlichsten Form und Sprache lesen kann, erhebliche Vorteile für die Praxis bietet. Da bereits die Methodik des Lesens bei Markierungs-, Magnetschrift- und Klarschriftlesern erörtert wurde, beschränken sich die folgenden Ausführungen auf eine Darstellung der Technik beim Lesen handgeschriebener Zeichen.

Zum Lesen von Handschriften wurden verschiedene Verfahren entwickelt, wie etwa die Leitfigurenmethode nach Johnson, die Konturenanalyse nach Sprick und die Konturenverfolgungsmethode nach Greanias [442, S. 2086 ff.]. Nach letzterem Prinzip arbeiten die Lesestationen der gegenwärtig zur Verfügung stehenden Handschriftleser (bzw. Handschriftlese-Zusatzeinrichtungen in Mehrfunktionseinheiten). Dieses Verfahren beruht auf der Suchbewegung eines Elektronenstrahls, welcher sich im abzutastenden Feld solange von einem gedachten Punkt rechts von der Einerstelle horizontal in das Feldinnere bewegt, bis er auf ein Zeichen trifft. Sobald dadurch ein Bildimpuls entsteht, wird der in Form einer Kreisspirale wandernde Elektronenstrahl tangential zur Kontur des Zeichens verschoben, bis ein nächster Impuls hervorgerufen wird, der den Kreis wiederum tangential zur Kontur verschiebt [442, S. 2089]. Ist die ganze Figur des Zeichens umwandert, so werden die auf diese Art gesammelten Informationen über die Zeichenkontur in die Erkennungslogik des Lesers übertragen, interpretiert und der elektronische Suchstrahl wandert auf der Horizontallinie weiter, bis er auf das nächste Zeichen stößt [432, S. 423]. Falls ein Zeichen nicht erkannt wird, werden Leseversuche mehrere Male von der Lesestation wiederholt. Sind die Versuche erfolglos, dann kann das Zeichen auf einen Bildschirm projiziert und über eine Tastatur korrekt eingegeben werden.

Für den Einsatz von Handschriftlesern im Bereiche des Handels ergeben sich gewisse einschränkende Bedingungen. So sind gewisse Mindestanforderungen an die Qualität der handgeschriebenen Zeichen zu stellen, damit diese vom Leser erkannt werden können. Als generelle Schreibregeln ergeben sich, daß die Zeichen nur in vorgedruckte Kästchen mit gutem Kontrast auf relativ störungsfreiem Papier in sich zusammenhängend (geschlossene Schleifen, keine Unterbrechung durchgehender Linien) mit Blockschriftcharakter (einfache Bögen, keine Schnörkel) geschrieben werden. Daneben sind noch einige spezielle Schreibregeln zu beachten, so daß nur geschultes Personal zur Ausfüllung der Belege qualifiziert erscheint. Aus diesem Grunde dürfte z. B. der Einsatz von Handschriftlesern zur Auftragserfassung in Großversandhäusern, der sich wegen des Massenanfalls handschriftlich erstellter Aufträge in diesen Betrieben geradezu aufdrängt, nur für den Vertreterversandhandel geeignet sein, soweit die Auftragsaufnahme nicht in Niederlassungen durch Innenverkäufer vorgenommen wird. Aus der Praxis ist zum Beispiel bekanntgeworden, daß ein Großbetrieb, welcher einen Mehrfunktionsbelegleser mit Zusatzeinrichtung ‚Lesen Handschrift‘ für die Auftragserfassung und -abwicklung einsetzt, trotz sorgfältigster Schulung und Überwachung des die handschriftlichen Belege ausstellenden Personals anfängliche Fehlerquoten (und damit Rückweisungen bzw. Lesefehler) von 0,5 % bis 7 % der *geschriebenen Zeichen* allmählich auf 0,2 % bis 0,3 % im täglichen Betrieb drücken konnte. Trotzdem beträgt die Fehlerquote bezogen auf die *Belegzahl* immer noch etwa 30 %, so daß erhebliche Korrekturaufwendungen erforderlich sind.

Zum anderen sind die Handschriftleser bisher noch nicht in der Lage, sämtliche in der Praxis gebräuchlichen alphanumerischen Zeichen zu lesen. Lesbare Zeichen sind die Ziffern 0 bis 9, sechs Alphabetzeichen (C, N, S, T, X, Z) und ein Sonderzeichen, so daß sich auch hieraus Einschränkungen im praktischen Gebrauch ergeben können. Ferner ist ein Einsatz der Handschriftleser in Verbindung mit vielen der derzeit im Handel eingesetzten elektronischen Rechenanlagen gar nicht durchführbar, da Anschlußmöglichkeiten an kleine Systeme bisher nicht gegeben sind; auch durch die relativ hohen Maschinenkosten dürfte der Kreis der möglichen Anwender vorerst auf Großbetriebe beschränkt bleiben.

Es sei noch ergänzt, daß seit neuestem ein Mehrfunktionsbelegleser zur Datenerfassung angeboten wird, der nach den oben geschilderten Betriebsarten Belege in dem Format DIN A 4 und darüber verarbeiten und der erstmals ganze alphanumerische Textseiten lesen kann. Da auch bei diesem Gerät nur die 10 Ziffern, sechs Alphabetzeichen und ein Sonderzeichen in Handschrift verarbeitet werden können, dürfte sich die Forschung und Entwicklung auf dem Gebiete der Datenerfassung wohl in nächster Zeit primär auf die automatische Erkennung der übrigen handgeschriebenen Alphabetzeichen (in Blockschrift), insbesondere aber auch auf die Erfassungsmöglichkeit von handgeschriebener Kursivschrift richten.

1.44 Datenerfassung durch Datenstationen

Datenstationen können in größerer Entfernung von der Zentraleinheit aufgestellt werden (Datenfernverarbeitung) und ermöglichen direkte Kontakte mit Datenverarbeitungsanlagen. Folgende Aggregate stehen u. a. zur direkten Eingabe zur Verfügung: Tastaturen, Schreibmaschinen, Additionsmaschinen, Saldiermaschinen, Fernschreiber, Bildschirme (plus Lichtstift), Kurvenschreiber, Spracheingabe und Filmeingabe. Sie dienen zum Teil der Eingabe von Einzelinformationen und damit in erster Linie dem Dialogverkehr zwischen dem Bediener und dem Datenverarbeitungssystem; in anderen Fällen – beim Anschluß einer Vielzahl von Datenstationen – werden Massendaten direkt erfaßt und verarbeitet.

Als Voraussetzungen für die Direkteingabe mit einer größeren Anzahl von Datenstationen werden von Kleitz/Braunsdorf genannt [422, S. 705]:

1. Multiprogramming; da zwar eine ständige Arbeitsbereitschaft erforderlich, aber i. d. R. keine volle Auslastung des Datenverarbeitungssystems bei der Direkteingabe gegeben ist, erscheint die Fähigkeit der Zentraleinheit, mehrere Programme wechselseitig zu verarbeiten, unabdingbar.

2. Vorrangsteuerung; der Programmablauf muß über Vorrangstufen gesteuert werden können, wobei dem Datenerfassungsprogramm zur reibungslosen und schnellen Dateneingabe die höchste Vorrangstufe einzuräumen ist.

3. Überlappte Eingabe/Ausgabe; ein Pufferspeicher, der in stetem Wechselspiel ständig gefüllt und entleert wird, muß dafür sorgen, daß die langsamen Eingabeoperationen das Verarbeitungsprogramm nicht aufhalten.

4. Flexible Erweiterungsmöglichkeiten des Kernspeichers; hohe interne Verarbeitungsgeschwindigkeiten; Kernspeicherschutz; Zeitgeber.

Von der Vielzahl der direkten Eingabemöglichkeiten, welche fast sämtlich auch in Handelsbetrieben Anwendung finden können, soll hier beispielhaft ein Eingabesystem beschrieben werden, welches bereits in einigen Versandhäusern im praktischen Einsatz erprobt wurde: die Datenerfassung durch Bildschirmstationen.

Bildschirmstationen zur direkten Datenerfassung bestehen aus einem Bildschirm (Kathodenstrahlröhre) und einer Tastatur. Mit der alphanumerischen Tastatur ist die Darstellung von bis zu 64 verschiedenen Zeichen möglich. Beim Eintasten der Daten gelangen die eingegebenen Werte zur Steuereinheit, werden dort von einem Zeichengenerator in die Lichtpunktdarstellung des Bildschirms umgeformt, gespeichert und sofort auf dem Bildschirm angezeigt [422, S. 706]. Fehleintastungen können damit visuell erkannt und sofort durch Löschen einer Zeile und erneutes Überschreiben korrigiert werden. Auf dem Bildschirm werden in verschiedenen Anzeigeformaten bis zu etwa 1000 Zeichen dargestellt. Wenn die Daten einer Nachricht vollständig eingegeben worden sind, werden diese durch Drücken einer Sendetaste zur Zentraleinheit übertragen. „Die Übertragungsgeschwindigkeit vom bzw. zum Datenverarbeitungssystem beträgt 2560 Zeichen je Sekunde bei Lokalanschluß und 120 Zeichen je Sekunde bei Fernanschluß" [422, S. 707]. Bei Datenfernübertragung wird der volle Inhalt des Bildschirms damit in etwa 8 Sekunden transferiert.

Mit 72 derartigen optischen Anzeigegeräten, welche lokal an zwei Computer angeschaltet sind, erfaßt zum Beispiel ein französisches Versandhaus täglich etwa 30 000 schriftliche Kundenbestellungen. Nach den bisherigen Erfahrungen ist dadurch die Bearbeitung von 90 % der eingehenden Aufträge noch am selben Tage möglich [454, S. 393].

2. Anwendungsbereiche der elektronischen Datenverarbeitung in Handelsbetrieben

Welche Möglichkeiten die elektronische Datenverarbeitung im Warenbereich, Rechnungswesen und Führungsbereich Handelsbetrieben bieten kann, soll im folgenden anhand einzelner Arbeitsabläufe untersucht werden. Wenn dabei eine scharfe Trennung verschiedener Bereiche nicht immer eingehalten wird, so liegt das daran, daß eine automatisierte Datenverarbeitung durch die Integration von Arbeitsgebieten ein Übergreifen in alle Betriebsbereiche impliziert.

Da die überwiegende Mehrheit der von Handelsbetrieben installierten und bestellten elektronischen Rechenanlagen kartenorientierte Klein- und Mittelanlagen sind, weil die auf dem Markt befindlichen und die von einigen größeren Herstellern im Herbst 1969 angekündigten Geräte der mittleren Datentechnik zum größten Teil ebenfalls auf Kartenbasis arbeiten und weil die geplanten Erstinstallationen nunmehr vorwiegend Mittelbetriebe betreffen, die sich keine Großspeicheranlagen leisten können, werden im folgenden die Abläufe beim Einsatz von Kartenanlagen ohne bzw. mit kleineren externen Speichern beschrieben. Dabei werden nur die wesentlichsten Einsatzgebiete anhand von Standardprogrammen gekennzeichnet. Diese sind systemfrei gehalten und damit unabhängig von bestimmten Herstellern und Typen. Da sie nur einen ganz bestimmten organisatorischen Ablaufvorschlag beinhalten, ist im Einzelfall eine bessere Anpassung an die betriebsindividuelle Bedingungslage durch Verfeinerungen und Abänderungen der dargestellten Programme möglich. Nicht handelstypische Funktionen (wie z. B. die Lohn- und Gehaltsabrechnung, die Anlagenbuchhaltung u. ä.) werden nicht in die Betrachtung eingezogen.

2.1 Elektronische Datenverarbeitung im Warenbereich

Die Rechnungsschreibung ist als tägliches Massenproblem eine der Hauptaufgaben der elektronischen Datenverarbeitung in Handelsbetrieben. Sie bildet die Ausgangsbasis für zahlreiche andere Arbeitsgebiete, die auf ihren Resultaten aufbauen: Lagerbestandsrechnung, Bestellwesen, Statistiken, Debitorenbuchhaltung u. a. m. Im folgenden werden anhand eines der gebräuchlichsten Standard-Programm-Systeme [471, S. 10–113 und S. 158–191; 472, S. 17–31 und S. 46–48; 509, S. 8–38 und S. 63–67; 508, S. 43–66 und S. 80–88] die Arbeitsabläufe beim Einsatz einer Kartenanlage für die Fakturierung, die Lagerbestandsrechnung und automatische Disposition und die Erstellung von Umsatz- und Ertragsstatistiken beschrieben.

2.11 Arbeitsablauf beim Einsatz einer elektronischen Rechenanlage für die Fakturierung

In der Praxis werden, bedingt durch unterschiedliche Branchen, Betriebsformen und Organisationssysteme verschiedene Fakturierungsmethoden durchgeführt. Unterschiede ergeben sich dabei durch die zahlreichen Möglichkeiten der Datenerfassung und durch die Größe der jeweils eingesetzten Anlage bzw. deren Speicherart und -kapazität und damit des Grades der Integration zusätzlicher Arbeitsgebiete wie der Mehrwertsteuerberechnung, der Bruttoerfolgsrechnung nach Artikeln oder Warengruppen usw. Der eigentliche elektronische Arbeitsablauf verläuft jedoch in der Regel nach einheitlichen Prinzipien.

Im Handel hat sich zur externen Speicherung der Bestandsdaten weitgehend die Plattenspeicher- und zum Teil die Band-Organisation durchgesetzt, während die Auftragsdaten meist über Lochkarten, -streifen oder maschinenlesbare Belege in die elektronische Anlage eingegeben werden. Hier wird der Programmablauf bei der Auftragsdatenerfassung mittels Lochkarten und der externen Speicherung durch Plattenspeicher-Einheiten beschrieben.

Bei der Magnetplattenspeicherung ist eine feste Einteilung der zu speichernden Daten in einer sinnvollen Ordnung erforderlich. Magnetplatteneinheiten bestehen aus mehreren beidseitig verwendbaren Platten, die auf den Oberflächen in Sektoren aufgeteilte konzentrische Spuren in großer Zahl aufweisen. Die Sektoren, welche eine ganz bestimmte Zahl alphanumerischer Zeichen speichern können, sind durch fortlaufende mehrstellige Plattenadressen gekennzeichnet. In einem Plattenspeicher können — je nach Anlagentyp — bis zu mehreren Millionen alphanumerische Zeichen gespeichert werden; da mehrere derartige Einheiten an ein Datenverarbeitungssystem angeschlossen werden können, ist eine weitere Ausweitung der externen Speicherkapazitäten möglich.

In einem oder mehreren Sektoren werden zusammengehörige Daten eines festen Abrechnungsbereichs gespeichert. Die Sektoren dienen bei der Aufnahme der Bestandsdaten zur Auftragsabwicklung der Speicherung der Artikelsätze, der Kundensätze und eventuell der Vertetersätze. Ein Artikelsatz enthält z. B. die Artikelnummer, die Artikel-Bezeichnung, den Verkaufspreis, den Mehrwertsteuersatz, den Bestand, den Rabattsatz usw. Im Kundensatz können Angaben gespeichert werden, wie die Kundennummer, Name, Postleitzahl, Ort, Straße, Kreditlimit, aufgelaufener Umsatz usw. Ferner können in Artikel- und Kundensätzen noch beliebig viele Stellen für statistische Zwecke reserviert werden.

Nach dem Einlesen des Programms ‚Fakturierung' werden die aus den Kundenaufträgen erstellten Auftragskarten und eventuelle Rückstandskarten in das System eingegeben, das nach der gelochten Kundennummer der ersten Eingabekarte den entsprechenden Kundensatz im Speicher ansteuert. Anhand der dort vorgefundenen und der auf der Karte enthaltenen Informationen wird nun eine erste Kreditkontrolle durchgeführt. Dabei wird geprüft, ob der Auftrag auf Grund der Höhe des Saldos, unter Berücksichtigung des für jeden Kunden gespeicherten Kreditlimits, ausgeführt werden darf. Muß der Auftrag gesperrt werden, so wird die Auftragskarte mit einem entsprechenden Vermerk ausgegeben und die nächste Auftragskarte wird geprüft. Verläuft die Kreditkontrolle dagegen positiv, so wird das Programm mit dem nächsten Schritt fortgesetzt, d. h. es wird nunmehr geprüft, ob Rechnungs- und Warenempfänger identisch sind. Ist dies nicht der Fall, so wird die auf dem Kundensatz angegebene Anschlußadresse aufgesucht und die erste Anschriftszeile für den Rechnungsempfänger und den Warenempfänger auf das Rechnungsformular gedruckt. Ist der Rechnungsempfänger gleich dem Warenempfänger, so wird nur die Anschriftszeile des Kunden gedruckt. Anhand der in der Auftragskarte oder im Kundensatz gespeicherten Daten wird gleichzeitig die Versandart des Auftrages bestimmt.

Nach einem durch das Lochband gesteuerten Vorschub zum Formularhauptteil beginnt der Druck der Artikelpositionszeilen. Dafür wird für jede in die Auftragskarte gelochte Artikelnummer der dazugehörige Artikelsatz vom externen Speicher in den Hauptspeicher übertragen. Ehe nun die einzelnen Artikelzeilen ausgedruckt werden, wird für jede Bestellposition eine Bestandsprüfung durchgeführt, und es wird festgestellt, ob, falls der Lagerbestand des betreffenden Artikels nicht ausreicht, vom Kunden eine Teillieferung der Restmenge oder eine Ersatzlieferung zu einem späteren Zeitpunkt gewünscht wird. Ist der bestellte Artikel nicht lieferbar und eine Teil- oder Ersatzlieferung wird nicht gewünscht, so wird die betreffende Artikelzeile mit der Artikelnummer, Bezeichnung, Bestellnummer, Menge, Mengeneinheit und Preis je Einheit mit dem Hinweis ausgedruckt, daß die Bestellposition nicht lieferbar ist. Wünscht der Kunde jedoch eine Teillieferung oder reicht der Lagerbestand zur Lieferung der gewünschten Gesamtmenge aus, so multipliziert die elektronische Datenverarbeitungsanlage die zu liefernde Menge mit dem Verkaufspreis. Von diesem Bruttobetrag werden Rabatte subtrahiert und auf Grund der für jede Bestellposition gespeicherten Daten werden der Leergutwert (Menge × Leergutpreis je Einheit), das Versandgewicht (Menge × Gewichtseinheit), die Mehrwertsteuer (Warenwert × Steuersatz) und der Provisionsbetrag (Provisionssatz × Nettobetrag) ermittelt. Bruttobetrag, Rabatt, Nettobetrag, Mehrwertsteuerbetrag und Leergutwert werden für jede Artikelzeile ausgedruckt, Versandgewicht und Provisionsbetrag werden dagegen für spätere Auswertungen intern gespeichert. Quasi simultan zu den Rechenoperationen, die zum Druck der einzelnen Artikelpositionen führen, wird eine Bestandsfortschreibung durchgeführt. Dabei wird für jeden berührten Artikelsatz die abgehende Menge zur aufgelaufenen Abgangsmenge addiert und vom Lagerbestand abgebucht. Der aufgelaufene Abgangswert zu Verkaufspreisen wird um den Bruttobetrag der Artikelpositionszeile erhöht.

Die oben beschriebenen Operationen werden für jeden bestellten Artikel gesondert durchgeführt und für jede Bestellposition wird eine Fakturazeile ausgedruckt. Sind alle Artikel eines Auftrags fakturiert, so wird eine erste Summenzeile mit den aufaddierten Werten Waren-Brutto, Rabatte, Waren-Netto, Leergutbetrag und Gewicht in Kilogramm ausgedruckt. Eine zweite Summenzeile enthält den Rechnungsnettobetrag, zu dem die Leergutbeträge, errechnete Frachtkosten, Versandspesen und die Mehrwertsteuer addiert werden, um den Rechnungsendbetrag zu erhalten. Zur Errechnung der Frachtkosten, Versandspesen und eventuellen Skonti sind entsprechende Tabellen in der elektronischen Rechenanlage gespeichert.

Sind alle Posten einer Auftragskarte verarbeitet und auf der Rechnung ausgedruckt, so gibt das Programm den Befehl zum Lesen der nächsten Auftragskarte, womit die Fakturierung für den Kundenauftrag mit der nächsthöheren Kundennummer automatisch eingeleitet wird. Abbildung 19 zeigt einen Programmablaufplan der oben beschriebenen Fakturierung.

2.12 Arbeitsablauf beim Einsatz einer elektronischen Rechenanlage für die Lagerbestandsrechnung und das Bestellwesen

An die automatische Warendisposition werden in der Praxis normalerweise drei Anforderungen gestellt:

1. Es sollen fortlaufend die Artikelsätze berichtigt werden (durch Fortschreibung des Bestandes und der Zugangs- und Abgangswerte);
2. es sollen Listen erstellt werden, aus denen die einzelnen Warenzu- und -abgänge sowie sonstige wichtige statistische Daten ersichtlich sind;
3. es sollen Artikel, deren Bestand unter den Mindestbestand sinkt, besonders gekennzeichnet werden und eventuell Bestellvorschläge ausgearbeitet werden.

2.121 Lagerbestandsführung

Soll der Lagerbestand elektronisch fortgeschrieben werden, so muß am Stichtag der Umstellung der alte Bestand je Artikel durch eine Inventur erfaßt, auf Karten oder sonstigen Datenträgern gespeichert und in die Anlage eingelesen werden. Dort werden die für jeden Artikel nötigen Werte (in der Regel auf Band oder Platte) gespeichert. Von diesem Bestand werden Warenabgänge bei der Fakturierung abgebucht, indem die zu liefernden Warenmengen vom Lagerbestand subtrahiert werden (vgl. Abb. 20).

Warenzugänge werden von den Lieferscheinen auf Datenträger – wie z. B. Wareneingangskarten – übertragen und in die elektronische Rechenanlage eingelesen, damit die betreffenden Artikelsätze berichtigt werden können. Die Liefermenge wird dabei zur Bestandsmenge im Speicher addiert, um den neuen

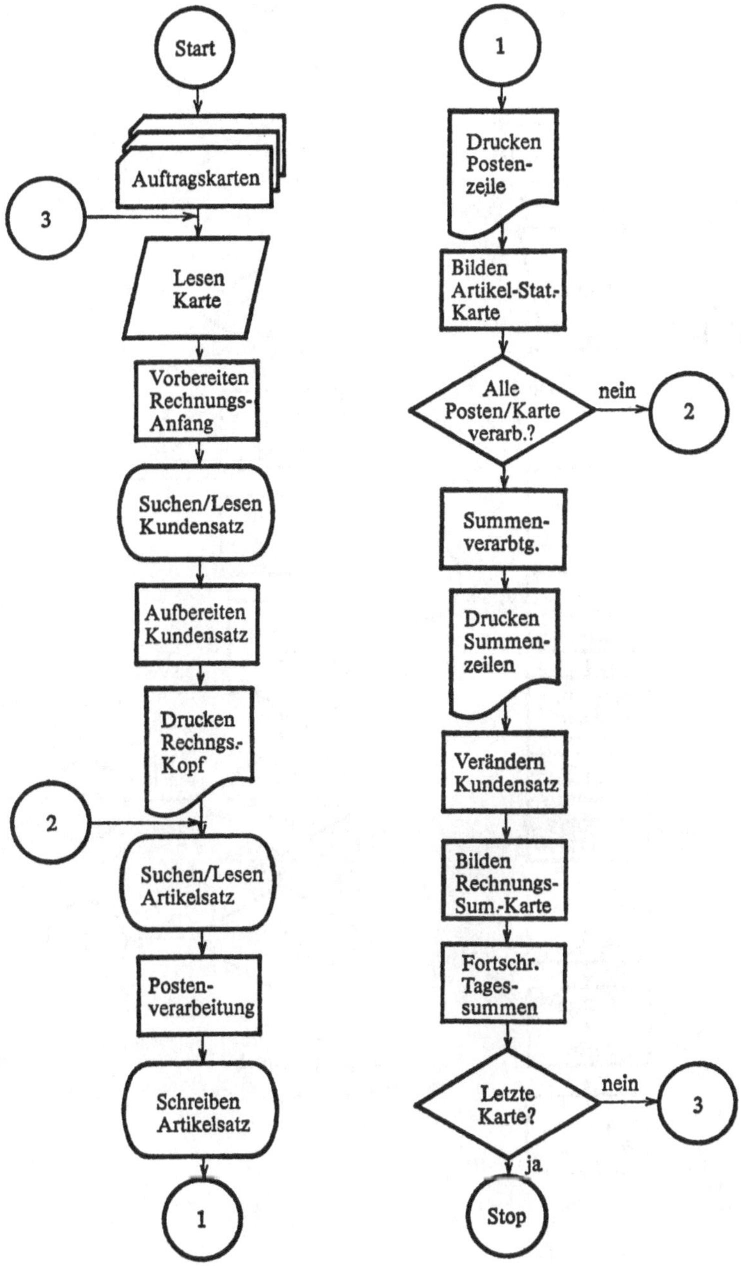

Abb. 19
Programmablaufplan der Rechnungsschreibung.

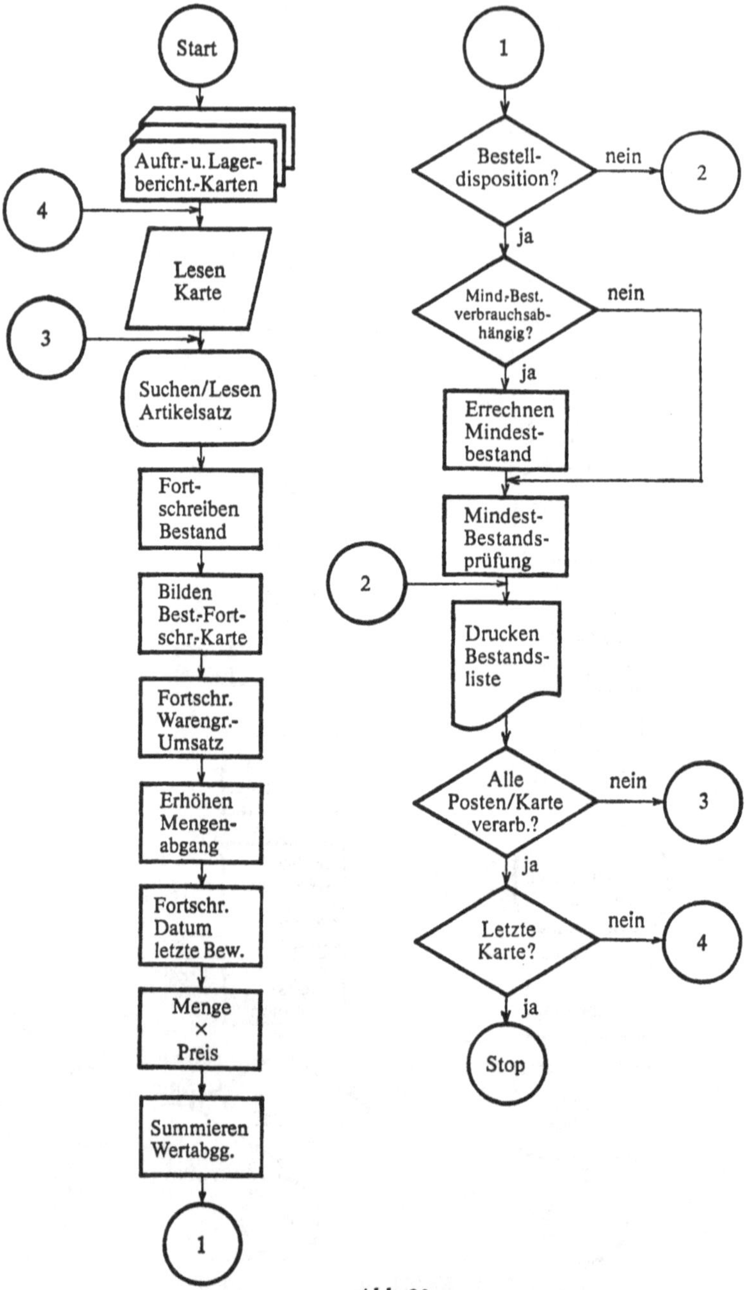

Abb. 20
Programmablaufplan der Verbuchung von Lagerabgängen.

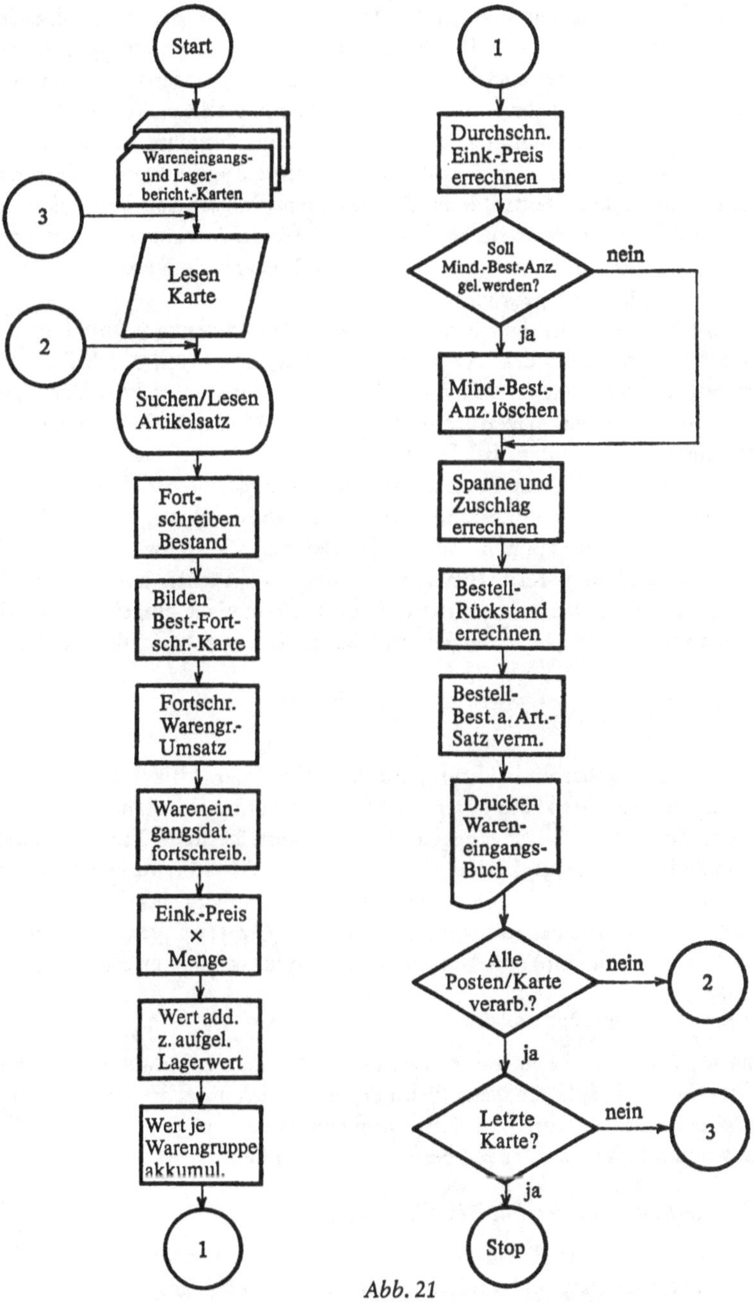

Abb. 21
Programmablaufplan der Verbuchung von Lagerzugängen.

Lagerbestand zu errechnen (vgl. Abb. 21). Das Ergebnis der Multiplikation ‚Liefermenge × Einkaufspreis je Einheit' wird zum Lagerwert addiert und eventuelle Differenzen zwischen bestellter und gelieferter Menge werden ausgewiesen. Dazu ist es allerdings nötig, daß für jeden bestellten Artikel die Artikelnummer, die Auftragsnummer, das Auftragsdatum, bestellte Menge, Liefertermin, Lieferantennummer und Einkaufspreis gespeichert werden, wenn eine Bestellung erfolgt. Die elektronische Datenverarbeitungsanlage kann dadurch auch Preisunterschiede registrieren und bei Lieferverzögerungen automatisch Hinweise ausdrucken oder Mahnungen erstellen. Eingehende Waren können auf einer besonderen Liste ausgedruckt werden.

Alle Lagerbewegungen, die nicht in direktem Zusammenhang mit Lagerzugängen durch Lieferschein des Lieferanten oder Lagerabgängen durch Fakturierung an den Kunden stehen, werden durch Lagerberichtigungen korrigiert. Derartige Lagerbewegungen liegen zum Beispiel bei Warenrücklieferungen von Kunden oder an Lieferanten, bei Privatentnahmen, bei Werbegeschenken oder bei den, bei der körperlichen Bestandsaufnahme festgestellten Differenzen zwischen körperlich ermitteltem Bestand und dem Buchbestand vor. Um den Lagerbestand korrigieren zu können, muß jeder derartige Vorgang erfaßt und in eine Lager-Berichtigungs-Karte gestanzt werden. Die täglich anfallenden Berichtigungskarten werden in die elektronische Rechenanlage eingelesen, wo die betreffenden Artikelsätze um Mengen- und Wertdifferenzen berichtigt werden.

2.122 Bestellwesen

Die bei der Lagerbestandsführung für den einzelnen Artikel gespeicherten Daten können sein: Artikelnummer, Lieferantennummer, Einstands- und Verkaufspreis, Zugangs- und Abgangsmenge und -wert, bestellte Menge, Bestelltermin und Lieferdatum, Rabattsatz, Provisionssatz, Gewicht, verkaufte Menge in den Vormonaten u. a. m. Entsprechend der Leistungsfähigkeit der jeweils eingesetzten elektronischen Rechenanlage sind die Auswertungen der Lagerbestandsrechnung für die Einkaufsdisposition mehr oder weniger aussagefähig.

2.121.1 Einfache Lagerbestandslisten

Dabei wird der um die im Berichtszeitraum ablaufenden Bewegungen korrigierte Lagerbestand täglich, wöchentlich oder monatlich ausgedruckt. Der Disponent erhält damit eine wertvolle Dispositionsunterlage, auf Grund derer er bestimmt, wann und welche Mengen bestellt werden sollen.

2.121.2 Lagerbestandslisten mit Bestellhinweisen

Bei dieser verbesserten Form der Lagerdisposition müssen für jeden Artikel zusätzlich der Meldebestand und die jeweilige Lieferzeit gespeichert werden. Der Meldebestand kann dabei auf Grund des bisherigen Absatzes, einer Bedarfsschätzung für die Zukunft, der Lieferzeit und eines Risikozuschlags von dem Computer automatisch errechnet werden. Seine Höhe kann von der Anlage korrigiert werden, wenn sich die Einflußfaktoren für diese Größe ändern. Die elektronische Rechenanlage registriert nun alle Artikelsätze, die bei der Lagerbestandsfortschreibung unter den Meldebestand gesunken sind. Beim Ausdrucken der Dispositionsliste werden diese Artikel durch besondere Bestellhinweise gekennzeichnet, auf Grund derer die Einkaufsabteilung die Bestellmengen festlegt.

2.121.3 Lagerbestandslisten mit Bestellvorschlägen

Anstatt sämtliche Artikel des Sortiments auf einer Dispositionsliste auszuweisen, auf der die zu bestellenden Positionen durch Hinweise gekennzeichnet sind, können von der elektronischen Rechenanlage auch nur diejenigen Artikel ausgedruckt werden, deren Meldebestände durch die Berichtigung der Artikelsätze unterschritten wurden. Solche maschinell erstellten Listen können alle Angaben enthalten, die für Bestellungen erforderlich sind, einschließlich maschinell errechneter Bestellvorschläge. Die Einkaufsabteilung kann sich somit auf die Kontrolle der maschinellen Bestellvorschläge beschränken. Diese Kontrolle ist jedoch unbedingt erforderlich, um Bestellvorschläge berichtigen zu können, die durch kurzfristige Bedarfsschwankungen oder durch bestimmte, nur dem Disponenten bekannte, Tatsachen überholt und unzweckmäßig geworden sind.

2.121.4 Bestandsrechnung mit Lageroptimierungsmodellen

Wurden in einem Handelsbetrieb bereits seit längerer Zeit Erfahrungszahlen mit Hilfe von elektronischen Datenverarbeitungsanlagen gewonnen, so ist es durch Methoden der Unternehmensforschung möglich, nicht nur auf Grund von reinen Einkaufs-, Verkaufs- und Lagerbestandszahlen zu disponieren, sondern auch Bestell- und Lagerkosten und deren Schwankungen mit einzubeziehen. Ziel einer Optimierung der Lagerhaltung ist die Minimierung der Gesamtkosten (Bestell- und Lagerkosten) bei gleichzeitiger Aufrechterhaltung der Lieferbereitschaft gegenüber Kunden. Zur Erreichung dieser Zielsetzung sind die günstigsten Bestellzeitpunkte und die optimalen Bestellmengen zu ermitteln. Eine ausführliche Beschreibung eines derartigen Lagerhaltungsmodells erfolgt bei der Darstellung der Anwendung der elektronischen Datenverarbeitung auf dem Gebiete der Unternehmensforschung.

2.13 Arbeitsablauf beim Einsatz einer elektronischen Rechenanlage zur Erstellung von Umsatz- und Ertragsstatistiken

Grundlage für eine Vielzahl verschiedener Auswertungen und Berichte sind die bei der Fakturierung anfallenden Zwischen- und Endergebnisse. Beim Ausdrucken der einzelnen Artikelzeilen und Rechnungssummen werden bei mittleren und kleineren elektronischen Datenverarbeitungsanlagen Artikelstatistikkarten, Rechnungssummenkarten und Statistiksummenkarten erstellt, während bei größeren Anlagen die entsprechenden Daten auf Band oder Platte gespeichert werden.

Die Artikelstatistikkarten dienen zur Erstellung von Verkaufsstatistiken und Rentabilitätsrechnungen und enthalten jeweils für eine Artikelposition eines Auftrags die Artikelnummer, die Menge, den Einkaufs- und Verkaufspreis, die Kundennummer und eventuell die Vertreternummer und die Filialbezeichnung.

Als Ausgangsbasis für das Rechnungsausgangsbuch, die Mehrwertsteuerermittlung und die Debitorenbuchhaltung dienen die Rechnungssummenkarten, die für jeden fakturierten Auftrag die Rechnungsnummer, das Rechnungsdatum, den Rechnungsbetrag, den Steuerbetrag, die Kundennummer, die Vertreternummer, die Vertriebsart u. a. m. enthalten. Diese Angaben werden durch den in den Statistiksummenkarten gespeicherten Umsatz und Bruttogewinn je Rechnung ergänzt, die maschinenintern durch Addition der Artikelverkaufspreise bzw. durch Subtraktion der jeweiligen Einstandspreise von den Verkaufspreisen ermittelt werden.

Diese bei der Fakturierung gewonnenen Lochkarten werden durch die Wareneingangs- und Bestandsfortschreibungskarten ergänzt, die bei der automatischen Disposition anfallen. Sie enthalten neben der Artikelnummer, die Mengeneinheit, den Bestand, die Zugänge und die Abgänge der vergangenen Abrechnungsperioden.

2.131 Artikelstatistiken

Die in den oben beschriebenen Kartenarten gespeicherten Informationen dienen entweder zur Kontrolle der einzelnen Warengruppen durch Ermittlung des Bruttogewinns je Warengruppe oder es wird für jeden einzelnen Artikel durch Errechnung des Bruttogewinns, des Umsatzes und der Umschlagshäufigkeit eine Stückkontrolle durchgeführt. Die Warengruppenkontrolle wird in der Regel täglich durchgeführt, während die Stückkontrolle, die jeweils einen hohen Rechenaufwand erfordert, periodisch für jeden Artikel des Sortiments oder auch nur für ‚kritische' Artikel vorgenommen wird.

Eine Möglichkeit zur Auswahl der in die Stückkontrolle einzubeziehenden Artikel bietet im Großhandel die sogenannte ‚20:50:80-Regel'. „Sie besagt, daß 20 % aller Artikel, die 50 % des Lagerraumes beanspruchen, 80 % des Umsatzes ausmachen. Die restlichen 80 % der Artikel bringen nur 20 % Umsatz, benötigen aber ebenfalls 50 % des Lagerraumes" [436, S. 108]. Raßbichler gibt an, daß – obwohl die Prozentsätze je nach Zusammensetzung der Sortimente bei jeder Großhandlung verschieden sind – diese Regel für alle Großhandlungen insgesamt repräsentativen Charakter habe [436, S. 108].

2.131.1 Warengruppenkontrolle

Nach der täglichen Fakturierung wird durch einfache Addition der einzelnen Rechnungsendbeträge der Gesamtumsatz ermittelt und auf die einzelnen Warengruppen aufgeschlüsselt. Der Bruttogewinn wird durch Subtraktion der Einstandspreise von den Verkaufspreisen errechnet und sowohl für den Gesamtumsatz, als auch für die einzelnen Warengruppen in DM ausgewiesen. Der Umsatz und der Bruttogewinn je Warengruppe in Prozent des Gesamtumsatzes bzw. des Gesamtbruttogewinns werden festgestellt, die Anzahl der bewegten Warengruppen werden errechnet und Frachten und Zuschläge werden zu gesonderten Gesamtsummen aufaddiert. Diese maschinenintern gewonnenen Ergebnisse werden sodann auf einer Bruttogewinnübersicht ausgewiesen, wobei eine Gegenüberstellung zu Vorjahrswerten aufschlußreiche Vergleiche erlaubt. Der je Warengruppe erzielte Umsatz und Bruttogewinn und die Anzahl der je Warengruppe belieferten Kunden werden gleichzeitig auf Karte, Platte, Band o. ä. gespeichert, um eine periodische Beobachtung der Umsatz- und Bruttogewinnentwicklung der einzelnen Warengruppen durch eine Verdichtung der gespeicherten Daten zu ermöglichen und somit eine systematische Überwachung und Steuerung des Sortiments fortlaufend zu gewährleisten.

2.131.2 Stückkontrolle

Während die Warengruppenkontrolle der systematischen Kontrolle des Sortiments dient, ermöglicht die Stückkontrolle das Auffinden besonders umsatzstarker oder unrentabler Artikel, die die Bruttogewinne innerhalb der Warengruppen intensiv beeinflussen.

Um besonders zugkräftige Artikel oder ‚Ladenhüter' des Sortiments ermitteln zu können, müssen erst die Daten aus den Artikelstatistikkarten bzw. von Platte, Band o. ä. in die elektronische Datenverarbeitungsanlage eingelesen werden. Die Verbuchung der Zu- und Abgänge und die Errechnung des neuen Bestands für jeden Artikel, die ja bereits bei der Lagerbestandsfortschreibung erfolgten, ermöglichen den Nachweis aller im Berichtszeitraum unbewegten Artikel. Neben der Ermittlung des Bruttogewinns je Artikel für die letzte Abrechnungsperiode, wird die Bestellhäufigkeit und die Lagerumschlagsgeschwindigkeit je Artikel und Warengruppe festgestellt und der unter oder über dem Warengruppenlimit liegende Prozentsatz jedes Artikels errechnet. Diese errechneten Werte werden für den einzelnen Artikel in einer Erfolgs- und Bestandsliste für jede Warengruppe ausgedruckt. Die besondere Kennzeichnung von einzelnen Artikeln, die das Ergebnis besonders nachhaltig beeinflussen, ermöglicht eine systematische Überwachung der Bestände und des Sortiments. Es wird jedoch nicht nur das vorhandene Sortiment auf seine Marktgängigkeit hin untersucht, sondern es werden auch versuchsweise eingeführte Artikel getestet. Die Auswirkungen von Preisänderungen oder Werbemaßnahmen können durch diese Artikelstatistik kontrolliert werden, das Risiko kostspieliger Über- oder Unterdeckungen der Bestände wird minimiert und somit die Rentabilität des im Sortiment investierten Kapitals erhöht. Abbildung 22 zeigt den Arbeitsablauf beim Erstellen einer Artikelstatistik.

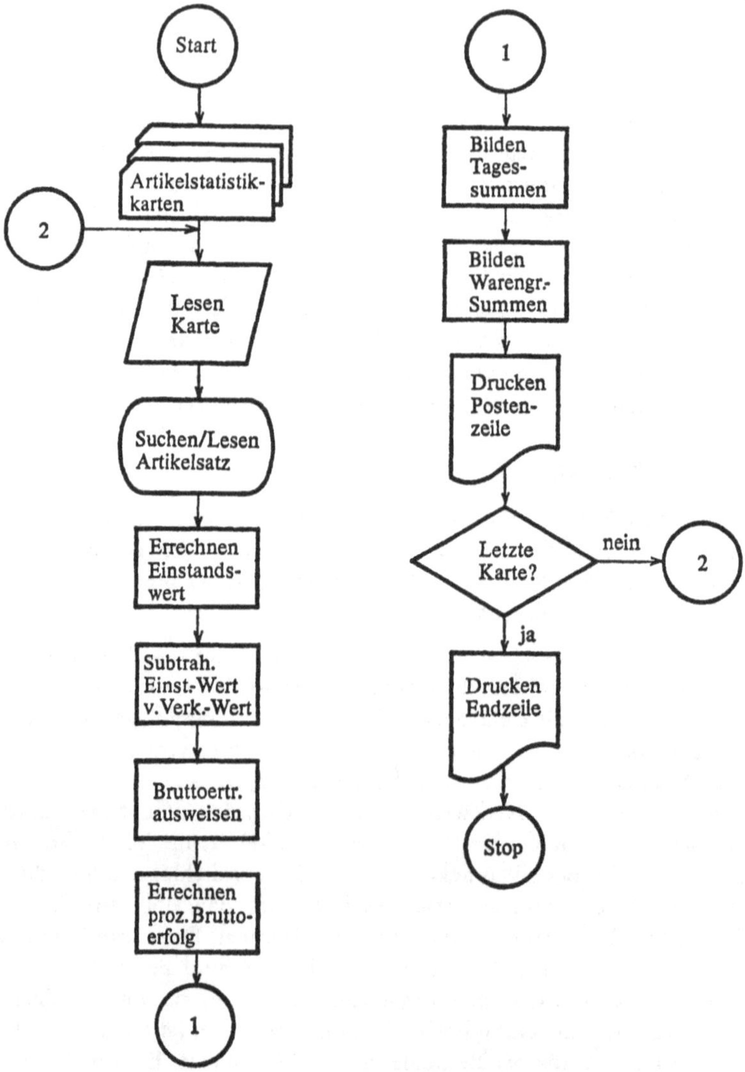

Abb. 22

Programmablaufplan zur Erstellung einer Artikelstatistik.

2.132 Warengruppenstatistik nach Vertretern oder Verkaufsstätten

Um eine langfristige Beobachtung und Analyse des Sortiments in den einzelnen Vertreter- oder Verkaufsstättenbezirken zu ermöglichen, werden die bei der Fakturierung gewonnenen Artikelstatistikkarten (oder entsprechende Datenträger) sortiert nach Warengruppen-Bezirken in die elektronische Anlage eingelesen. Die Umsätze der vergangenen Abrechnungsperioden und die durchschnittlichen Werte der Vorjahre (nach Warengruppen und Bezirken geordnet), die bereits gespeichert vorliegen, werden ebenfalls in die Verarbeitung einbezogen. Die Rechenanlage addiert dabei die Umsätze je Warengruppe für jeden Vertreter bzw. jede Verkaufsstätte und weist zusätzlich die Umsätze der zurückliegenden Abrechnungsperioden und den durchschnittlichen Absatz pro Abrechnungsperiode des Vorjahres aus. In analoger Form kann eine nach Vertreter- oder Verkaufsstättenbezirken gegliederte Bruttogewinnübersicht erstellt werden.

Durch die Zurverfügungstellung derartiger Übersichten ist es auch den Verkaufsstätten bzw. Außenverkäufern möglich, ihre vertrieblichen Aktivitäten besser an die Gegebenheiten der Absatzsituation anzupassen. Das wird z. B. aus folgendem Text deutlich, der eine von einem Großhändler einer Einkaufsgenossenschaft seinen Einzelhandelsmitgliedern monatlich übersandte, elektronisch erstellte Warengruppenstatistik einleitet: „In nachstehender Statistik zeigen wir Ihnen, getrennt nach 24 Warengruppen, die mit uns in der Zeit vom 1. 10. 69 bis 31. 10. 1969 erzielten Umsätze — außer Streckengeschäft — auf. Ihrem Umsatzanteil in den einzelnen Warengruppen haben wir zum Vergleich den Durchschnittsumsatzanteil aller Genossenschaftsmitglieder pro Warengruppe gegenübergestellt. Gleichzeitig ist in der Aufstellung pro Warengruppenumsatz Ihre Durchschnittsspanne ermittelt, die sich bei Anwendung der von uns empfohlenen Ladenpreise ergeben hätte. Auch hier ist zum Vergleich in der danebenliegenden Spalte die Durchschnittspanne aller Genossenschaftsmitglieder pro Warengruppe angegeben. Diese Zahlen werden wir Ihnen regelmäßig in monatlichem Abstand zur Verfügung stellen. Sie sollen Ihnen helfen, intensiver als es bisher möglich war, Ihre Verkaufspolitik in den einzelnen Warengruppen rechtzeitig der Entwicklung anzupassen."

2.133 Kundenumsatzstatistik

Bei der Kundenumsatzanalyse werden die bei der Fakturierung erstellten Statistikkarten bzw. andere Datenträger, die den jeweiligen Umsatz und Bruttogewinn je Rechnung erhalten, maschinell nach Kundennummern sortiert. Die EDV-Anlage errechnet für jeden Kunden den Umsatz und den Bruttogewinn für die gegenwärtige Abrechnungsperiode und druckt sie in einer Kundenumsatzübersicht aus. Anhand dieser Liste, welche zusätzlich zu Vergleichszwecken die Umsätze und Bruttogewinne der vergangenen Perioden enthalten und die eventuell nach Artikeln oder Warengruppen untergliedert sein kann, ist eine umfassende Analyse des Kundenstammes möglich. Die Kundenumsatzübersichten erlauben weiterhin eine Kontrolle und Steuerung von verkaufspolitischen Maßnahmen und auch die Erfolge, die die Konkurrenz durch Anwendung ihres

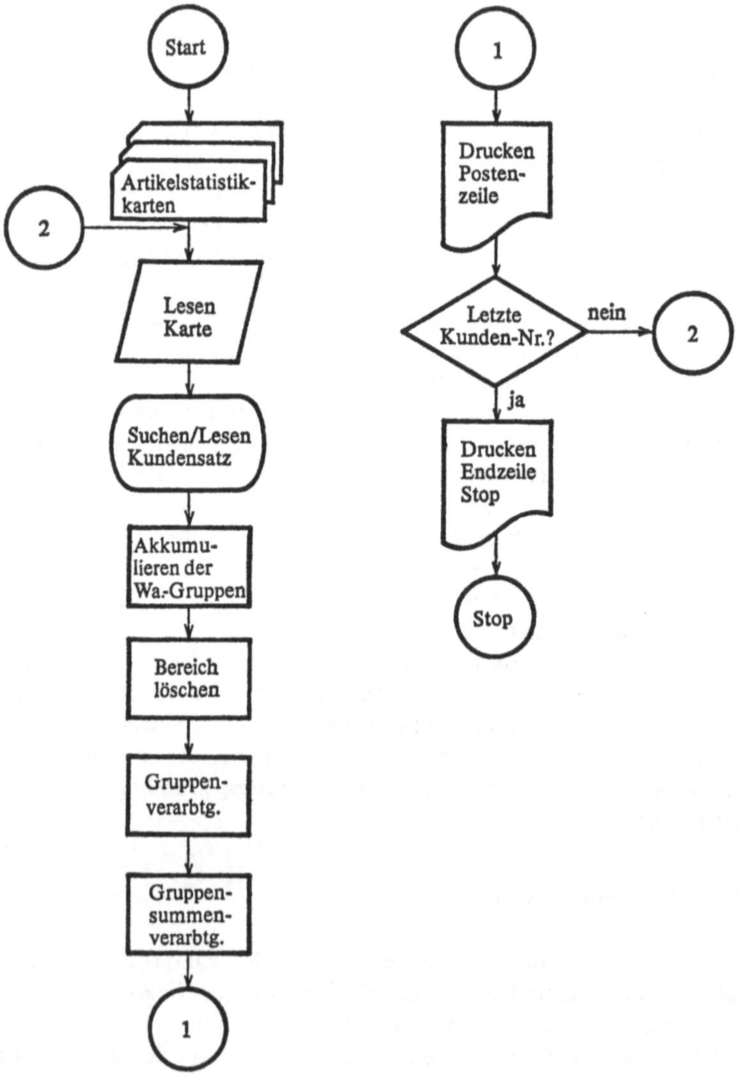

Abb. 23

Programmablaufplan zur Erstellung einer Kundenumsatzstatistik.

absatzpolitischen Instrumentariums auf der Nachfrageseite erzielt, können in begrenztem Umfang an der Entwicklung der eigenen Kundenumsätze abgelesen werden. Abbildung 23 zeigt den Arbeitsablauf beim Erstellen einer Kundenumsatzübersicht.

2.2 Elektronische Datenverarbeitung im Rechnungswesen

2.21 Arbeitsablauf beim Einsatz einer elektronischen Rechenanlage für die Debitorenbuchhaltung

2.211 Soll-Buchung der Debitoren (Rechnungsausgang)

Als Grundlage für die Debitorenbuchhaltung mit Lochkarten beim Einsatz einer elektronischen Kartenanlage dienen die während der Fakturierung erstellten Rechnungssummenkarten. Da diese Karten außer den für die Verbuchung der Forderungen notwendigen Angaben häufig noch weitergehende Informationen enthalten und deshalb zu statistischen Zwecken verwendet werden, hat sich in der Praxis häufig die Lösung durchgesetzt, die Rechnungssummenkarten in besondere Belastungskarten (sog. Debitorenkarten) zu doppeln. Diese sollten mindestens folgende Daten enthalten: Kontonummer (Kundennummer), Rechnungsnummer, Rechnungsdatum, Rechnungsbetrag, Zahlungsziel, Skontierfähigkeit (% und Zeitdauer), Buchungsdatum. Diese Karten können ganz auf die Zwecke der Debitorenbuchhaltung ausgerichtet werden.

Beim Einsatz einer elektronischen Rechenanlage wird die Debitorenbuchhaltung ausschließlich in Form einer Offenen-Posten-Buchhaltung geführt; dabei ersetzen die Belastungskarten die bei einem herkömmlichen Lose-Blatt-Konto üblichen Kopien für noch nicht bezahlte Rechnungen. Die Debitorenkarten werden täglich maschinell nach Kundennummern und Rechnungsdaten geordnet, zur Rechnungsausgangs-Liste ausgedruckt und in eine Offene-Posten-Kartei eingemischt. Vor der Einsortierung werden die Karten durch Lochschriftübersetzung visuell lesbar gemacht. In die Offene-Posten-Kartei werden für jeden Kunden ferner – soweit es sich um Neukunden handelt und die Kundendaten deshalb noch nicht enthalten sind bzw. wenn diese Angaben nicht in den Belastungskarten aufgezeichnet sind – Adreßkarten eingemischt, die Informationen über die Anschrift, Bonität, Zahlungsweise, Kreditvolumen, Skonti und weitere Auskünfte (wie z. B. Wechselbestand) der Kunden speichern. Selbstverständlich können diese Stammdaten auch auf Band oder Platte gespeichert und bei Bedarf abgerufen werden. Die in der Offenen-Posten-Kartei abgestellten Debitorenkarten ermöglichen durch einen einfachen Maschinendurchlauf jederzeit den nach Kunden gegliederten Ausweis der Außenstände des Handelsbetriebes.

2.212 Haben-Buchung der Debitoren (Zahlungseingang)

Für die Verbuchung der Entlastungen haben sich im wesentlichen zwei verschiedene Verfahren in der Praxis durchgesetzt. Beim Einkartenverfahren sind Rechnungsausgang und Zahlungseingang in einer Karte enthalten, d. h., es wird in der Offenen-Posten-Buchhaltung nur eine Karte geführt. Werden offenstehende Rechnungen von den Kunden bezahlt, so werden die Zahlungseingänge jeweils in Zahlungseingangskarten gelocht, die die Kundennummer, die Rechnungsnummer, das Zahlungsdatum, die Zahlungsart und den gezahlten Betrag speichern. Die Verbuchung der Entlastungen auf den Kundenkonten erfolgt nach dem Einlesen der Zahlungseingangskarten in die elektronische Anlage vollmaschinell, indem die Debitorenkarten, deren offene Posten durch die Zahlungen ausgeglichen werden, aussortiert und in eine Ausgeglichene-Posten-Kartei überstellt werden. Für nicht voll ausgeglichene Rechnungsbeträge müssen neue Debitorenkarten erstellt weden, in die der noch offenstehene Restbetrag eingestanzt wird. Während diese Karten in der Offenen-Posten-Kartei verbleiben, werden Karten, die Angaben über den ausgeglichenen Teilbetrag enthalten, in die Ausgeglichene-Posten-Kartei eingemischt.

Werden die Zahlungseingangskarten vor der Verbuchung maschinell nach Kundennummern sortiert, so ist es möglich, in einem Maschinendurchlauf das Zahlungseingangsjournal (vgl. Abb. 24) auszudrucken, das neben dem Ausweis der nach Kunden- und Rechnungsnummern geordneten Zahlungseingänge eventuelle Differenzen zwischen den jeweiligen Rechnungsbeträgen und den Zahlungseingängen enthält und die Art der jeweiligen Zahlung ausweist.

Immer wenn die Rechnungsbeträge von den Kunden nicht überwiegend durch eine Zahlung voll beglichen werden, sondern mehrere Zahlungen — wie z. B. beim Teilzahlungsverkauf insbesondere im Versandhandel und bei Kauf- und Warenhäusern — zum Ausgleich der Belastung geleistet werden, ergeben sich durch die Praktizierung des Zweikartenverfahrens Rationalisierungseffekte. Es ist dadurch gekennzeichnet, daß neben den Belastungskarten zur Registrierung der Soll-Buchungen besondere Haben-Karten für jede Zahlung bzw. für mehrere, die gleiche Rechnung betreffende Zahlungen angelegt werden. Mit den Haben-Karten kann in einem Maschinendurchlauf das Zahlungseingangsjournal aufgelistet werden. Zur Durchführung des automatischen Zahlungsausgleichs werden nach dem Einlesen der Haben-Karten in das System die Belastungskarten abgefragt, ob Gleichheit mit den gezahlten Beträgen besteht. Ausgeglichene Belastungs- und Haben-Karten werden in die Ausgeglichene-Posten-Kartei abgestellt. Ergeben sich Differenzen zwischen dem Rechnungs- und Zahlungsbetrag, so muß eine neue Belastungskarte mit dem noch offenen Restbetrag gestanzt werden, die in der Offenen-Posten-Kartei verbleibt.

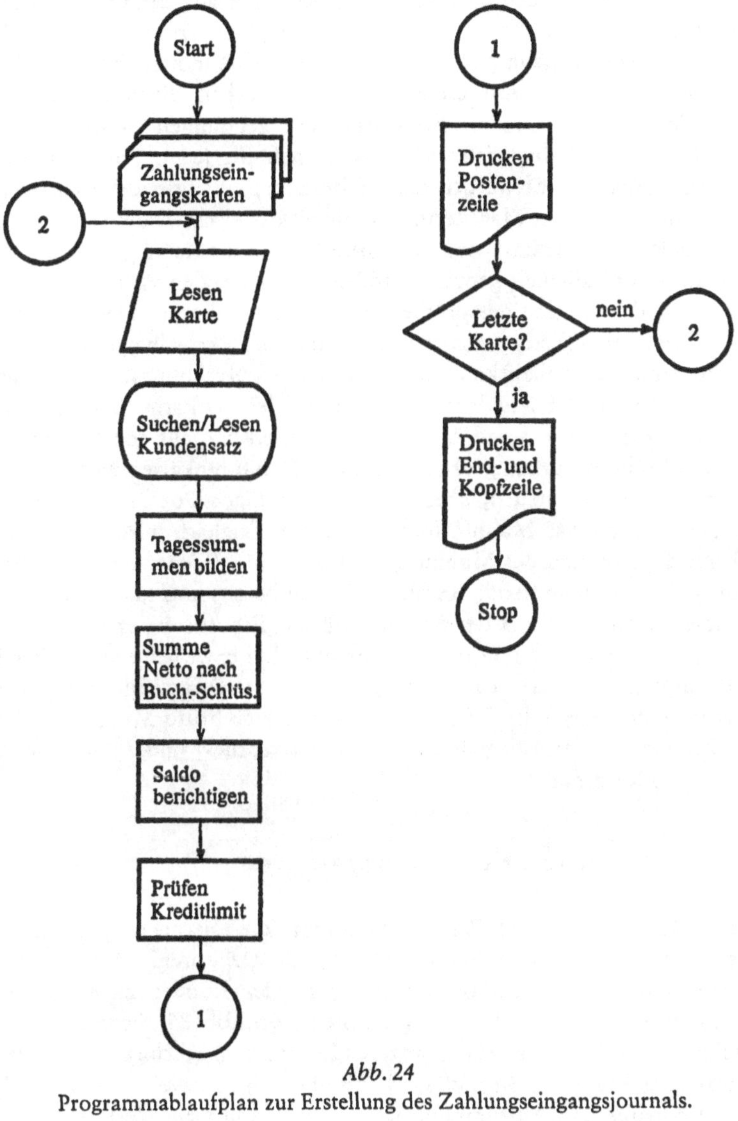

Abb. 24
Programmablaufplan zur Erstellung des Zahlungseingangsjournals.

2.213 Erstellung von Mahnungen

Das Mahnverfahren kann bei einer, nach dem Verfahren der Offenen-Posten-Buchhaltung, mit Lochkarten geführten Kartei gegenüber herkömmlichen Verfahren wesentlich beschleunigt werden. Im einfachsten Falle erfolgt eine automatische Aussortierung der fälligen Belastungskarten aus der Offenen-Posten-Kartei nach einem jeweils zu bestimmenden Fälligkeitstermin. Diese Methode ist jedoch nur dann angängig, wenn mit Kunden keine individuellen Zahlungsziele vereinbart werden. Auf diese die Anwendbarkeit dieser Methode einschränkende Bedingung braucht keine Rücksicht genommen zu werden, wenn die Errechnung der Fälligkeitstermine maschinell für jeden Posten gesondert erfolgt. Zu diesem Zweck werden die Debitorenkarten in periodischen Abständen bzw. zum jeweiligen Mahntermin in die elektronische Datenverarbeitungsanlage eingelesen, wo jeder Posten auf Grund des in die Karte gestanzten Rechnungsdatums auf Fälligkeit geprüft wird. Bei differierenden Zahlungszielen der einzelnen Kunden müssen entsprechende Konditionen-Kennzahlen auf den Belastungs-(bzw. Leit-)Karten vermerkt sein, damit der Rechner den individuellen Fälligkeitstermin feststellen kann. Wird ein fälliger Rechnungsbetrag ermittelt, so wird auf Grund der Kundennummer die in der Leitkarte (bzw. auf Band, Platte usw.) gespeicherte Kundenanschrift abgerufen und auf den Kopfteil eines besonderen Mahnformulars gedruckt. Aus den Debitorenkarten werden sodann die fälligen und die offenen, aber noch nicht fälligen Posten dieses Kunden übertragen und auf das Mahnformular gedruckt. Zugleich wird auf der Debitorenkarte die Nummer der Mahnung vermerkt, so daß jederzeit ersichtlich ist, ob und wie oft der betreffende Rechnungsbetrag bereits angemahnt wurde. Anhand dieses Hinweises ist es der Anlage auch möglich, für die erste, zweite und dritte Mahnung jeweils die Formulare auszuwählen bzw. bei einheitlicher Formulargestaltung die Texte auszudrucken, die in ihrer Dringlichkeit den jeweiligen Mahnstufen entsprechen. Posten, die bereits eine dritte Mahnung erhalten haben, können von der Anlage in Listenform ausgedruckt und damit individuell weiterbehandelt werden.

2.214 Erstellung von Kontenübersichten

Um eine exakte Übersicht über den Stand und die Entwicklung der Kundenkonten zu erhalten, ist es möglich, jederzeit die Debitorenkarten der Ausgeglichenen- und der Offenen-Posten-Kartei für jeden Kunden zu einem echten Konto in Form eines Kontoblattes aufzulisten (vgl. Abb. 25). Eine Durchschrift dieses Kontospiegels, der für einen längeren Zeitraum sämtliche Soll- und Haben-Buchungen des Kontos in chronologischer Reihenfolge ausweist, kann dem Kunden zur Kontrolle und Abstimmung seiner Buchhaltung zur Verfügung gestellt werden.

Ferner ist es möglich, in regelmäßigen Abständen oder laufend mit Hilfe der Debitorenkarten Kontoauszüge zu erstellen und an die Kunden zu versenden, die diese Auszüge als Kreditorenkonto führen können. Diese Möglichkeit dürfte insbesondere von Großhändlern freiwilliger Ketten oder Einkaufsgenossenschaften zur Kontaktpflege genützt werden. Dabei ist es vorstellbar, entweder

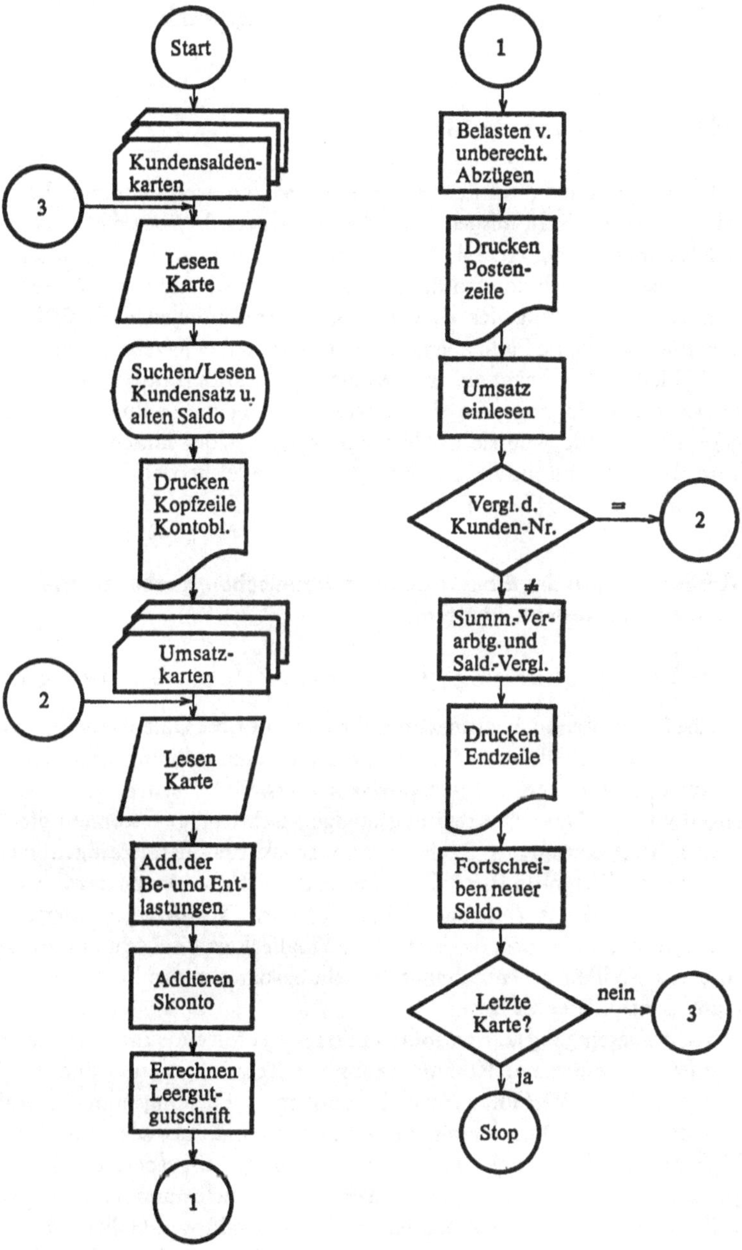

Abb. 25

Programmablaufplan zur Erstellung einer Kontenübersicht (Debitoren).

nur die fälligen Posten (als leise Zahlungserinnerungen) oder sämtliche offenen Posten auf dem Auszug wiederzugeben.

2.215 Erstellung von Saldenlisten

Die für die einzelnen Konten errechneten Salden werden gespeichert und periodisch in Saldenlisten ausgedruckt, die eine Übersicht über die Gesamthöhe der Außenstände enthalten. Die Saldenlisten dienen u. a. der Liquiditätskontrolle; dazu ist es jedoch notwendig, daß in dem Maschinendurchlauf der Listenerstellung eine Aufteilung der einzelnen Kundenrechnungen nach Fälligkeiten vorgenommen wird. Die Fälligkeitstermine werden dabei jeweils durch Addition des individuellen Zahlungsziels zum Rechnungsdatum ermittelt. Wird dem so erstellten Zahlungseingangsplan eine Aufstellung über die Zahlungsverpflichtungen gegenübergestellt (wie sie als Nebenprodukt bei der maschinell geführten Kreditorenbuchhaltung anfällt), so besitzt der Handelsbetrieb eine gute Dispositionsunterlage für die Finanzplanung.

2.22 Arbeitsablauf beim Einsatz einer elektronischen Rechenanlage für die Kreditorenbuchhaltung

2.221 Haben-Buchung der Kreditoren (Rechnungseingang)

Wird die Kreditorenbuchhaltung über die elektronische Datenverarbeitung mit Lochkarten abgewickelt, so wird für jede Lieferantenrechnung nach der Rechnungskontrolle eine Rechnungseingangskarte erstellt. Wurden bereits die Bestellungen von der Datenverarbeitungsanlage geschrieben, so können die dabei gestanzten Bestellkarten als Rechnungseingangskarten herangezogen werden, falls sich keine Differenzen (bezüglich Menge, Preis, Konditionen usw.) zwischen der Bestellung und der Auftragserfüllung ergeben. Werden gesonderte Rechnungseingangskarten gelocht, so besteht die Möglichkeit, die Rechnungsdaten mit den in den Bestellkarten enthaltenen Bestellungsdaten maschinell auf Übereinstimmung kontrollieren zu lassen.

Die Rechnungseingangskarten sollten mindestens folgende Informationen enthalten: Lieferantennummer, Rechnungsnummer, Rechnungsbetrag, Skonto (Zeitdauer und %-Satz), Verfalltag für den Nettobetrag, Buchungsnummer, fortlaufende Belegnummer. Die Lieferantenstammdaten sind entweder auf Karten in der Lieferanten-Adreßkartei oder auf Platte, Band u. ä. gespeichert. Die Rechnungseingangskarten werden täglich maschinell nach Belegnummern sortiert und unter Zuhilfenahme der Stammdaten wird das Kreditoren-Haben-Grundbuch (Rechnungseingangsjournal) ausgedruckt (vgl. Abb. 26). Es enthält für jede eingegangene Rechnung die Belegsumme, die Lieferantennummer und -anschrift, die Rechnungsnummer, das Rechnungsdatum und den Rechnungsbetrag.

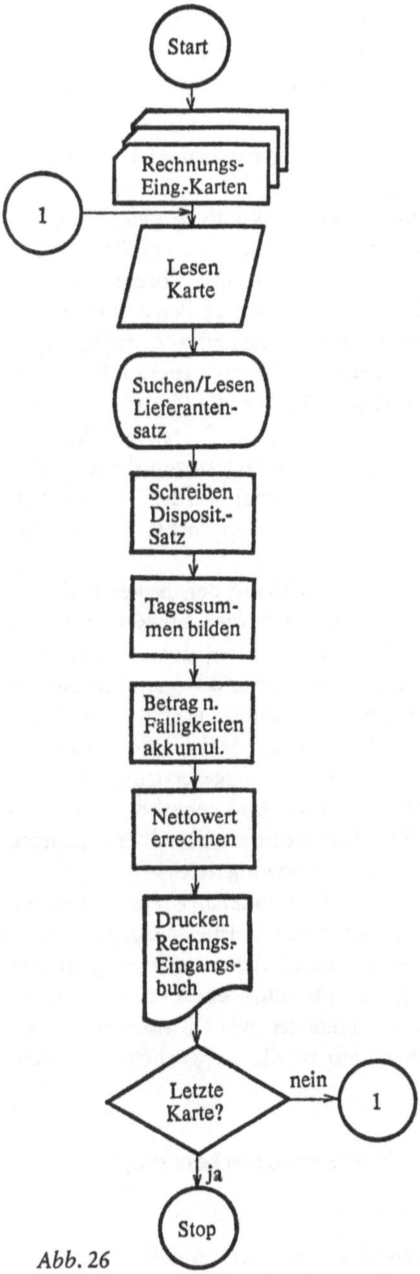

Abb. 26

Programmablaufplan zur Erstellung des Rechnungseingangsbuches.

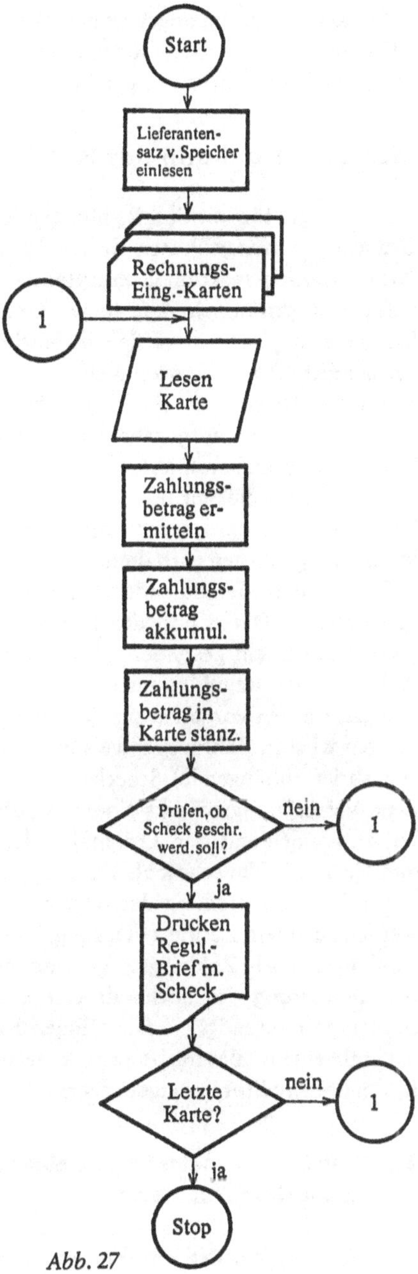

Abb. 27

Programmablaufplan zur Erstellung des Regulierungsbriefes.

Die Rechnungseingangskarten werden sodann lochschriftübersetzt und in die Offene-Posten-Kartei-Kreditoren einsortiert. Diese ist nach Fälligkeiten geordnet und spiegelt den jeweiligen Stand der Lieferantenverbindlichkeiten wider.

2.222 Soll-Buchung der Kreditoren (Zahlungsanweisung)

Grundlage für die Soll-Buchungen sind die Zahlungsanweisungen, die auf Grund der Offenen-Posten-Kartei der Kreditoren erstellt werden. Die fälligen Posten werden maschinell ermittelt, indem eine periodische Überprüfung der auf den Rechnungseingangs(bzw. Kreditoren-)karten angegebenen Skontoverfalltage erfolgt. Dazu werden in bestimmten Zeitabständen, z. B. täglich oder wöchentlich, sämtliche noch nicht ausgeglichenen Kreditorenkarten in die Anlage eingelesen. Diese stellt die fälligen Posten fest, indem sie die Skontoverfalltage mit einem jeweils vorgegebenen Datum vergleicht. Fällige Posten werden ausgedruckt und aufsummiert, wodurch die Zahlungsverpflichtungen der nächsten Periode aufgeschlüsselt und in der Gesamtsumme sichtbar werden. Bei der Fälligkeitsprüfung werden die Karten aussortiert, die bis zum nächsten Zahlungstermin fällige Posten enthalten.

Durch einen Maschinendurchlauf ist es möglich, anhand der in diesen Karten gespeicherten Daten und der Lieferantensätze fällige Posten eines Lieferanten jeweils auf einem gesonderten Formular (Regulierungsbrief) auszuweisen (vgl. Abb. 27). Der Regulierungsbrief enthält eine Aufstellung der zur Zahlung an den Lieferanten vorgesehenen Rechnungen; der aufsummierte Betrag der Rechnungen wird in Zahlungsanweisungen, d. h. in (möglicherweise an den Regulierungsbrief anhängende) Schecks, Überweisungen usw., eingesetzt. Ausgeschriebene Verrechnungsschecks sind fortlaufend numeriert und gehen den Lieferanten zusammen mit den Originalen der Regulierungsbriefe zu, Überweisungen werden an die Hausbank als Zahlungsanweisungen weitergereicht.

Die für die Erstellung der Regulierungsbriefe verwendeten Kreditorenkarten werden zu einem Zahlungsausgangsjournal aufgelistet, welches die ausgehenden Zahlungen nach Zahlungswegen aufgeteilt ausweist. Ferner ist eine getrennte Aufsummierung der nochmals errechneten Skonti und der tatsächlich ausgezahlten Beträge möglich. Die fälligen Kreditorenkarten werden sodann maschinell mit einem ‚Bezahlt'-Vermerk versehen und in die Ausgeglichene-Posten-Kartei der Kreditoren eingeordnet.

2.23 Arbeitsablauf beim Einsatz einer elektronischen Rechenanlage für die Betriebsabrechnung

Im Rahmen der Betriebsabrechnung werden die in einer Abrechnungsperiode angefallenen Kosten erfaßt und nach Kostenarten, Kostenstellen und Kostenträgern gruppiert, wobei die Kostenträgerrechnung auf der Kostenstellenrechnung und diese wiederum auf der Kostenartenrechnung aufbaut. Das Hauptgewicht liegt im allgemeinen auf der Kostenstellenrechnung, die häufig sogar als die eigentliche Betriebsabrechnung angesehen wird; sie kann sowohl kontenmäßig als auch tabellarisch mit Hilfe des Betriebsabrechnungsbogens durchgeführt werden.

2.231 Erstellung des Betriebsabrechnungsbogens

Zur Erfassung der für die maschinelle Verarbeitung notwendigen Daten ist eine Übertragung der in Eingangsrechnungen, Kassenbelegen und Buchungsbelegen enthaltenen Kostenwerte in maschinenlesbare Datenträger erforderlich. Zahlreiche Ausgangsdaten liegen im Normalfall infolge der Automation anderer Arbeitsgebiete bereits in einer direkt eingebbaren Form vor. Die Datenträger enthalten jeweils die Wertziffern der Belege, die Kostenart und die Kostenstelle, so daß die Erstellung des Betriebsabrechnungsbogens durch die Sortierung der Datenträger nach diesen Merkmalen und die Akkumulation der aufgelaufenen Kostenwerte in einem Maschinendurchlauf auf einfachstem Wege möglich ist.

Im folgenden wird der Systemvorschlag eines Datenverarbeitungsmaschinen-Herstellers wiedergegeben [503, Kap. 12; 502, Kap. 12; 179, S. 72–76], bei dem die Gemeinkosten mit Hilfe einer kleineren elektronischen Rechenanlage gemäß dem Kontenrahmen für den Großhandel nach Kostenartengruppen und Kostenstellen geordnet und die Kostenarten zusätzlich noch zum Zweck des Zeitvergleichs auf Sammelkonten zusammengefaßt werden. Die Erfassung der Kosten erfolgt dabei in Lochkarten und zwar in folgenden Kartenarten:

1. Personalkosten (Gruppe 50);
2. Sachkosten (Gruppe 51–58);
3. Abschreibungen (Gruppe 59);
4. Kalkulations-Kosten.

Diese Lochkarten werden in aufsteigender Reihenfolge nach Kostenstellen sortiert und in eine elektronische Anlage eingelesen. Dort werden die in den Karten enthaltenen Daten kostenstellenweise und kostenartenweise akkumuliert und gespeichert. Das Ausdrucken der Kostenarten erfolgt kostenstellenweise auf einer Liste ‚Gemeinkosten-Zusammenstellung'. Gleichzeitig werden für die Umlage der Kostenstellen die Summen der Kostenstellen in Lochkarten gestanzt. Das Verbuchen erfolgt sodann, indem die Kostenarten-Konten, die in Form von Lochkarten vorliegen, in die Anlage eingelesen werden. Zum Inhalt der Kontokarten werden dort die gespeicherten Kostenarten zuaddiert und die Kostenarten-Konto-Karten werden um die neu errechneten Summen ergänzt.

Zur Verrechnung der Kosten innerbetrieblicher Leistungen dienen die bei der Gemeinkostenzusammenstellung gestanzten Lochkarten ‚Summen der Kostenstellen' als Datenträger. Weiterhin sind zur elektronischen Verarbeitung noch

Schlüssel-Karten erforderlich, damit die Kosten der diese Leistungen hervorbringenden Kostenstellen auf die nachgelagerten Kostenstellen umgelegt werden können. Die Verrechnungssätze der innerbetrieblichen Leistungen können allerdings erst dann ermittelt werden, wenn die Daten aus den Leistungsberichten der einzelnen Kostenstellen (z. B. Fahrzeuge, Touren, Filialen usw.) in Lochkarten übertragen sind. Es werden also die Lochkarten ‚Summen der Kostenstellen', ‚Leistungskarten' und ‚Schlüssel-Karten' in der angegebenen Reihenfolge nach Kostenstellen sortiert in die Anlage eingelesen. Dort wird die Summe der ersten Kostenstelle durch die Gesamtleistung laut Leistungsbericht dividiert. Danach wird der Quotient (Verrechnungssatz pro Leistungseinheit) mit der Anzahl der durch die zu belastende Kostenstelle in Anspruch genommenen Leistungseinheiten multipliziert. Das Ergebnis wird gespeichert und zu der zugehörigen Kostenstellensumme (aus der Lochkarte ‚Summe der Kostenstelle') addiert. Mit den errechneten Summen wird so verfahren wie auf der ersten Kostenstelle. Die Verrechnungssätze (Kosten pro Leistungseinheit) werden in die Lochkarten ‚Summen der Hauptstellen' gestanzt und es wird eine Liste gedruckt, die etwa folgendermaßen aussieht:

Kostenstelle 20

Summe der primären Gemeinkostenarten		19 244,08 DM
belastet von Kostenstelle	01	3 114,— DM
	02	2 082,— DM
	03	2 652,— DM
	04	1 266,— DM
	05	619,— DM
	19	47,— DM
Summe der Umlagen (Kostenstelle 01–19)		14 741,— DM
Gesamtkosten der Kostenstelle 20 (Summe 01–20)		33 985,08 DM
Leistung		2412 Einheiten
Kosten/Leistungseinheit		14,09 DM

Die Gesamtkosten der Kostenstelle 20 in Höhe von 33 985,08 DM verteilen sich wie folgt auf die nachgelagerten Kostenstellen:

Kostenstellen	Zahl der in Anspruch genommenen Leistungseinheiten	Verrechnungssatz	Belastung
21	814	14,09 DM	11.469,26 DM
22	273	14,09 DM	3.846,57 DM
23	557	14,09 DM	7.848,13 DM
24	768	14,09 DM	10.821,12 DM

2.232 Ermittlung der Kalkulationsfaktoren

Bei der Ermittlung der Kalkulations-Zuschläge können je nach Betriebsgegebenheit der Umsatz nach Warengruppen, Kundengruppen, Verkaufstouren usw. als Bezugsgrößen zugrunde gelegt werden. Will man zum Beispiel auf Grund des Umsatzes nach Warengruppen die Kalkulationszuschläge errechnen, so dienen die Artikelstatistikkarten und die Karten ‚Summen der Hauptstellen' als Datenträger. Nach dem Einlesen der sortierten Karten in das elektronische Datenverarbeitungssystem werden die Umsätze aufgerechnet und mit den Gemeinkosten der zugehörigen Hauptkostenstelle verglichen. In einer Liste werden sodann für jede Kostenstelle die angefallenen Umsätze, Gemeinkosten und Prozentsätze der Gemeinkosten vom Umsatz ausgewiesen. Die errechneten Prozentsätze werden in Lochkarten gestanzt und dienen, zusammen mit den Daten aus den Wareneingangskarten und den übrigen Kalkulationsfaktoren (Risiko, Gewinn), zur Errechnung der Verkaufspreise (durch Multiplikation Einstandspreis × Kalkulationsfaktor).

2.3 Elektronische Datenverarbeitung im Führungsbereich

Die Institution, von der die Aktivitäten zur Realisation der betrieblichen Handelsfunktionen ausgehen, ist die Handelsbetriebsführung. Sie kommt als Zentrum der betrieblichen Willensbildung zum Ausdruck „in Übernahme und Ausübung der Verfügungsmacht über den zweckgebundenen Einsatz der gesamten Gemeinschaft sowie in der Übernahme der entsprechenden Verantwortung und im Zusammenfassen und Zusammenhalten der Gemeinschaft entsprechend ihren Zwekken und ihrer Bedingungslage" [199, S. 97]. Ausgangspunkt für die Beurteilung der Lage, welche jedem Führungsentscheid im Handelsbetrieb voranzugehen hat, sind Informationen aus der Umwelt und dem Betrieb selbst. Überträgt man die Grundgedanken der Kybernetik auf das Betriebsgeschehen, so ergibt sich als Grundschema ein Steuersystem, in dem die Handelsbetriebsführung nach Informationen über die Bedingungslage (Forschung) die im Betrieb Tätigen zu einem bestimmten Handeln anweist (Planung). Deren Verrichtung der Handelsfunktionen und dadurch ausgelöste Änderungen der Bedingungslage, welche über Kontrollen rückgemeldet werden, ergeben neue Informationen für die Betriebsführung als Grundlage neuer Entscheidungen. Der Entscheidungsprozeß ist somit seiner Struktur nach ein Prozeß der Informationsgewinnung, -verarbeitung und -weitergabe: „Anregungsinformationen werden zu Informationen über die zu lösenden Entscheidungsprobleme, Informationen über Ziele, Alternativen und deren Konsequenzen zu Informationen über den zu realisierenden Plan verarbeitet. Dieser Prozeß der Gewinnung und Verarbeitung von Informationen setzt sich fort, bis aus Kontrollinformationen und sonstigen Anregungsinformationen neue Entscheidungsprobleme abgeleitet werden" [57, S. 20].

Der Einsatz der elektronischen Datenverarbeitung für Zwecke der Handelsbetriebsführung kann in unterschiedlichem Umfang erfolgen. Umfaßt die Aufgabenstellung dieses realtechnischen Sachmittels den Führungsprozeß als Ganzes in allen Phasen und Teilaufgaben, so liegt ein totales Informations- und Entscheidungssystem vor, dessen Problematik in jüngster Zeit besondere Beachtung in der in- und ausländischen Literatur gefunden hat. Dient dagegen die elektronische Datenverarbeitung ausschließlich der systematischen Erfassung, Analyse und Darstellung von Informationen als Grundlage betrieblicher Entscheidungen im Rahmen der gesamten Betriebstätigkeit, so handelt es sich bei diesem System zur Entscheidungsvorbereitung um ein Management-Informationssystem. Während bei den genannten Systemen alle Teilbereiche des Betriebes entweder insgesamt oder nur in ihrem Informationsfluß integriert sind, bezieht die dritte Stufe des Einsatzes der elektronischen Datenverarbeitung für Führungsaufgaben nur einzelne Funktionsabläufe ein.

2.31 Ganzheitliche Informations- und Entscheidungssysteme

Ein ganzheitliches Informations- und Entscheidungssystem auf der Basis der elektronischen Datenverarbeitung ist ein sinnvoll gestaltetes und im kybernetischen Sinne als Regelkreis aufgebautes Netzwerk von Informationen und Entscheidungen, welches erlaubt, statt vieler Teiloptima der einzelnen Handelsfunktionen ein Optimum zu finden, das den einzelnen Verrichtungen und dem Handelsbetrieb als Ganzes entspricht [61, S. 49]. Kalscheuer nennt als Zwecksetzung eines derartigen Systems, daß

1. alle Entscheidungen in bezug auf die Zielsetzungen des Gesamtunternehmens koordiniert werden,
2. unter diesen Zielsetzungen und den gesetzten Prämissen optimale Entscheidungen gefällt werden,
3. der Vorgang der Entscheidungsfindung verbessert wird und
4. der Vorgang der Entscheidungsfindung soweit wie wirtschaftlich sinnvoll und möglich automatisiert wird [69, S. 13].

Ein derartiges, mittels der elektronischen Datenverarbeitung total automatisiertes, umfassendes System ist bisher weder im Handel noch in anderen Bereichen in einem Wirtschaftsbetrieb realisiert worden, und eine vollständige Übertragung aller Führungsfunktionen eines Betriebes auf einen Computer ist auch nicht in absehbarer Zukunft zu erwarten. Die Ursachen dafür liegen in der zum Teil mangelnden Programmierbarkeit der handelsbetrieblichen Führungsfunktionen und zum Teil im gegenwärtigen Entwicklungsstand der Entscheidungsforschung begründet.

Eine diskursiv nach angebbaren Regeln fortschreitende Datenverarbeitung, deren Ablauf in einer Metasprache im vorhinein zweifelsfrei beschrieben und damit von elektronischen Rechenanlagen durchgeführt werden kann [136, S. 92], setzt die Programmierbarkeit der Prozesse und damit die Schematisierbarkeit der dabei auftretenden Entscheidungen voraus. Das bedeutet, daß als Voraussetzung die Maximen des Handelns a priori bestimmt werden können, d. h. „die Maximen haben generelle, also über die aktuelle Situation hinausgreifende Bedeutung und Geltung" [130, S. 79], was ihre fixierende Abbildung im Rahmen eines kategorialen, den Datenverarbeitungsprozeß determinierenden Leitschemas [33, S. 27] erlaubt und dem Sachmittelhandeln jegliche Entscheidungsfreiheit nimmt.

Die jeweiligen in das System einprogrammierten Maximen veranlassen in einer bestimmten Entscheidungssituation die als zweckmäßig erachteten Verarbeitungsschritte. Das bedeutet — da das Verhalten der Anlagen programmdeterminiert ist — daß das Sachmittelprogramm neben „Verhaltensstrukturen für die Sachmittelzielverwirklichung" [130, S. 80] auch Informationen beinhalten muß, welche die Bedingungslage vor der Entscheidung kennzeichnen [130, S. 78 ff.]. „Treten aus irgendeinem Grunde Daten einer Entscheidungssituation auf, die nicht im Sachmittelprogramm enthalten sind, oder wird irgendeine Relation der Verhaltensstruktur unprogrammgemäß verändert, dann entstehen im Sachmittelzusammenhang Störungen im Entscheidungs- und Ausführungshandeln, und zwar im Sinne der Sachmittelprogrammierung falsche Ausführungs- und Entscheidungshandlungen" [130, S. 80].

Dadurch ergeben sich für die Automation des Führungsprozesses in einem Handelsbetrieb mittels der elektronischen Datenverarbeitung einschränkende Bedingungen, die einerseits durch die begrenzten Fähigkeiten der realtechnischen Sachmittel und andererseits durch die Materie des Transformationsprozesses der Daten verursacht werden [136, S. 92 ff.]. Maschinelle Restriktionen, welche der Realisation bestimmter Führungsaufgaben mittels der Elektronik gegenüberstehen, resultieren aus der Unfähigkeit der Sachmittel, schöpferische Denkakte zu vollziehen. Weil nur dem Menschen „als einzig weitsichtigem, zu teleologischer Erkenntnis fähigem Wesen" [136, S. 20] die Gaben der Vernunft und des schöpferischen Denkens eignen, entziehen sich erhebliche Teile der Führungsmaßnahmen einer realtechnischen Erfassung. Beispiele für schöpferisches Handeln sind etwa die kreativen Methoden bei der Suche von neuen, in das Sortiment aufzunehmenden Produkten, bei der Entwicklung neuer Verfahren der Warendarbietung, bei der Erschließung neuer Ideen u. ä. m.

Die Programmierbarkeit der Führungsfunktionen wird ferner durch die erforderliche Vorgehensweise beschränkt. Ist der Prozeß so unbestimmt strukturiert, daß die dabei auftretenden Bedingungen und Entscheidungen nicht exakt erfaßbar sind, dann ist eine Determination der Verhaltensstrukturen im Sachmittelprogramm nicht möglich. Dominierende Bestimmungsfaktoren der Funktionsausübung der Handelsbetriebsführung sind die Anstrengungen der Konkurrenten und das Verhalten der Kunden, an die der Betrieb absetzt. Da Abweichungen zwischen dem tatsächlichen und dem erwarteten Verhalten der Konkurrenten jederzeit in erheblichem Umfange möglich sind, ist eine sinnvolle Gestaltung der Führungsmaßnahmen, welche das Einkalkulieren des Verhaltens der Wettbewerber erfordert, mittels der elektronischen Datenverarbeitung nur bedingt möglich. Die aus den Verhältnissen der Nachfrager resultierenden Bestimmungsfaktoren beeinflussen ebenfalls maßgeblich die Bedingungslage eines Handelsbetriebes. Das gedankliche Ideal einer vollständigen Kenntnis der Kundenstruktur und des Kundenverhaltens wäre insofern optimal, weil dadurch der Bereich der Ungewißheit und Unsicherheit, in dem die nach außen wirksamen Entscheidungen der Handelsbetriebsführung gefällt werden, erheblich eingeengt würde. Die für die Verrichtung der Handelsfunktionen so wichtige Frage nach „dem menschlichen Verhalten und seiner inneren Begründung" (Thomae) steht jedoch nach wie vor offen.

Aber auch wenn ein Ablauf theoretisch in eine sinnvolle Folge von Maschineninstruktionen zu fassen wäre, verbietet sich die Aufstellung eines Programms als Erfüllungsvorgabe [130, S. 69] häufig aus Wirtschaftlichkeitsgründen, wenn sich der Ablauf nicht oder nicht genügend oft wiederholt.

Wegen dieser hier nur andeutbaren Problematik der Automation von handelsbetrieblichen Führungsfunktionen ist — zumindest vorerst — die Anwendung ganzheitlicher Informations- und Entscheidungssysteme mittels der elektronischen Datenverarbeitung in Handelsbetrieben mit ihrer äußerst komplexen Führung ausgeschlossen.

2.32 Ganzheitliche Informationssysteme

Weiter fortgeschritten ist die Gestaltung und Anwendung reiner Informationssysteme, mit deren Entwicklung in standardisierter Form gegenwärtig wohl alle Computerhersteller beschäftigt sind. „Das Informationssystem, das im Zusammenhang mit einer Computeranwendung steht, ist derjenige Teil eines umfassenden Systems, der auf der Basis der Datenverarbeitung alle jene Vorgänge und Abläufe im zugrunde gelegten Kommunikationsprozeß unterstützt und behandelt, die formalisierbar oder gar automatisierbar sind" [56, S. 368]. Management-Informationssysteme umfassen die Stadien der Erfassung und Beschaffung von Informationen, der Datenanalyse und Datentransformation und der Darstellung der Informationen [259, S. 292]. Diese Stufen sind Voraussetzung für eine rationale Gestaltung der Führungstätigkeit, welche sich darin äußert, daß die durchzuführenden Maßnahmen erforscht, geplant und kontrolliert werden [101, S. 20].

Management-Informationssysteme dienen insofern Forschungszwecken, da sie es gestatten, generelle Regelungen der Führung zu entwickeln, deren Entscheidungen im vorhinein zu testen und die Einsatzwirkung der betriebspolitischen Instrumente zu prognostizieren. Die Führung profitiert hier in einen Lernprozeß aus den Erfahrungen der Vergangenheit, welche sich im Speicherinhalt der elektronischen Datenverarbeitungsanlage niedergeschlagen haben. So hat z. B. ein großes amerikanisches Konsumgüterunternehmen ein System entwickelt, welches u. a. die kennzeichnenden Merkmale jedes Werbemitteleinsatzes (z. B. bei Anzeigen: Farbe/Art der Illustration, Inhalt, Format, Auflagenhöhe, die Art der Leserschaft und deren Haltungen usw.) aufzeichnet, um bei künftigen Maßnahmen (obwohl sie sich unter Umständen unter anderen Bedingungen an andere Verbraucher wenden) entsprechend den gemachten Erfahrungen entscheiden zu können. Weitere typische Anwendungsmöglichkeiten im Handel ergeben sich im Rahmen der Preisbildung, wo ein systematisches Aufzeichnen der Kundenreaktionen der Vergangenheit im Verein mit sogenannter ‚back-ground-information' (Kundenstruktur und -verteilung, Konsumverhalten, Kaufkraft usw.) situationsgerechte Strategien erlaubt.

Im Rahmen des betrieblichen Planungsprozesses ist es mittels eines umfassenden Informationssystems möglich, die zur Erreichung der Betriebsziele vorgesehenen Maßnahmen anhand der Informationen der Datenbank durch Simulation auf ihre Wirksamkeit hin zu überprüfen. Ferner ist es auf Grund der gespeicherten Vergangenheitsdaten möglich, realistische Kosten- und Ergebnisziele festzulegen. Eine amerikanische Großunternehmung hat zum Beispiel ein Planungssystem, um die Ergebnisse für jeden ihrer 39 Vertriebsbereiche im vorhinein konzipieren zu können. Hier sind Vergleiche möglich, welche Aussagen darüber erlauben, wieviel die Ausgabe eines zusätzlichen Dollars für Marketing-Maßnahmen in einem Bereich gegenüber der Ausgabe von 0,5 Dollar oder von 1,8 Dollar an Vorteilen erbringt. Obwohl das System noch Schwächen hat, war der bisherige Anwendungserfolg – laut Aussage der Firma – erstaunlich, da es die Prüfung von Alternativplänen in allen Bereichen erlaubt. Ein pharmazeutischer Großbetrieb in den USA hat ein noch komplexeres Modell entwickelt. Es beinhaltet ein künstliches Panel der gesamten Ärzteschaft der Nation, und wöchentlich einmal simuliert die Firma die Rezeptentscheidungen jedes Arztes für jeden Patienten, den er ‚behandelt' (die Informationen hierzu basieren auf allgemeinen statistischen Angaben zum Krankheitsbestand und der Struktur der Erkrankten). Die Entscheidung für ein bestimmtes Präparat gründet sich auf Faktoren wie den Erfahrungen des Arztes mit diesem Arzneimittel, seinen Gewohnheiten, den Vertriebsanstrengungen der Anbieter, den Informationen von anderen Ärzten usw. Das Modell, das sogar einen Vergessensprozeß der Ärzteschaft berücksichtigt, erlaubt eine differenzierte Planung in allen betrieblichen Bereichen, indem vom voraussichtlich erzielbaren Absatz auf die Fertigungs- und Beschaffungserfordernisse geschlossen wird [186, S. 44].

Management-Informationssysteme erlauben es ferner, das gesamte Betriebsgeschehen mit einem lückenlosen Netz von laufenden Kontrollen zu überziehen und somit den Vollzug und das Ergebnis der durchführenden Tätigkeiten mit den von der Planung vorgegebenen Sollwerten zu vergleichen und Abweichungen festzustellen. Dies ist möglich, da sowohl das Planungs-Soll wie auch das aus der Ausführung resultierende Ist ihren Niederschlag in der Datenbank finden. Durch diese ständige umfassende Kontrolle ist es der Handelsbetriebsführung möglich, einen rationellen Einsatz des Faktoreinsatzes zu gewährleisten, zu überprüfen, ob die von der Planung projektierten Ergebnisse erreicht worden sind und ob der Verlauf der Kosten den Zielvorstellungen entspricht. Diese Kontrolle kann vom Computer selbständig übernommen werden, so daß nur noch gravierende Soll-Ist-Abweichungen nach Entscheidungen der Führungskräfte verlangen. Der Hauptvorteil besteht jedoch neben der Lückenlosigkeit der umfassenden Prüfung in der Schnelligkeit, mit der Abweichungen der Handelsbetriebsführung mitgeteilt werden, so daß sich diese in die Lage versetzt sieht, unverzüglich zu disponieren und unerwünschte Trends frühzeitig zu erkennen.

Die elektronische Datenverarbeitung stellt als „Zentrum der Ungewißheitsabsorption“ (Albach) auf Grund ihrer Leistungsfähigkeit ein geeignetes Mittel zur Erreichung der globalen Zielsetzung eines Management-Informationssystems, der vollkommenen Ausnutzung der Informationsmöglichkeiten, dar. Technische Voraussetzung für den Aufbau einer umfassenden Datenbank sind Großraumspeicher mit wahlfreiem Zugriff. Bisher sind nur wenige Beispiele aus der Praxis für den Einsatz von Management-Informationssystemen bekannt geworden [186, S. 46 f.] und einige der in Gebrauch befindlichen Systeme können höchstens als Untersysteme bezeichnet werden, da sie Informationen nicht umfassend speichern und deshalb nur zur Forschung, Planung und Kontrolle einzelner Funktionsbereiche bzw. einzelner Führungsmaßnahmen geeignet sind.

In deutschen Handelsbetrieben wird vereinzelt bereits an der Schaffung von Informations-Systemen gearbeitet. Anwendungsbeispiele aus dem Bereiche des Handels der USA zeigen, daß nicht nur Großbetriebe in der Lage sind, fortgeschrittene Management-Informationssysteme zu realisieren. So wurde von einem Spirituosen-Großhändler aus New York mit ca. 400 Filialen nach etwa zweijährigen Vorbereitungsarbeiten 1967 ein Informationssystem in Betrieb genommen, das auf einer elektronischen Rechenanlage mittlerer Größe basiert. An die Anlage sind 14 Bildschirm- und 6 Fernschreibgeräte über Fernleitungen im Time-Sharing-Betrieb angeschlossen, so daß das Management jederzeit wichtige Dispositionszahlen, wie z. B. die Entwicklung einer speziellen Marke in einem Marktbereich oder im Gesamtmarkt, Absatzzahlen eines bestimmten Einzelhändlers, Erfolg einer bestimmten Flaschengröße bzw. Getränkeart nach Perioden und Verkaufsbezirken usw. abrufen kann. Nach überschlägigen Berechnungen des Managements ist im Rahmen dieses Informationssystems die Abfrage von etwa drei Millionen Kombinationen von Grundfragen möglich, wobei durch den direkten Zugriff zu allen Daten die Antworten praktisch zeitlos erfolgen [279, S. 22].

Ein weiteres interessantes Beispiel für ein management-orientiertes on-line-Dialogsystem bietet ein amerikanischer Kaufhaus-Filialist mit 46 Niederlassungen. Die Manager dieses Betriebes sind mittels Eingabe-/Ausgabetastaturen mit dem Computer eines Servicebüros verbunden. Die monatlichen laufenden Kosten des Systems betragen nur etwa 300 Dollar, einschließlich der Miete für die Terminals, die Übertragungswege und die Inanspruchnahme der Maschinenzeit. Da die Geschäftsleitung ein System bevorzugt, das sowohl Hilfe für kaufmännische Analysen als auch für den sofortigen Zugriff auf gespeicherte Daten liefern kann, beginnt der Dialogverkehr mit dem Computer gewöhnlich mit dem Druck eines Trendberichts, „in dem die Betriebsergebnisse des Vorjahres wiedergegeben und durch den Hinweis auf neue Entwicklungen und gewisse strukturelle Änderungen (Neueröffnung von Filialen) auf den neuesten Stand gebracht werden. Der Bericht gibt also Anhaltspunkte für die Finanzplanung und eine Aufstellung für jede Filiale, die alle Umsatz- und Aufwands-Posten zeigt. Jeder für einen Warenbereich zuständige Einkäufer erhält eine Aufteilung des Umsatzes seines Warenbereichs nach Filialen" [279, S. 22]. Die Führungskräfte können diese maschinelle Trendanalyse sofort im Dialogverkehr — der übrigens in normalem Geschäftsenglisch geführt wird — revidieren, wichtige Änderungen eingeben und korrigierte Schätzungen der Geschäftsentwicklung abfragen. Ferner ist der Abruf einer Vielzahl aussagefähiger Kennzahlen und sonstiger Informationen der Geschäftsbereiche nach Produkten, Umsätzen, Kosten, Gewinnen usw. möglich [279, S. 22 f.].

2.33 Einzelne Handelsfunktionen umfassende Modelle der Unternehmensforschung

Als das „was wir haben und womit erfolgreich gearbeitet wird" [409, S. 2638] nennt der deutsche Generaldirektor Bösenberg des größten Computerherstellers Modelle, mit denen nur begrenzte betriebliche Einzelfunktionen behandelt werden können, wie z. B. Transport-, Zuordnungs-, Warteschlangen- und Lagerhaltungsprobleme. Beim Einsatz der elektronischen Datenverarbeitung für derartige Aufgabenstellungen wird auf Grund von Entscheidungsmodellen mit Hilfe mathematischer Methoden aus mehreren Alternativen die optimale herausgearbeitet und damit die Wahlhandlung der Betriebsführung vorbereitet. Ein Entscheidungsmodell beinhaltet eine bestimmte Zielsetzung und baut auf einem System von Abhängigkeits- und Beziehungsregeln auf, das den Lösungsbereich abgrenzt und die Bedingungen ausdrückt, unter welchen die Zielsetzung optimiert werden soll. Jedes derartige Operations Research-Modell läuft in folgenden Phasen ab:

1. Formulierung des Problems oder der Zielsetzung von elementarer Bedeutung;
2. Transformation der verbalen Formulierung in eine mathematische, d. h. Entwurf eines mathematischen Modell-Systems von Gleichungen und Ungleichungen;
3. mathematische Ableitung einer Lösungsmethode;
4. rechnerische Durchführung der Lösung.

2.331 Problematik von Optimierungsmodellen im Bereich des Handels – Anwendungsmöglichkeiten und Grenzen beim Einsatz der elektronischen Datenverarbeitung

Theoretisch wäre es natürlich denkbar, zahlreiche Aufgaben der Unternehmensforschung manuell ohne den Einsatz von Elektronenrechnern zu lösen, „nur würde eine solche Arbeit Monate anstatt Stunden dauern, und der wirtschaftliche Effekt dieser Verfahrenstechnik wäre gleich Null" [85, S. 81]. Die Anwendung der elektronischen Datenverarbeitung beschränkt sich auf die rechnerische Durchführung der Lösungsmethode – sie ermöglicht die Lösbarkeit von Aufgaben, deren Formulierung schon vor 20 oder mehr Jahren möglich war, deren praktische Lösung jedoch mit den bisherigen Mitteln zuviel Zeit und Aufwand erfordert hätte, d. h. „Operations Research wurde sinnvoll, als seine Methoden brauchbare Kalküle ergaben: brauchbar wurden jene aber erst, als sie mit Hilfe schneller Elektronenrechner durchgeführt werden konnten" [38, S. 12; 55, S. 33; 351, S. 3 ff.; 164, S. 18 ff.].

Die Reihe der einzelnen Verfahrenstechniken der Unternehmensforschung sind nicht systematisiert, weil jeweils für den in Frage stehenden konkreten Fall die mathematischen Verfahren herangezogen werden, die geeignet sind, zur Lösung des Problems beizutragen [85, S. 49]. Bei fast allen Autoren werden jedoch die Lineare Programmierung, die Warteschlangentheorie und die Theorie der Spiele als ‚klassische' Verfahren der Unternehmensforschung angeführt; weitere Verfahrenstechniken, wie etwa die Suchtheorie, die Monte-Carlo-Methode, die quadratische, die ganzzahlige, die dynamische, die parametrische und die stochastische Programmierung nehmen dagegen hinsichtlich ihrer praktischen Bedeutung in der Unternehmensforschung eine Randstellung ein [85, S. 50; 164, S. 124 f.]. Die rechnerische Lösung der Programmansätze letzterer Methoden ist häufig auch sehr schwierig bzw. mit den gegenwärtigen Mitteln auch manchmal unmöglich.

Nach Hartmann „sind die neuen Verfahrensweisen nicht auf Branchen begrenzt; neben der Industrie bestehen insbesondere in Bank-, Verkehrs-, Handels- und Dienstleistungsbetrieben reichliche Anwendungsmöglichkeiten" [261, S. 68]. In der Tat finden sich bei zahlreichen Autoren Beispiele, wie mit Methoden der Unternehmensforschung Probleme aus dem Distributionsbereich gelöst werden können, so u. a. bei Gümbel (Bestimmung des optimalen Arbeitseinsatzes im innerbetrieblichen Bereich eines Handelsbetriebes) [531], Gutenberg (Quantifizierung der Werbewirkung, optimales Werbebudget) [51, S. 437 ff.], Martin (Transportprobleme u. a. m.) [542], Erdlen (Optimale Lagerhaltung) [231, S. 29 ff.], Vaszonyi (Quantifizierung der Verkaufsanstrengungen) [345, S. 163 ff.], Robinson (Transportprobleme) [199, S. 143 ff.] und Magee (Quantifizierung der Verkaufsanstrengungen) [193, S. 305 ff.]. Der wirtschaftliche Wert einiger Anwendungsbeispiele erscheint jedoch sehr fraglich, so zum Beispiel, wenn mit mathematischen Methoden errechnet wird, daß vier Stunden pro Kunde im Monat ausreichen, um 30 Prozent der Kunden, die wenig kaufen, umzustimmen mehr zu kaufen bzw. eine Stunde pro Monat und Kunde zur Aufrechterhaltung der Geschäftsbeziehungen genügt [167, S. 44 ff.], wenn die optimale Mischung von Studentenfutter aus Walnüssen, Erdnüssen und Rosinen ermittelt wird [161, S. 17 ff.] oder wenn mit Hilfe sogenannter Einkaufsspiele festgestellt wird, in welchem Geschäft unter ganz bestimmten Bedingungen welche Gegenstände gekauft werden [85, S. 192 f.]. Lockley zweifelt am Wert der Unternehmensforschung im Bereich des Handels überhaupt, wenn er schreibt: „Aber wo eine persönliche Einstellung oder gefühlsmäßige Reaktionen — besonders auf den Gebieten der Werbung, des Verkaufs und der Verbraucherforschung — zahlenmäßig ausgedrückt werden sollen, kann man mit einiger Berechtigung annehmen, daß die Quantifizierung sehr willkürlich sein muß, und die darauf begründeten Berechnungen nicht unbedingt Gültigkeit haben müssen" [287, S. 21].

Betriebliche Aufgaben und Probleme lassen sich in unmittelbar quantifizierbare, mittelbar quantifizierbare und nicht quantifizierbare aufspalten. Mit einer mathematischen Methode sind nur quantifizierbare Probleme zu lösen (vgl. Abb. 28). Durch quantitative Meßzahlen werden die Faktoren, Merkmale und Beziehungen des zu behandelnden Problems mittels numerischer Werte in ihrer Größe charakterisiert. Die in einem Handelsbetrieb wirksamen Bedingungen sind in einzelnen Funktionsbereichen so komplex und von so unterschiedlichen probalistischen Determinanten beeinflußt, daß eine genaue, differenzierte Kennzeichnung durch numerische Daten schwierig und manchmal unmöglich erscheint. Zwar sind viele der zur rechnerischen Lösung notwendigen Größen theoretisch quantifizierbar, die praktische Meßbarkeit wird jedoch durch die wirtschaftliche Realität (Verflechtung und mangelnde Teilbarkeit der Faktoren, Aufwands- und Ertragszurechnungsprobleme, Indeterminiertheit des menschlichen Wesens usw.) oft erheblich in Frage gestellt (vgl. zum Problem der Quantifizierbarkeit auch Abschnitt 2.31). Ferner wird die Brauchbarkeit einer mathematischen Lösung durch die beschränkte numerische Erfaßbarkeit qualitativer Gegebenheiten (wie z. B. die Zuverlässigkeit der Lieferanten, die Einstellungen des Personals usw.) und vielfach durch die Unzulänglichkeit der quantitativen Unterlagen beeinträchtigt, die Zählfehler, Meßfehler, Datenverarbeitungsfehler und Prognosefehler (z. B. durch zu geringen Testumfang) enthalten können. Weitere mögliche Fehlerquellen sind die Vernachlässigung nicht erkannter bzw. die ungenaue Bestimmung relevanter funktionaler Beziehungen und die Berücksichtigung von nicht relevanten Variablen bzw. nicht zutreffenden Abhängigkeiten im zugrunde liegenden Modell.

Kulhavy, nach dessen Ansicht die operationsanalytischen Verfahrenstechniken im Distributionsbereich „nur noch sehr beschränkt aussagefähig" [85, S. 184]

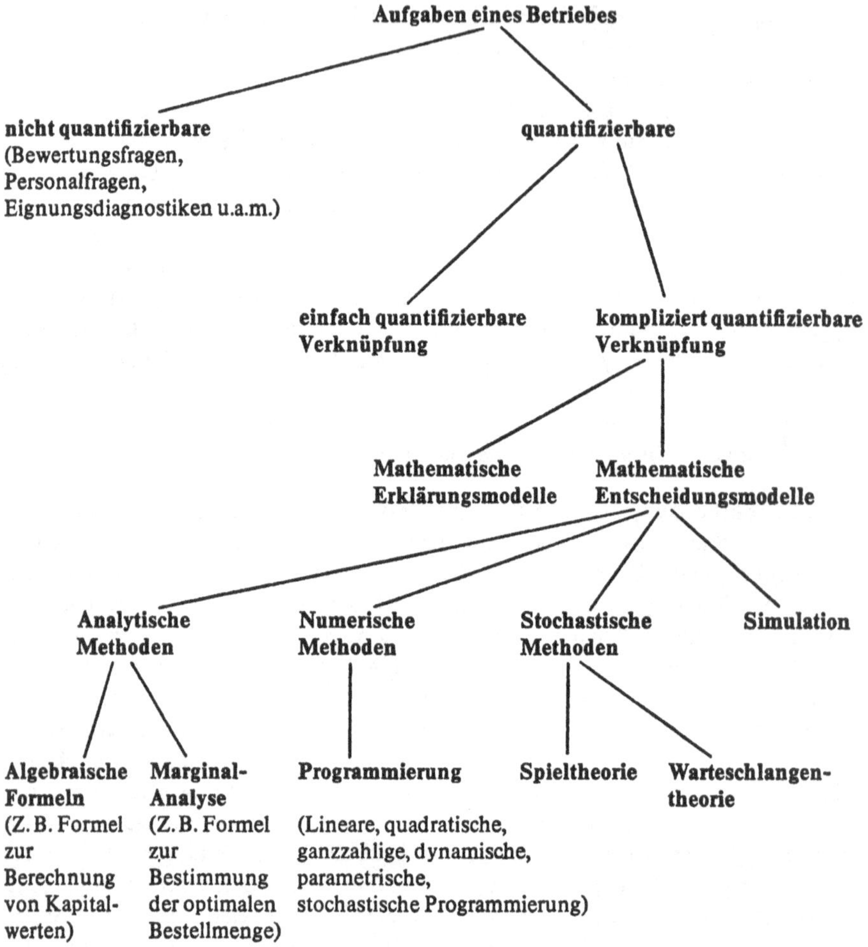

Abb. 28
Die Quantifizierbarkeit betriebswirtschaftlicher Aufgabenstellungen [537].

sind, nennt folgende mögliche Einsatzgebiete der Unternehmensforschung im Handel [85, S. 189; 190, S. 142 ff.]:

1. optimale Lagerhaltung;
2. Bestimmung des optimalen Warensortiments auf Grund der Marktnachfrage;
3. quantitative Werbeerfolgskontrollen;
4. zeitliche und räumliche Planung des Vertretereinsatzes;

5. optimale Distriktseinteilung;
6. Dimensionierung der Anzahl des Verkaufspersonals eines Warenhauses;
7. Berechnung der notwendigen Anzahl von Registrierkassen in Selbstbedienungsläden.

Bei den Beispielen 5. bis 7. handelt es sich um Optimierungsaufgaben einmaliger Art. Derartige Probleme, wie zum Beispiel auch die Bestimmung des Umfangs und der Zusammensetzung von Transportmitteln oder die Festlegung des optimalen Standorts von Verkaufsstätten, sind zwar meist theoretisch zu lösen [308, S. 120 ff.; 234, S. 131 ff.], die praktische Lösung ist jedoch wegen der schwierigen und kostspieligen Programmierung für die elektronische Datenverarbeitungsanlage in der Regel unwirtschaftlich, wenn keine Standardprogramme zur Aufgabenlösung vorliegen [164, S. 59 f. und S. 127 f.]. „Das Programmieren ist eine sehr zeitraubende Angelegenheit und dauert unter Umständen mehrere Monate. Es lohnt sich daher nicht für einmalige Probleme Rechenpläne aufzustellen, man programmiert vielmehr nur jene Arbeitsgänge, die sich oft wiederholen" [85, S. 88].

Die Dimensionierung der Anzahl des Verkaufspersonals eines Warenhauses und die Berechnung der notwendigen Anzahl von Registrierkassen in Selbstbedienungsläden sind Probleme, die mit Hilfe der Warteschlangentheorie gelöst werden können [175, S. 289 f.]. Bei den übrigen von Kulhavy angeführten Beispielen handelt es sich um „wiederkehrende Routineentscheidungen", die Fragen betreffen, „die sich im Zuge des täglichen Betriebsgeschehens laufend stellen und der jeweiligen Situation entsprechend nach festgelegten Optimalitätskriterien routinemäßig beantwortet werden können" [201, S. 125]. Ähnliche Optimallösungen wurden auf industriellem Gebiet überwiegend durch Methoden der Linearen Programmierung erarbeitet und teilweise mit sehr gutem Erfolg angewandt [164, S. 128 ff.]. Im folgenden soll deshalb anhand einiger Modellbeispiele untersucht werden, ob sich Probleme des Handels nicht ebenso bzw. in adäquater Form lösen lassen.

2.332 Wartezeitprobleme

Die ersten Warteschlangenuntersuchungen wurden 1906 von Erlang zur organisatorischen Verbesserung des Telefonnetzes der Stadt Kopenhagen durchgeführt, jedoch erst ca. 50 Jahre später fanden diese Methoden auch im kommerziellen Bereich Eingang. Im folgenden werden die methodischen Grundlagen der Warteschlangentheorie in ihren Grundzügen aufgezeigt, und es wird ein Anwendungsbeispiel im Handel dargestellt.

2.332.1 Methodische Grundlagen

Die Warteschlangentheorie untersucht durch einen oder mehrere Engpässe verzögerte Ablaufprozesse. Das zugrundeliegende Modellsystem besteht aus Inputeinheiten (Kunden, Abfertigungseinheiten) die — da sie eine bestimmte Behandlung (Abfertigung, Bedienung) erfordern — ein Servicesystem (Bedienungsstation, Kasse, Schalter u. ä.) durchlaufen, bei dessen Passieren sie Wartezeiten ausgesetzt sind. Die verschiedenen Typen von Warteschlangensystemen unterscheiden sich durch folgende Charakteristika:

1. Zahl der Einheiten, deren Eintritt in das System möglich ist (fest begrenzt oder unbegrenzt);
2. Ankunftsverteilung (Poisson-, Erlang-, hyperexponentielle Verteilung, konstante Ankunftsrate o. ä.);
3. Anzahl der Servicestationen (eine oder mehrere Stationen);
4. Anzahl der Warteschlangen (eine oder mehrere Schlangen);
5. Ordnung der wartenden Einheiten (streng geordnete Reihenfolge wie z. B. wer zuerst kommt, wird zuerst bedient, nicht geordnete Reihenfolge oder Reihenfolge mit Vorrangeinheiten);
6. Disziplin der wartenden Einheiten (mit oder ohne Ungeduld wartende Einheiten);
7. Warteraum (begrenzter oder unbegrenzter Raum);
8. Bedienungszeitenverteilung (Poisson-, Erlang-, Exponentialverteilung, konstante Bedienungszeit o. a.).

Die Vielfalt der in der wirtschaftlichen Realität möglichen Warteschlangenphänomene wird durch den Verbund verschiedener Systeme erweitert (Parallelschaltung oder Hintereinanderschaltung der Servicestationen, Abhängigkeiten der Ankünfte eines Systems von den Abgängen des anderen u. ä.). Ferner unterscheiden sich die Warteschlangen noch durch das Verhalten bzw. die Eigenschaften der im Warteraum wartenden Einheiten (z. B. gegenseitige Gefährdung von verschimmelnden Waren, Verderb von Waren).

Hier sollen zwei für den Handel besonders bedeutsame Normaltypen von Warteschlangenmodellen in ihren Merkmalen skizziert werden, bei denen jeweils die Zahl der Servicestationen optimiert wird. Bei beiden Systemen erfolgt die Ankunft der zu bedienenden Einheiten nach der Poissonverteilung, die Abfertigung exponentiell und in der Reihenfolge der Ankunft. Das erste System ist geschlossen, d. h. die Zahl der ankommenden und abzufertigenden Einheiten ist im vorhinein bekannt und begrenzt. Die abzufertigenden Einheiten warten ohne Ungeduld, bis sie die Bedienungsstation durchlaufen haben. Ein derartiges System ist typisch für die Auftragsbearbeitung, die Reparatur des Fuhrparks und die Installation der notwendigen Leitungen in der Telefonzentrale u. ä. Das zweite System unterscheidet sich vom ersten dadurch, daß hier die in das Servicesystem eintretenden Einheiten unbegrenzt sind (offenes System) und daß die in der Schlange befindlichen Einheiten mit Ungeduld warten; d. h. die Einheiten verlassen das System, bevor sie die Bedienungsstation erreicht haben, wenn die Schlange so lang ist, daß sie für sich nicht zumutbare Wartezeiten befürchten. Derartige Warteschlangenmodelle können im Handel dazu dienen, die notwendige Anzahl von Kundenparkplätzen, die Zahl der erforderlichen Zapfsäulen bei Tankstellen von C & C-Märkten, die Dimensionierung der für Selbstbedienungsläden nötigen Registrierkassen u. ä. zu errechnen.

Neben der optimalen Zahl der Bedienungsstationen lassen sich von Fall zu Fall u. a. folgende Werte einer Warteschlange berechnen:

1. mittlere Warteschlangenlänge;
2. mittlere Anzahl von Einheiten im Servicezentrum;
3. mittlere Anzahl von Einheiten im gesamten System;
4. mittlere Wartezeit;
5. Wahrscheinlichkeit, daß die Wartedauer größer als ein vorgegebener Wert ist:
6. Wahrscheinlichkeit, daß die Anzahl der Einheiten im System größer ist als ein vorgegebener Wert.

Der vorgegebene Wert bei 5. kann im Handel z. B. die Zeitdauer darstellen, die ein Kunde (im äußersten Falle) bereit ist, an einer Registrierkasse bis zur Fakturierung zu warten. Der Wert 6. ist vor allem dann interessant, wenn die räumliche Optimalkapazität des Warteraums ermittelt werden soll.

Zweifellos wird die exakte Lösung von Wartezeitproblemen erschwert, wenn die in das System eintretenden Einheiten nicht geduldig bis zur Abfertigung ausharren. Es ist jedoch nicht richtig, wenn Kulhavy schreibt: „Reagieren die Wartenden nicht in der erwarteten Weise, d. h. stellen sie sich nicht an, um zu warten, bis sie an die Reihe kommen, sondern gehen wieder fort oder warten eine Weile und wenden sich dann ab, so kann die Theorie nicht angewendet werden" [85, S. 71]. Der Faktor Ungeduld läßt sich durch Vergleichsmessungen in ähnlich gelagerten Fällen feststellen und als Funktion der im System befindlichen Einheiten (und damit der vermuteten Wartezeiten) ausdrücken. Mit Fällen der Ungeduld a priori (d. h. die Ankunftsrate ist eine Funktion der Länge der Warteschlange) haben sich u. a. Haight, Homma, Kawata, Morse und Satyamurty beschäftigt; der Prozeß der Ungeduld a posteriori (d. h. die Einheiten werden ungeduldig, wenn sie sich bereits im System befinden) wurde u. a. von Barrer, Gurk, Udagawa und Störmer im Rahmen von Warteschlangenmodellen behandelt [284, S. 262].

2.332.2 *Bildung eines Programmansatzes*

Lewandowski analysiert ein offenes System, das auf die Optimierungsprobleme der Verkaufsstellen oder Kassen in Supermärkten, Kaufhäusern u. ä. angewendet werden kann, da es mit unterschiedlichen Ungeduldsfunktionen arbeitet und die Möglichkeit einer Blockierung des Systems wegen Überfüllung in die Betrachtung einbezieht [284, S. 251 ff.]. Bei dem Modell sind die Ankünfte Poisson- und die Bedienung exponentiell verteilt, die Abfertigung erfolgt in der Reihenfolge der Ankünfte, die Anzahl der Stationen ist beliebig und es werden verschiedene Arten der Ungeduld (u. a. degressive, progressive, konstante Abnahme) untersucht.

Dabei gelten die Symbole:

λ = Ankunftsrate pro Zeiteinheit
ξ = Bedienungsrate pro Station
μ = maximale Abfertigungsrate des Bedienungszentrums ($\mu = S \cdot \xi$)
S = Anzahl der vorhandenen Bedienungsstationen
n = Gesamte Anzahl der Einheiten im System (Warte- und Bedienungszentrum)
j = Anzahl der Einheiten im Bedienungszentrum (= Anzahl der beschäftigten Stationen)
φ = Anzahl der nicht beschäftigten Stationen
u = Verweildauer im System
w = Wartezeit in der Schlange
v = Anzahl der Einheiten in der Warteschlange
Δ = Anteil von Einheiten, die den Eintritt in das System aus Ungeduld verweigern
$\hat{S}$ = Schwelle, von der ab sich die Ungeduld (durch Verminderung der Ankunftsrate) bemerkbar macht
Ψ = effektive oder mittlere Verkehrsdichte
E_n = Zustand, daß das System (n) Einheiten beinhaltet
p_n = Wahrscheinlichkeit für den Zustand (E_n)
λ_n = globale Ankunftsrate, wenn sich das System im Zustand (E_n) befindet
μ_n = globale Bedienungsrate, wenn sich das System im Zustand (E_n) befindet
Γ_1 = Kosten der kurzfristigen Ungeduld
Γ_2 = Kosten der Bedienung
Γ_3 = Kosten der langfristigen Ungeduld

Wegen des Umfangs und der Komplexität des Rechenansatzes ist hier eine explizite Darstellung nicht möglich [vgl. hierzu 284, S. 251 ff.]. Als Ergebnis der mathematischen Studie des Problems mit (S) Stationen für den Fall, bei dem sich die Ungeduldsfunktion auf eine einzige fiktive Warteschlange vor den Stationen bezieht, ergibt sich folgende Gleichung:

$$p_0 = \frac{1}{\dfrac{\psi_0^S\left[1-\left(\dfrac{\psi_0}{S}\right)^{\hat{S}-S+1}\right]}{S!\left[1-\dfrac{\psi_0}{S}\right]} + \sum_{n=0}^{S-1}\dfrac{\psi_0^n}{n!} + \sum_{\hat{S}+1}^{\infty}\dfrac{1}{S!S^{n-S}}\prod_{i=0}^{n-1}\psi_i} \qquad (1)$$

Mittels der beiden folgenden Relationen (2) und (3) lassen sich die verschiedenen P_n berechnen, wenn man den in (1) für P_0 erhaltenen Wert einsetzt.

$$n \leq S;\, p_n = \frac{p_0}{n!} \prod_{i=0}^{n-1} \psi_i . \tag{2}$$

$$n \geq S;\, p_n = \frac{p_0}{S^{n-s} \cdot S!} \left\{ \prod_{i=0}^{n-1} \psi_i \right\} . \tag{3}$$

Die Berechnung der übrigen charakteristischen Werte demonstriert Lewandowski an dem Fall, wenn $n \leqq S$ ist. „Da die Ausdrücke sehr komplex sind, werden sie nicht explizit aufgeschrieben. Es sei lediglich an einem Beispiel gezeigt, daß eine rationelle Berechnung nur mit einem Computer durchgeführt werden kann“ [284, S. 258].

$$p_n = \frac{\dfrac{\psi_0^n}{n!}}{\dfrac{\psi_0^S \left[1 - \left(\dfrac{\psi_0}{S}\right)^{\hat{S}-S+1}\right]}{S!\left(1 - \dfrac{\psi_0}{S}\right)} + \sum_{n=0}^{S-1} \dfrac{\psi_0^n}{n!} + \sum_{\hat{S}+1}^{\infty} \dfrac{1}{S!S^{n-S}} \prod_{0}^{n-1} \psi_i} \tag{4}$$

Daraus ergeben sich folgende Werte:

1. Mittlere Anzahl von Einheiten im System $(\bar{n})$:

$$\bar{n} = \sum_{0}^{\infty} n \cdot p_n . \tag{5}$$

2. Mittlere Anzahl von Einheiten in der Warteschlange $(\bar{v})$:

$$\bar{v} = \sum_{S+1}^{\infty} (n - S)\, p_n . \tag{6}$$

3. Anzahl der im Mittel freien (nicht benutzten) Stationen $(\bar{\varphi})$:

$$\bar{\varphi} = \sum_{n=0}^{S-1} (S - n)\, p_n . \tag{7}$$

4. Mittlere Anzahl von Einheiten im Bedienungszentrum (mittlere Anzahl der besetzten Stationen) $(\bar{j})$:

$$\bar{j} = S - \bar{\varphi} \tag{8}$$

5. Anteil von Einheiten, die den Eintritt in das System verweigern (Δ):

$$\Delta = \frac{\lambda_0 \left[1 - \sum_{0}^{\hat{S}-1} p_n\right] - \sum_{\hat{S}}^{\infty} \lambda_n p_n}{\lambda_0} \tag{9}$$

6. Mittlere Zeit, die eine Einheit im System verbringt $(\bar{u})$:

$$\bar{u} = \frac{\bar{n}}{\lambda} . \tag{10}$$

7. Mittlere Zeit, die eine Einheit in der Warteschlange wartet *(w)*:

$$w = \frac{\bar{v}}{\lambda}. \tag{11}$$

8. Wahrscheinlichkeit, daß die Wartezeit Null ist:

$$p_r\left\{w = 0\right\} = \sum_{0}^{S-1} p_n. \tag{12}$$

9. Wahrscheinlichkeit, daß das System mehr als y Einheiten enthält:

$$p_r\left\{n > y\right\} = \sum_{y+1}^{\infty} p_n. \tag{13}$$

Ferner führt Lewandowski eine Kostenoptimierung für diesen Warteschlangentyp durch. Der durch die Ungeduld verursachte Verlust an Kunden wird dabei durch die Funktion (9) gemessen und beträgt:

Kunden-Verlust $= \Delta \cdot \lambda_0$.

Die entgangenen Gewinne (Γ_1) ergeben sich demnach aus

$$\Gamma_1 = G \cdot [\Delta \cdot \lambda_0], \tag{14}$$

wobei (G) den Nettogewinn pro Kunde kennzeichnet.
Die Kosten für die Bedienung (Γ_2) belaufen sich pro Zeiteinheit auf

$$\Gamma_2 = K_\mu \cdot S \tag{15}$$

wobei K_μ die Einrichtungskosten und laufenden Kosten pro Bedienungsstation und Zeiteinheit wiedergeben.
Die Kosten des Kundenverlustes auf lange Sicht pro Kunde (K_λ), welche durch die stillschweigende Verärgerung der Kunden über die Unbequemlichkeiten der langen Wartezeiten (latente Ungeduld) verursacht werden, betragen insgesamt (Γ_3):

$$\Gamma_3 = K_\lambda \cdot \bar{v}. \tag{16}$$

Die sich daraus ergebende zu minimierende Kostenfunktion

$$\Gamma = \Gamma_1 + \Gamma_2 + \Gamma_3 = G\,(\Delta \cdot \lambda_0) + K_\mu \cdot S + K_\lambda \cdot \bar{v} \tag{17}$$

ist eine Funktion von *(S)*.

Die Minimierung wird bei gegebener Bedienungsrate *(ξ)* pro Station durchgeführt.

2.332.3 Praktische Anwendung

Vor der rechnerischen Durchführung ist – da die entsprechenden Werte im Normalfall nicht vorliegen – eine detaillierte statistische Untersuchung bezüglich der Parameter λ und ξ und deren Streuwerte erforderlich, um festzustellen, welcher Verteilung die ermittelten stochastischen Werte entsprechen und um den Typ der gegebenen Ungeduldskurve festlegen zu können. Da die zeitliche Verteilung der am Engpaß eintreffenden Ablaufelemente im Handel durch sehr viele unterschiedliche Faktoren bedingt ist, genügt zur Erfassung dieser Daten eine Stichprobenuntersuchung oft nicht, und es müssen Zufallstechniken, wie etwa das Monte-Carlo-Verfahren zu Hilfszwecken herangezogen werden. Die rechnerische Lösung von Warteschlangenproblemen wird in mehr als 50 % der gemeinhin auftretenden Fälle durch die Anwendung von Standardprogrammen vereinfacht. Die dadurch möglichen Kostenminderungen für die Analyse und die Rechnung führen dazu, daß sich die Rechenkosten meist im Laufe weniger Monate amortisieren [284, S. 149]. Die von mehreren Herstellerfirmen vorliegenden und die in der Programmbibliothek der deutschen Gesellschaft für Unternehmensforschung enthaltenen Standardprogramme (Programm-Nr. 21 bis 24) sind in Algol 60 geschrieben. Optimierungsparameter sind zumeist die Anzahl der erforderlichen Abfertigungsstationen.

2.333 Zuteilungsprobleme

Zuteilungsprobleme ergeben sich, wenn eine Anzahl von verschiedenen Tätigkeiten ausgeführt bzw. variable Mengenzahlen festgelegt werden sollen, wobei Begrenzungen entweder in der Menge der Faktoren oder in der Art, wie diese verwendet werden können, verhindern, daß jede einzelne Tätigkeit oder Mengenzuordnung in der denkbar wirksamsten Weise erfolgt [127, S. 193]. Der Faktoreinsatz soll so gestaltet werden, daß eine optimale Gesamtzuteilung ermöglicht wird (durch Maximierung bzw. Minimierung einer Zielgröße). Die gebräuchlichste mathematische Methode zur Analyse derartiger Situationen ist die lineare Programmierung, deren Wesen im folgenden kurz skizziert werden soll, ehe anhand eines Beispiels aus dem Bereiche des Handels die praktische Anwendung erläutert wird.

2.333.1 Methodische Grundlagen

Vokuhl definiert die Grundaufgabe der linearen Programmierung als die „Optimierung (Maximierung oder Minimierung) eines linearen Ausdrucks (genannt Objekt- und Zielfunktion) unter gewissen einschränkenden Nebenbedingungen oder Restriktionen (restrictions), die in Form von Gleichungen oder Ungleichungen gegeben sind“ [153, S. 32]. Joksch [66, S. 3 f.] beschreibt als Beispiel ein Linear-Programming-Modell als die Untersuchung von n genau definierten Prozessen $P_1 \ldots P_n$, die mit den Intensitäten $x_1 \ldots x_n$ betrieben werden können. Der Prozeß P_j verbraucht die Faktoren $F_1 \ldots F_m$ in den Mengen $a_{1j}x_j \ldots a_{mj}x_j$ und verursacht das Ergebnis c_jx_j. Die Faktoren sind nur in beschränkten Mengen $b_1, b_2, \ldots b_m$ vorhanden und die x_j dürfen in einem realisierbaren Programm keinen negativen Wert annehmen. Untersuchungsziel ist die Optimierung des Gesamtergebnisses. Die allgemeine mathematische Darstellung der Minimum- und Maximumaufgabe lautet:

Es sei der Wert der Zielfunktion

$$\sum_{j=1}^{n} c_j x_j = \text{min. o. max.} \tag{18}$$

zu optimieren unter Einhaltung der Nebenbedingungen

$$\sum_{j=1}^{n} a_{ij} x_j \geqq, \leqq b_i \; (i = 1, 2, \ldots, m) \tag{19}$$

und der Nichtnegativitätsbedingung

$$x_j \geqq 0 \; (j = 1, 2, \ldots, n) \tag{20}$$

Um eine numerische Lösung zu ermöglichen, ist dieses System von Ungleichungen durch die Einführung sogenannter Schlupfvariabler *(s)* in ein äquivalentes Gleichungssystem zu überführen; die Zahl der hinzugefügten Schlupfvariablen entspricht der Zahl der gegebenen Bedingungen, also der Anzahl von Ungleichungen, so daß sich z. B. für die Maximumaufgabe folgende allgemeine Formulierung ergibt [153, S. 31]:
Zielfunktion:

$$\sum_{j=1}^{n} c_j x_j = \text{max.} \tag{21}$$

Nebenbedingungen:

$$\sum_{j=1}^{n} a_{ij} x_j + s_i = b_i \; (i = 1, 2, \ldots m) \tag{22}$$

Nichtnegativitätsbedingung:

$$x_j \geqq 0; s_i \geqq 0 \; (j = 1, 2 \ldots n) \tag{23}$$

Die Lösungsmethoden der linearen Programmierung bestehen alle in einem systematischen Probieren, wobei nach jedem neuen Ansatz anhand eines die Lösung determinierenden Kriteriums getestet wird, ob die Lösung gefunden ist [8, S. 3]. Das bekannteste System zur numerisch-iterativen Lösung von Linearprogrammen ist die 1947 von Dantzig entwickelte Simplexmethode. „Die Grundidee dieser Methode besteht darin, daß man, von einem zulässigen Plan ausgehend, einen anderen zulässigen Plan berechnet, bei dem der Wert der

Zielfunktion höher ist. Das Optimum ist erreicht, sobald man die Zielfunktion nicht mehr verbessern kann" [38, S. 26]. Dabei wird bevorzugt die Matrizenrechnung verwendet.

Die Simplexmethode kann bei Vorliegen einer größeren Anzahl von Variablen und Beschränkungen nur durch den Einsatz von Elektronenrechnern durchgeführt werden. Nach Faure/Boss/Garff läßt sich die Rechenzeit *(T)* des Computers für ein Linearprogramm mit Hilfe der folgenden Formel darstellen

$$T = (\mu + v)\, m \cdot n \cdot p; \qquad (24)$$

„dabei bedeuten m und n die Dimensionen der Matrix, *p* die Anzahl der zur Lösung des Programms notwendigen Iterationen, $\mu + v$ die jeweils für Addition und Multiplikation vom Rechner benötigten Elementarzeiteinheiten" [38, S. 35].

Zuteilungsprobleme treten in der Wirtschaft in mannigfacher Form auf, und auch für den Bereich des Handels lassen sich zahlreiche derartige, mittels der linearen Programmierung lösbare Problemstellungen anführen. Anwendungsmöglichkeiten ergeben sich bei der Planung von optimalen Mischungen (z. B. von Heizöl oder Getränkeverschnitt), der Personalanweisungsplanung (z. B. optimale Zuordnung von Außenverkäufern auf Verkaufsbezirke), der optimalen Kostenplanung (z. B. Bestimmung der Einkaufsobjekte nach Lieferanten), der Mediaauswahl in der Werbung usw. Das bekannteste Anwendungsbeispiel der linearen Programmierung ist jedoch das Transportproblem, das sich durch eine besonders einfache mathematische Struktur auszeichnet. Im folgenden soll der Programmansatz dieses Optimierungsmodells dargestellt werden.

2.333.2 Bildung eines Programmansatzes des Transportproblems

Bei der Bildung eines Transportmodells wird ein Transportplan gesucht, der die optimale Versorgung von an verschiedenen Orten ansässigen Nachfragern durch an anderen Orten wohnende Anbieter beinhaltet. Dabei wird ermittelt, von welchen Ausgangsorten welche Zielorte unter Minimierung der Transportkosten bzw. Maximierung der Transportgewinne zu beliefern sind. Die Liefermengen der Ausgangsorte, der Bedarf der Zielorte, sowie die Transportkosten bzw. -gewinne je Einheit und Strecke werden als bekannt vorausgesetzt. Derartige Transportprobleme finden sich nicht nur auf der Großhandelsebene, sondern ebenso in Einzelhandelsbetrieben, insbesondere bei der Belieferung der Verkaufsstätten von Filialbetrieben.

Auch das ‚Travelling Salesman Problem' ist seinem Wesen nach ein Transportproblem. Dabei werden Besuchspläne für Außenverkäufer aufgestellt, bei denen entweder die kürzeste Totalentfernung vom Ausgangsort über alle zu berücksichtigenden Besuchsorte zum Ausgangsort zurück festzustellen ist, oder es werden die niedrigsten Kosten zum Besuch aller Orte errechnet [304, S. 5; 334; S. 1 ff.; 181, S. 340 ff.].

Aus der Literatur sind zahlreiche Beispiele zur optimalen Transportplanung bekanntgeworden [153, S. 126 ff.; 8, S. 50 ff.; 66, S. 12 ff.; 127, S. 205 ff.; 150,

S. 34 ff.; 134, S. 41 ff.]. Hier wird ein Ansatz von Müller-Merbach wiedergegeben, der in Form eines in Algol geschriebenen Standardprogramms zur Lösung auf Rechenautomaten zur Verfügung steht [303, S. 49 ff.].

Müller-Merbach stellt einen Versandplan zur Verteilung von Gütermengen eines Produkts auf, nach dem der Bedarf *(B)* von n Zielorten befriedigt und die Abgabekapazitäten *(A)* von m Versandorten nicht überschritten werden dürfen. An jedem Versandort i ist die Menge a_i vorrätig, an jedem Zielort j wird die Menge b_j benötigt. Die gesamte vorrätige

Menge $A = \sum_{i=1}^{m} a_i$ ist gleich der gesamten benötigten

Menge $B = \sum_{j=1}^{n} b_j$. Die Transportkosten von einem Ort i

zu einem Ort j betragen c_{ij} pro Mengeneinheit x_{ij}. Es wird der Transportplan gesucht, bei dem die Gesamtmenge so von den Versandorten $i = 1, 2, \ldots, m$ zu den Zielorten $j = 1, 2, \ldots$, n befördert wird, daß die Gesamtkosten minimal sind. Die Nichtnegativitätsbedingung lautet, daß keine versandte Menge negativ sein darf. Damit ergibt sich die folgende mathematische Formulierung des Problems [303, S. 49]:

Zielfunktion:

$$K\,(\min!) = \sum_{i=1}^{m} \sum_{i=1}^{n} c_{ij}\, x_{ij} \qquad (25)$$

Nebenbedingungen:

$$\sum_{j=1}^{n} x_{ij} = a_i \; (i = 1, 2, \ldots, m) \qquad (26)$$

$$\sum_{i=1}^{m} x_{ij} = b_j \; (j = 1, 2, \ldots, n) \qquad (27)$$

Nichtnegativitätsbedingung:

$$x_{ij} \geq 0 \; (i = 1, 2, \ldots, m); \; (j = 1, 2, \ldots, n) \qquad (28)$$

Eine Lösung dieses Gleichungssystems ist durch *(m + n — 1)* Zuordnungen (Basisvariablen) $x_{ij} > 0$ gegeben. Eine optimale Lösung ist erreicht, wenn die Bedingungen (26) bis (28) erfüllt sind und alle Koeffizienten $c_{ij}^* \geqq 0$ sind. Dabei gilt: $c_{ij}^* = c_{ij} - u_i - v_j$. „Die ‚Simplex-Multiplikatoren‘ u_i und v_j sind derart gewählt, daß diejenigen $c_{ij}^* = 0$ sind, deren x_{ij} als Basisvariablen in der Lösung enthalten sind“ [303, S. 50].

Müller-Merbach wählt zur Lösung die ‚primale‘ Methode, welche direkt auf die gewöhnliche Simplex-Methode zurückgeht: „Es wird als erstes eine Ausgangslösung bestimmt, die die Bedingungen (26) bis (28) mit $(m + n - 1)$ Basisvariablen erfüllt. Dann werden die Simplex-Multiplikatoren u_i und v_j und aus ihnen die neuen Koefffizienten der Zielfunktion c_{ij} berechnet. Sind negative Koeffizienten c_{ij} vorhanden, so wird die Lösung iterativ verbessert, indem jeweils eine alte Basisvariable von einer neuen verdrängt wird" [303, S. 50].

Neben diesem bekannten Lösungsverfahren (das auch als MODI-Methode und als ‚Stepping Stone'-Methode bekannt ist) bieten sich die ‚Ungarische Methode' [66], die ‚AKOR-Methode' [561] und ein von Ford und Fulkerson [235, S. 24 ff.] entwickeltes Verfahren zur Lösung an. Zur Errechnung größerer Probleme sind dabei in jedem Fall elektronische Anlagen mit externer Speichermöglichkeit erforderlich.

Der gekennzeichnete Programmansatz ist für den Bereich des Handels jedoch nur bedingt brauchbar. Er setzt voraus, daß nur ein homogenes, hinreichend weit teilbares Gut versandt wird (wodurch eine exakte Kostenzurechnung auf die transportierte Mengeneinheit erleichtert wird). Diese Voraussetzung entspricht jedoch im Handel nur in besonderen Einzelfällen der wirtschaftlichen Realität, so z. B. beim Vertrieb von Mineralölerzeugnissen oder Kohle durch einen firmeneigenen Fuhrpark. Im Normalfall werden eine Vielzahl unterschiedlicher Güter versandt, so daß das Transportproblem wesentlich verkompliziert wird.

Krelle [276, S. 168 ff.] formuliert einen Ansatz des Transportproblems, der den tatsächlichen Gegebenheiten im Handel näherkommt. Ein vorgegebenes Transportvolumen nicht homogener Güter soll zwischen n Orten mit verschiedenen Transportmitteln fester Kapazität zu den geringsten Kosten durchgeführt werden, wobei r_{ij} Tonnen vom Ort i zum Ort j gebracht werden müssen ($i = 1, 2, \ldots, n$; $j = 1, 2, \ldots, s$). Die Kosten c_{ijz} pro Fahrt von i nach j mit dem Transportmittel z ($z = 1, 2 \ldots, m$) sind unabhängig von der Beladung. Ein Fahrzeug vom Typ z kann a_{ijz} Tonnen vom Ort i zum Ort j befördern. Da es auch vorteilhaft sein kann, Umwegtransporte zu fahren, werden die Hilfsvariablen y_{ijk} ($k = 1, 2, \ldots, v$) eingeführt, die die transportierte Menge in Tonnen von i nach j mit der Endbestimmung k bedeuten. i braucht hierbei nicht der Ausgangspunkt der Ladung zu sein. Es erhebt sich nun die Frage, wie viele Fahrten x_{ijz} von i nach j notwendig sind und wie das Transportschema aussehen soll?

Es ergibt sich folgende Zielfunktion:

$$\sum_{i=1}^{n} \sum_{j=1}^{s} \sum_{z=1}^{m} c_{ijz} x_{ijz} = \min. \tag{29}$$

Unter den Bedingungen:

$$\sum_{k=1}^{v} y_{ikj} - \sum_{k=1}^{v} y_{kij} = r_{ij} \tag{30}$$

(D. h. alles was von irgendeinem Ort her mit dem Ziel j im Ort i ankommt und das was vom Ort i ausgeht und zum Ort j bestimmt ist, muß mit dem Endziel j weiterbefördert werden.)

$$a_{ijz}\, x_{ijz} - \sum_{k=1}^{v} y_{ijk} \geqq 0 \qquad (31)$$

(D. h. es darf keine Überladung der Fahrzeuge vorgenommen werden.)
Die rechnerische Lösung dieses Ansatzes ist möglich.

2.333.3 *Praktische Anwendung*

Zur Lösung von Transportproblemen liegen Standardprogramme von den Herstellern elektronischer Rechenanlagen und unabhängigen Institutionen vor. Deren praktischer Anwendung in Handelsbetrieben stehen jedoch noch gewisse Hemmnisse entgegen.

So wird in den fertig programmierten Problemlösungen die Beförderungsmenge meist als fest gegeben unterstellt. In zahlreichen Bereichen des Einzelhandels ist kein sich in bestimmtem Rhythmus wiederholender Bedarfsanfall gegeben, so daß die Bestellungen beim Großhändler sowohl in der Höhe als auch im Zeitablauf ständig divergieren. Dasselbe gilt z. B. für die Bestellungen von Filialen in der Zentrale, die nach Art und Menge so unterschiedlich sind, daß eine Optimierung des Transportschemas häufig nicht in Frage kommt. Die Ermittlung der Beförderungsmengen mit Hilfe von Methoden der Wahrscheinlichkeitstheorie (Trendextrapolation) würde – sofern eine derartige Problemlösung überhaupt im Einzelfall möglich ist – das Modell wesentlich verkomplizieren.

Die Kosten der einzelnen Transporte werden in den Standardprogrammen jeweils als fest und damit unabhängig von der Beladung der Transportmittel angenommen. Die Transportkosten müssen nach dem Verursachungsprinzip den transportierten Gütern zugerechnet werden. Als Schlüsselgrößen bieten sich hierzu z. B. die Laderaumbeanspruchung oder das Gewicht der Güter an. Bei der Vielzahl von (häufig aus einem Tausende von Objekten umfassenden Handelssortiment bestellten) unterschiedlichen Gütern, die befördert werden müssen, ist eine exakte Zurechnung jedoch nur schwerlich möglich (und mit Sicherheit unwirtschaftlich). Zudem ist die Prämisse, daß die Transportkosten unabhängig von der Beladung seien, nur bedingt praxisgerecht, da z. B. häufig der Verbrauch an Betriebsstoffen in einer direkten Beziehung zum Gewicht der Beförderungsmenge steht. Die Kosten hängen auch z. B. dann von der transportierten Menge ab, wenn auf teurere Transportmittel zurückgegriffen werden muß, oder wenn durch bessere Fahrzeugausnutzungen Mengenrabatte erreichbar sind. In diesen Fällen wird das Transportmodell nichtlinear.

Diese Vorbehalte dürften der Grund dafür sein, daß in der Handelspraxis erst einige wenige Großfirmen mit einem in der Breite beschränkten Sortiment durch den Gebrauch von Linear-Programming-Modellen ihren Transport optimieren. Insbesondere dürften sich (aus den erwähnten Gründen) Großhandelsbetriebe der Branchen Fahrzeuge, Kohle und Mineralölerzeugnisse für die Anwendung von Transportmodellen eignen.

2.334 Lagerhaltungsprobleme

Die Verrichtung der Lagerfunktion durch den Handel dient zum einen dem zeitlichen Ausgleich der divergierenden Erzeugungs- und Verwendungsrhythmen und zum anderen der Auswahlerleichterung [138, S. 420]. Zudem sichert sie die reibungslose Ausübung anderer Handelsfunktionen, wie etwa der Manipulation und der Raumüberbrückungsfunktion. Dazu kommt die Lagerhaltung auf Grund spekulativer Momente [25, S. 36 ff.]. Die Zielsetzung einer Optimierung der Lagerhaltung ist die Minimierung der Gesamtkosten (d. h. Lagerkosten + Bestellkosten) bei gleichzeitiger Aufrechterhaltung einer möglichst hohen Lieferbereitschaft.

2.334.1 Methodische Grundlagen

Zur Optimierung der Lagerhaltung wurden zahlreiche Modelle aufgestellt, die mit unterschiedlichen mathematischen Verfahren eine Lösung herbeiführen. Beispiele, wie mit der Linearen Programmierung Lagerhaltungsprobleme gelöst werden können, finden sich in der Literatur u. a. bei Beale/Morton [211, S. 174 ff.], Gebhardt-Seele [44, S. 15 ff.], Scholl [134, S. 49 ff.] und Vajda [149, S. 93 ff.]. Auch die von den Herstellerfirmen Burroughs, Control Data und Remington-Univac vorgelegten Standardprogramme für die optimale Lagerhaltung benützen Ansätze der Linearen Programmierung [290, S. 8].

Das im folgenden behandelte stochastische Lageroptimierungsmodell baut jedoch nicht auf der Linearen Programmierung auf, sondern verwendet als Hilfsmittel analytische und statistische Methoden der Mathematik. Es wurde als Standardprogramm von IBM entwickelt und heißt IMPACT (Abkürzung von Inventory Management Program and Control Techniques). Dieses Modell wird deshalb als Demonstrationsbeispiel gewählt, weil bei seiner Entwicklung bereits speziell die in Handelsbetrieben gegebenen Verhältnisse berücksichtigt wurden und weil seine Anwendung in der wirtschaftlichen Realität die weitaus größte Verbreitung gefunden hat und damit auch über praktische Ergebnisse berichtet werden kann.

Es soll jedoch nicht unerwähnt bleiben, daß von den anderen größeren Herstellern elektronischer Rechenanlagen ebenfalls Standardprogramme für ihre Kunden zur Verfügung gestellt werden, die (mit zum Teil sehr ähnlichen mathematischen Verfahren) zur Rationalisierung des Bestellwesens, der Bedarfsvorhersage und der Bestandskontrolle dienen. Außer den bereits erwähnten Firmen sind dies z. B. Bull/GE (LOG), ICL (SCAN), NCR (AIMS) und Siemens (HOREST). Ferner wurden auch bereits für einzelne Betriebsformen des Handels spezielle Lagermodelle entwickelt, so z. B. das vom IBM mit einem Aufwand von 250 Mannjahren erstellte Einzelhandelsprogramm Retail IMPACT, für dessen Einsatz sich insbesondere Waren- und Kaufhäuser eignen [478] oder das im Herbst 1969 im ersten Field-Test stehende Programm LOG-Filial von Bull/GE für Filial- und filialähnliche Systeme. Darüber hinaus befassen sich derzeit einige Handelsverbände mit der Entwicklung branchenindividueller Lageroptimierungsmodelle.

2.334.2 Bildung eines Programmansatzes[1]

Das Ziel des IMPACT-Verfahrens ist eine Optimierung der Lagerhaltung, d. h.

1. Minimierung der Gesamtkosten (= Lagerkosten + Bestellkosten);
2. Aufrechterhaltung einer bestimmten Lieferbereitschaft (Servicegrad) gegenüber Kunden;
3. Überprüfung der Übereinstimmung der unternehmerischen Lagerpolitik mit den tatsächlichen Gegebenheiten und Verrichtungen im Bevorratungsbereich.

Um diese Ziele zu erreichen, wird für den einzelnen Artikel die günstigste Bestellmenge und die Anzahl der erforderlichen Bestellungen ermittelt (Bestellwesen), es wird der günstigste Zeitpunkt für die Abgabe einer Bestellung bestimmt (Bedarfsvorhersage) und es wird der dabei gewonnene Bestellpunkt mit dem verfügbaren Lagerbestand verglichen, um festzustellen, ob eine Bestellung auszulösen ist (Bestandskontrolle). Die Breite und Tiefe zahlreicher Handelssortimente behindern eine umfassende Analyse der Artikelbestände, weil „die Kosten für die Überprüfung tausender einzelner Artikel, von denen sehr viele nur einen niedrigen Wert haben und für den Umsatz des Unternehmens praktisch bedeutungslos sind, ein solches Verfahren (aus Wirtschaftlichkeitsgründen; der Verf.) verbieten" [470, S. 10]. Aus diesem Grunde werden in der Praxis häufig nur die sogenannten *A*-Artikel, die bei einer ABC-Analyse nach dem Kriterium der Umsatzstärke ermittelt wurden, in die laufende Kontrolle des Lageroptimierungsprogramms einbezogen, während die *B*-Artikel routinemäßig nach einem formalen Verfahren und die *C*-Artikel mit einem einfachen System in gewissen Zeitabständen überprüft werden. Um die *A*-, *B*- und *C*-Artikel herauszufinden, werden die Verkaufsobjekte des gesamten Stortiments nach absteigender Folge der Umsätze von der elektronischen Rechenanlage gruppiert und zu einer ‚Artikel-Umsatz-Statistik' aufgelistet.

Die Entscheidung über die Bestellmenge eines Artikels wird von der Höhe der Bestell- und Lagerkosten des Artikels bestimmt. Beide Kostenarten haben

[1] Vgl. [465, 470, 474, 478, 533, 555].

entgegengesetzte Wirkungen, d. h. wird bei einem gegebenen Bedarf oft in kleinen Mengen bestellt, so sind die Bestellkosten höher und die Lagerkosten niedriger, als bei der weniger häufigen Disposition von größeren Mengen, bei der sich niedrigere Bestellkosten aber höhere Lagerkosten ergeben. Das Gesamtkostenminimum für einen Artikel wird durch den Schnittpunkt der sich für alternative Mengen ergebenden Kurven der Bestellkosten und der Lagerkosten des Artikels bestimmt. In die Lagerkosten gehen folgende Kostenarten ein: Steuern, Versicherungen, Raumkosten, Abschreibungen und Wertminderungen, Spezialbehandlung (z. B. besondere Sicherheitsvorkehrungen zur Verhinderung von Beschädigungen oder Diebstählen), Kapitalkosten. Die Bestellkosten sind jene „Kosten, die sich mit einer Änderung der Bestellraten verändern würden und die in fast allen Abteilungen entstehen können – z. B. in der Datenverarbeitungs-Abteilung, dem Einkauf, der Versandabteilung und dem Transport" [465, S. 15]. Die wirtschaftliche Losgröße wird durch die Minimierung der Bestellkosten und Lagerkosten wie folgt abgeleitet [470, S. 22 ff.].

Bezeichnet man den wertmäßigen Jahresbedarf eines Artikels mit *S*, die Anzahl der Bestellungen pro Jahr mit *N* und die Bestellkosten für einen Auftrag mit *A*, dann betragen die jährlichen Bestellkosten unter Berücksichtigung der Bestellmenge in Geldeinheiten *Q*:

$$N \cdot A = \frac{A \cdot S}{Q} \qquad (32)$$

Der mittlere Bestand (ohne Sicherheitsbestand) beträgt die Hälfte der Bestellmenge *Q*:

$$\frac{Q}{2} = \frac{S}{2 \cdot N} \qquad (33)$$

Die Lagerkosten ergeben sich aus dem Lagerkostenfaktor *R* (= prozentualer Anteil der Lagerkosten am Lagerwert) und dem mittleren Bestand:

$$\frac{R \cdot S}{2 \cdot N} = \frac{R \cdot Q}{2} \qquad (34)$$

Die optimale Bestellmenge ist bei Gleichheit von Bestell- und Lagerkosten gegeben, also bei:

$$\frac{A \cdot S}{Q} = \frac{R \cdot Q}{2} \qquad (35)$$

Durch Umformung ergibt sich die klassische Losgrößenformel:

$$Q = \sqrt{\frac{2 \cdot A \cdot S}{R}} \qquad (36)$$

Diese Formel gilt unter den Voraussetzungen, daß die Grenzkosten für die Bestellung einer zusätzlichen Mengeneinheit für einen einmaligen Einkauf konstant sind und daß die Bestellungen der einzelnen Artikel nicht voneinander abhängig sind. Diese Prämissen sind jedoch im Handel meistens nicht gegeben, da bei Abnahme größerer Mengen und bei Sammelbestellungen von den Lieferanten im allgemeinen Preisnachlässe gewährt werden. Zur Berücksichtigung von Mengenrabatten ist eine Erweiterung der Losgrößenformel erforderlich. Für Artikel mit Einkaufsstaffelpreisen ergeben sich die jährlichen Gesamtkosten C als die Summe der jährlichen Einstandswerte $s \cdot v$, der jährlichen Bestellkosten $\frac{A \cdot s}{q}$ und der jährlichen Lagerkosten $\frac{q \cdot v \cdot R}{2}$:

$$C = s \cdot v + \frac{A \cdot s}{q} + \frac{q \cdot v \cdot R}{2} \qquad (37)$$

Dabei gelten folgende Symbole:
s = Jahresbedarf in Mengeneinheiten
v = Einzelpreis
A = Bestellkosten
q = Bestellmenge
R = Lagerkostenfaktor in %

Beim Vorhandensein von Preisstufen ist die Errechnung der dem Gesamtkostenminimum entsprechenden Bestellmenge durch die Losgrößen-Formel in geschlossener Form nicht möglich. Die optimale Losgröße findet man nur, indem man die Gesamtkostenkurve durch die Berechnung aller wesentlichen Punkte abtastet. „Das Programm zur Berechnung der Bestellmengen der IMPACT-Programm-Bibliothek ermöglicht die Ausführung einer derartigen Serie von Berechnungen. Die wichtigsten Punkte der Kostenkurve sind:

1. jede Rabattstufe;
2. der Punkt in jeder Preisstufe, der unter Verwendung des in ihr gültigen Einzelpreises durch die Losgrößen-Formel ermittelt werden konnte“ [470, S. 24].

Bei dem gemeinsamen Bezug von mehreren Artikeln bei einem Lieferanten in Form von Sammelbestellungen wird die Bestellmenge für jeden Artikel zum Bestellzeitpunkt durch sogenannte Zuteilungsverfahren errechnet. Hierfür liegen mehrere Programmvarianten vor. Das bekannteste Zuteilungsverfahren für Sammelbestellungen mit festen Bestellintervallen beruht darauf, „daß zu dem Grundbedarf für jeden Artikel eine solche Menge hinzugefügt wird, die den Artikelbedarf für einen für alle Artikel gleichen Zeitraum deckt“ [470, S. 30]. Bei Anwendung des Bestellpunktverfahrens für Sammelbestellungen wird durch eine andere Zuteilungsmethode erreicht, „daß die Unterdeckungen jeweils nach dem Ablauf gleicher Zeiträume auftreten, indem über einen statistisch errechneten Sicherheitsbestand hinaus der jeweilige Bedarf für gleiche Zeiteinheiten bestellt wird“ [470, S. 31].

Der Zeitpunkt, zu dem ein Artikel bestellt werden muß, ist gekommen, wenn der verfügbare Bestand für den Artikel durch Lagerabgänge und offene Bestellungen einen bestimmten Wert erreicht oder unterschritten hat. Dieser Wert ist einerseits abhängig von der Wiederbeschaffungszeit und, falls keine permanente Bestandskontrolle erfolgt, von der Überprüfungszeit, und zum anderen vom Bedarfsanfall bzw. der Genauigkeit der Bedarfsvorhersage. Bei Fehlern der Bedarfsvorhersage ergibt sich für den Handelsbetrieb das Risiko von Unterdeckungen. Zur Vermeidung von dadurch möglichen Umsatzverlusten wird ein als Puffer wirkender zusätzlicher Sicherheitsbestand in das Modell eingebaut. Zur Bestimmung der Abweichungen des tatsächlichen Bedarfs vom vorhergesagten wird die Gaußsche Normalverteilung herangezogen, aus der sich der Sicherheitsbestand als Funktion der Standardabweichungen des Bedarfsvorhersagefehlers ergibt. Seine Höhe stellt sich als Produkt der Standardabweichung und des Sicherheitsfaktors dar, wobei der Sicherheitsfaktor die Anzahl der Standardabweichungen angibt, die zur Erreichung eines bestimmten gewünschten Servicegrades erforderlich sind. Damit ergibt sich der Bestellpunkt wie folgt:

Bestellpunkt = (Wiederbeschaffungszeit + Überprüfungszeit) · voraussichtlicher Bedarf pro Zeiteinheit + Sicherheitsbestand (38)

Das beim IMPACT-Programm zur Bedarfsvorhersage verwendete Verfahren ist die Methode der exponentiellen Glättung, bei der anhand gewichteter gleitender Durchschnitte auf den Verlauf der Nachfrage reagiert wird. Hierbei wird ein vorhergesagter Mittelwert von Periode zu Periode fortgeschrieben; der neue Vorhersagewert errechnet sich jeweils aus der Summe des alten Mittelwertes und der Abweichung der jüngsten Nachfrage vom alten Mittelwert. Der Grundansatz von Exponential Smoothing ergibt sich auf folgende Weise [336, S. 583 f.]:

Ein für die Periode i vorhergesagter Bedarf B_i stimmt nicht mit dem tatsächlichen Bedarfsanfall T_i überein, so daß sich der Fehler F_i als Differenz zwischen T_i und B_i ergibt. Der Vorhersagewert für die darauffolgende Periode B_{i+1} errechnet sich dann nach folgender Formel:

$$B_{i+1} = B_i + \alpha \cdot F_i; 0 \leqq \alpha \leqq 1 \quad (39)$$

Der Reaktionsparameter α bewirkt die Anpassung des neuen Vorhersagewertes an die jüngste Nachfrage. Ist diese Glättungskonstante $\alpha = 1$, so erfolgt eine extreme Anpassung an die Nachfrage, weil der neue Vorhersagewert hundertprozentig durch die jüngste Nachfrage bestimmt wird. Bei $\alpha = 0$ wird der tatsächliche Bedarfsanfall der vergangenen Periode überhaupt nicht bei der neuen Bedarfsvorhersage berücksichtigt, die sich infolgedessen ausschließlich auf den alten (letzten) Vorhersagewert stützt. „Das bedeutet, je kleiner α desto träger ist dieses Verfahren, je größer α desto nervöser reagiert es. Die Erfahrung hat gezeigt, daß α-Werte zwischen 0,1 und 0,3 das beste Ergebnis bringen“ [336, S. 583].

A. Schulz weist nach, daß bei diesem Verfahren die gesamte Vergangenheit eines Artikels in gewichteter Form implizit berücksichtigt wird. Aus Gleichung (39) folgt nämlich [336, S. 583]:

$$\begin{aligned} B_{t+1} &= B_t + a\,(T_t - B_t) \\ &= a \cdot T_t + (1 - a) \cdot B_t \end{aligned} \tag{40}$$

$$B_{t+2} = a \cdot T_{t+1} + (1 - a) \cdot B_{t+1} \tag{41}$$

Setzt man in die letzte Gleichung B_{t+1} ein, dann ergibt sich:

$$B_{t+2} = a \cdot T_{t+1} + a\,(1 - a) \cdot T_t + (1 - a)^2 \cdot B_t \tag{42}$$

Die *n*. Voraussage ist dann:

$$\begin{aligned} B_n = a \cdot T_{n-1} + a\,(1-a)\,T_{n-2} + a\,(1-a)^2 \cdot T_{n-3} + \ldots \\ a\,(1-a)^{n-2}\,T_1 + (1-a)^{n-1} \cdot B_1 \end{aligned} \tag{43}$$

Das in seinen Grundzügen beschriebene Verfahren (‚First Order Exponential Smoothing') wird zur Bedarfsvorhersage von Artikeln mit konstantem Bedarf herangezogen, bei denen Nachfragefluktuationen zufallsbedingt sind. Weist die Verkaufsentwicklung einen Trend oder saisonale Schwankungen auf, so verwendet IMPACT Vorhersageverfahren der exponentionellen Glättung höherer Ordnung [vgl. hierzu 515, S. 4 ff.].

Für saisonabhängige Artikel ist der Grundansatz der exponentiellen Glättung (39) umzuformen in [336, S. 584]:

$$B_{i+1,j} = B_{i,j} + a\,(T_{i,j} - B_{i,j}) \tag{44}$$

Der Index *i* stellt dabei z. B. das Jahr und der Index *j* den Monat dar.

Beim Auftreten plötzlicher extremer Abweichungen zwischen dem tatsächlichen Bedarf und der Bedarfsvorhersage wird von der Datenverarbeitungsanlage eine entsprechende Information ausgegeben, die ein situationsgerechtes Eingreifen von außen (Anpassung des Durchschnittes an die neue Bedarfshöhe) erlaubt. Zur Trennung der Ausnahmen von den Routinefällen werden Verfahren der Wahrscheinlichkeitsrechnung herangezogen, mit deren Hilfe die Anlage selbsttätig Ausnahmesituationen erkennen kann.

2.334.3 *Praktische Anwendung*

Mit dem hier nur in seinen wesentlichsten Grundzügen beschriebenen Lageroptimierungsmodell IMPACT wird seit einigen Jahren bereits erfolgreich in der Praxis gearbeitet. Die Herstellerfirma gibt an, im Bereich des Handels bei einigen Pilot-Installationen folgende Ergebnisse erzielt zu haben [478, S. 7]:

Entgangene Verkäufe	Abnahme um 80 bis 90 %
Umschlagsgeschwindigkeit	Zunahme um 15 bis 51 %

Umsätze	Zunahme um 11 bis 28 %
Änderung der Verkaufsbereitschaft	Zunahme um 11 bis 29 %
Erreichte und beibehaltene Verkaufsbereitschaft	97 bis 99 %

Ähnlich günstige Daten ergaben sich in der Genossenschaftszentrale einer US-amerikanischen Vereinigung von 350 Lebensmittelhändlern, über die in der Fachzeitschrift ‚Rationeller Handel' Anfang 1969 berichtet wurde [379, S. 38]. 1966 wurde von diesem Handelsbetrieb (Jahresumsatz 1966 = 25 Millionen $), als die Lagerkapazität nicht mehr ausreichte, mit einem Umstellungsaufwand von 25 000 $ IMPACT eingeführt. Dadurch brauchte die Lagerfläche trotz einer seither erreichten vierzigprozentigen Umsatzsteigerung nicht erweitert zu werden. 90 % der 7000 geführten Artikel wurden in das Optimierungsprogramm einbezogen und es konnten folgende Resultate erzielt werden:

Entgangene Verkäufe	Abnahme um mehr als 60 %
Kapitalinvestition in den Vorräten	Abnahme um ca. 300 000 $
Gemeinkosten (Lager)	Abnahme um ca. 50 000 $
Umschlagsgeschwindigkeit	Zunahme um ca. 60 %
Erreichte und beibehaltene Verkaufsbereitschaft	98 %

Die Einführung eines Lageroptimierungsprogramms ist jedoch an eine bestimmte Mindestgröße der elektronischen Datenverarbeitungsanlage gebunden (bei IMPACT z. B. das IBM System/360 Modell 30, 16 K), so daß für zahlreiche Handelsbetriebe mit installierten Kleinanlagen die Verwendung dieser Standardprogramme vorerst nicht in Frage kommt. Ferner setzen diese Modelle voraus, daß über einen längeren Zeitraum Daten wie die Umsätze, die Lagerbestände, Unterdeckungen, Überprüfungszeiten, Wiederbeschaffungszeiten, Lagerkosten, Bestellkosten usw. für die in das Programm einzubeziehenden Artikel fortgeschrieben werden, was im allgemeinen eine maschinelle Lagerbestandsführung mit konventionellen Lochkartenanlagen oder elektronischen Rechenanlagen voraussetzt.

3. Anwendung der elektronischen Datenverarbeitung in der Handelspraxis — Ergebnisse empirischer Erhebungen von 1965 bis 1969

In selbständigen Werken der Sachliteratur und in den Mitteilungen der Herstellerbetriebe elektronischer Datenverarbeitungsanlagen werden in der Regel an Einzelbeispielen der Aufbau, die Arbeitsweise und die Aufgabenbereiche von elektronischen Rechenanlagen im Handel dargestellt. Angaben, weshalb sich die Geschäftsleitung zur Einführung entschlossen hat und inwieweit die eingesetzte Anlage dann tatsächlich diesen Erwartungen entsprach, ob von manueller oder konventioneller Datenverarbeitung umgestellt wurde, welche Zeit zwischen dem Entschluß, die elektronische Datenverarbeitung einzuführen und dem reibungslosen Funktionieren der Anlage lag und Daten über Kosten und Leistungen des Organisationsmittels Elektronische Datenverarbeitung und dessen Anwendungsgebiete in der Praxis, fehlen dagegen weitgehend. Ebenfalls selten wird in den Werbe- und Informationsbroschüren über die besonderen, zum Teil noch ungelösten Probleme der Datenverarbeitung in Handelsbetrieben und deren Wirtschaftlichkeit berichtet, obwohl der Einsatz der realtechnischen Sachmittel in einigen Branchen (z. B. Textilien) nach wie vor auf erhebliche Schwierigkeiten stößt und sicherlich ein Teil der installierten Anlagen unwirtschaftlich arbeitet.

Auch wenn man die kürzlich in einem Beratungsbrief von Niendick geäußerte Ansicht nicht teilt, wonach im Jahre 1968 über 50 % der in der Bundesrepublik Deutschland eingesetzten Computer unwirtschaftlich betrieben wurden, so dürfte es doch nicht nur für die mit diesen Problemen befaßten Handelsunternehmer interessant sein zu erfahren, welche Aufwands-/Ertragsrelationen tatsächlich in der Handelspraxis gegeben sind und von welchen Faktoren diese abhängen. Um festzustellen, wie, in welchen Bereichen, für welche Funktionen und mit welchem Erfolg die Elektronik im Handel eingesetzt wird, wurde vom Verfasser im Herbst 1965 und im Frühjahr 1969 jeweils ein Panel von 364 deutschen Handelsbetrieben über die Erfahrungen mit der elektronischen Datenverarbeitung befragt.

3.1 Art und Umfang der empirischen Erhebungen des Verfassers

Bei der Erhebung im Herbst 1965, welche mittels Fragebogen auf schriftlichem Wege erfolgte, wurde jeweils die Geschäftsleitung der erfaßten Handelsbetriebe um die Beantwortung von 22 Fragen ersucht, die sich einerseits auf die Art der angeschriebenen Handelsbetriebe und zum anderen auf deren Erfahrungen mit der elektronischen Datenverarbeitung bezogen. Da neben Handelsbetrieben, die mit der Elektronik arbeiteten auch solche erfaßt wurden, die keine derartigen Anlagen besaßen, wurde auch nach den Gründen gefragt, weshalb diese die Einführung ablehnten.

Zum Erhebungszeitpunkt (Herbst 1965) waren etwa 200 bis 250 Elektronenrechner im deutschen Handel installiert [237, S. 18; 393, S. 17]. Der Verfasser konnte 164 Handelsbetriebe ermitteln und in seine Befragung einbeziehen, welche damals bereits elektronische Datenverarbeitungsanlagen eingesetzt hatten. Weitere 150 Handelsbetriebe wurden auf Grund ihrer Größe (Umsatz) als potentielle Verwender elektronischer Rechenanlagen erfaßt und an 50 zufällig ausgewählte Handelsbetriebe wurden die restlichen 50 Fragebogen versandt. Von den auf diese Weise zur Befragung ausgewählten 364 Handelsbetrieben antworteten 240, jedoch nur 212 (d. h. 58,24 % der befragten Gesamtheit) sandten den ausgefüllten Fragebogen zurück. Die Ergebnisse der nachfolgenden Auswertung wurden auf Grund dieser 212 ausgefüllten Fragebogen ermittelt.

Um die Gültigkeit der bei der Erhebung im Herbst 1965 gewonnenen Ergebnisse zu überprüfen und um eventuelle Wandlungen aufzuzeigen, wurde vom Verfasser im Frühjahr 1969 derselbe Kreis von 364 Handelsbetrieben wie 1965 wiederum auf schriftlichem Wege befragt. Die außergewöhnlich hohe Rücklaufquote der Befragung von 1965, welche auf das große Interesse der befragten Handelsunternehmer am Gegenstand der Untersuchung hindeutete, wurde 1969 nicht erreicht. Ein Grund dafür ist in dem (für andere Forschungszwecke auf über 400 Fragen) erweiterten Fragebogen zu sehen, dessen Ausfüllung – wie aus den Antworten hervorging – aus Zeitmangel zahlreichen Befragten nicht möglich war. In die Auswertung der Befragung vom Frühjahr 1969 konnten demzufolge nur 45 ausgefüllte Fragebogen (d. h. 12,33 % der befragten Gesamtheit) einbezogen werden. Da die Ergebnisse dieser Untersuchung die Daten von 1965 im wesentlichen bestätigen, werden im folgenden primär die auf der Auswertung einer höheren Quote basierenden Resultate der Erhebung vom Herbst 1965 im Abbildungswerk dargestellt. Abweichungen, sich ändernde Daten, Entwicklungen und erweiterte Erkenntnisse, welche sich aus der Untersuchung von 1969 ergeben, werden jeweils in dem die Abbildungen erläuternden Text gekennzeichnet.

Es verdient noch hervorgehoben zu werden, daß die beiden erwähnten Erhebungen von der Rationalisierungs-Gemeinschaft des Handels beim RKW in Köln und dem Institut für Wirtschaftsprüfungs- und Beratungswesen und der Abteilung für Beschaffungs-, Absatz- und Werbeforschung der Universität Würzburg und deren Vorstand Prof. Dr. C. W. Meyer unterstützt wurden.

3.2 Automationsgrade der Datenverarbeitung in den in die Untersuchungen des Verfassers einbezogenen Handelsbetrieben

3.21 Aufgliederung nach Bedarfsgruppen

Die folgenden Abbildungen 29 und 30 zeigen eine Aufgliederung der in die Untersuchung von 1965 einbezogenen Handelsbetriebe nach Bedarfsgruppen, aufgeteilt nach dem Automationsgrad der Datenverarbeitung.

Bedarfsgruppe / Anzahl Handelsbetriebe	EDV installiert	EDV bestellt	EDV event. geplant	EDV nicht geplant	Summe
Nahrungs- und Genußmittel, Gemischtwaren	50	29	38	14	131
Bekleidung, Wäsche, Sportartikel, Schuhe	8	5	2	10	25
Elektro, Optik, Uhren	1	3	–	–	4
Pharmazeutische und kosmetische Artikel	1	1	2	3	7
Fahrzeuge, Maschinen, Büroeinrichtungen	–	1	1	1	3
Kohle, Mineralölerzeugnisse	6	–	–	–	6
Waren aller Art	9	2	–	3	14
Sonstige Waren	9	6	–	7	22
Summe	84	47	43	38	212

Abb. 29
Aufgliederung der in die Untersuchung von 1965 einbezogenen Handelsbetriebe nach absoluten Häufigkeiten in Bedarfsgruppen.

Die Abbildungen 29 und 30 zeigen, daß über 60 % aller im Jahre 1965 befragten Handelsbetriebe der Nahrungs- und Genußmittelbranche und über 10 % der Branche ‚Bekleidung, Wäsche, Sportartikel, Schuhe' angehörten. Die nächst größeren Bedarfsgruppen umfaßte der Handel mit Waren aller Art, mit pharmazeutischen und kosmetischen Artikeln sowie mit Kohle und Mineralölerzeugnissen. Stellt man die bei dieser Erhebung erfaßten Handelsbetriebe der Gesamtzahl der deutschen Handelsbetriebe entsprechend ihren relativen Häufigkeiten in den einzelnen Bedarfsgruppen gegenüber, so ergibt sich die folgende Abbildung 31.

Bedarfsgruppe / Anzahl Handelsbetriebe	EDV instal-liert	EDV bestellt	EDV event. geplant	EDV nicht geplant	Summe
Nahrungs- und Genußmittel, Gemischtwaren	23,59	13,67	17,90	6,61	61,77
Bekleidung, Wäsche, Sportartikel, Schuhe	3,78	2,36	0,95	4,72	11,81
Elektro, Optik, Uhren	0,47	1,42	-	-	1,89
Pharmazeutische und kosmetische Artikel	0,47	0,47	0,95	1,41	3,30
Fahrzeuge, Maschinen, Büroeinrichtungen	-	0,47	0,47	0,47	1,41
Kohle, Mineralölerzeugnisse	2,83	-	-	-	2,83
Waren aller Art	4,25	0,95	-	1,41	6,61
Sonstige Waren	4,25	2,83	-	3,30	10,38
Summe	39,64	22,17	20,27	17,92	100,00

Abb. 30
Aufgliederung der in die Untersuchung von 1965 einbezogenen Handelsbetriebe nach relativen Häufigkeiten in Bedarfsgruppen.

Aus Abbildung 31 ergibt sich, daß sich die relative Verteilung der Handelsbetriebe in der Bundesrepublik Deutschland und der in die Untersuchung von 1965 einbezogenen Handelsbetriebe auf die einzelnen Bedarfsgruppen ungefähr entsprach.

Der Anteil der Handelsbetriebe der Branche ‚Nahrungs- und Genußmittel, Gemischtwaren' war in der Untersuchung von 1965 etwas höher als in der Bundesrepublik insgesamt. Diese Tatsache ist durch den hohen Automationsgrad der Datenverarbeitung im Lebensmittelhandel begründet, wo über 50% aller befragten Handelsbetriebe elektronische Datenverarbeitungsanlagen installiert oder bestellt hatten. Da dem Untersuchungsziel durch Befragen solcher Handelsbetriebe, die elektronische Datenverarbeitungsanlagen bestellt oder installiert hatten am nächsten zu kommen war, wurden im Lebensmittelhandel relativ mehr Handelsbetriebe befragt. Aus demselben Grund ist auch der Anteil der in die Untersuchung einbezogenen Handelsbetriebe der Bedarfsgruppe ‚Waren aller Art' relativ höher als in der Bundesrepublik Deutschland insgesamt. In dieser Branche sind sehr viele Großbetriebe (Waren- und Versandhäuser) tätig, für die sich sowohl vom Datenanfall wie vom wirtschaftlichen Standpunkt her der Einsatz einer elektronischen Datenverarbeitungsanlage häufig lohnt. Über

Anzahl Handelsbetriebe in % / Bedarfsgruppe	in der BRD (173, S. 210 ff.)	in die Untersuchung einbezogene Betriebe	in die Untersuchung einbezogene Betriebe mit EDV bestellt oder installiert
Nahrungs- und Genußmittel, Gemischtwaren	47,0	61,77	37,26
Bekleidung, Wäsche, Sportartikel, Schuhe	15,0	11,81	6,14
Elektro, Optik, Uhren	6,0	1,89	1,89
Pharmazeutische und kosmetische Artikel	5,0	3,30	0,94
Fahrzeuge, Maschinen, Büroeinrichtungen	4,0	1,41	0,47
Kohle, Mineralölerzeugnisse	3,0	2,83	2,83
Waren aller Art	0,4	6,61	4,20
Sonstige Waren	19,6	10,91	7,08
Summe	100,0	100,00	61,81

Abb. 31

Gegenüberstellung der in die Untersuchung von 1965 einbezogenen Handelsbetriebe zur Gesamtzahl aller deutschen Handelsbetriebe nach relativen Häufigkeiten aufgeteilt in Bedarfsgruppen.

60 % der befragten Handelsbetriebe der Branche ‚Waren aller Art' hatten elektronische Datenverarbeitungsanlagen installiert oder bestellt; in dieser Branche wurden auch die größten Anlagen eingesetzt – in einigen Fällen mehrere in einem Handelsbetrieb. In den übrigen Branchen war die Automation der Datenverarbeitung dagegen noch nicht so weit fortgeschritten, obwohl in den Bedarfsgruppen ‚Bekleidung, Wäsche, Sportartikel, Schuhe' etwa 50 %, ‚pharmazeutische und kosmetische Artikel' etwa 30 %, ‚Fahrzeuge, Maschinen, Büroeinrichtungen' etwa 30 % ‚sonstige Waren' etwa 70 % und bei ‚Elektroartikel, Optik, Uhren' und ‚Kohle und Mineralölerzeugnisse' sogar 100 % der in die Untersuchung einbezogenen Handelsbetriebe elektronische Datenverarbeitungsanlagen bestellt oder installiert hatten. Diese hohen Prozentsätze lassen sich jedoch dadurch erklären, daß von diesen Bedarfsgruppen nur solche Handelsbetriebe befragt wurden, von denen meist feststand, daß sie elektronische Datenverarbeitungsanlagen installiert hatten oder die Einführung planten. Die Abbildung 29, die die absoluten Häufigkeiten der Handelsbetriebe, die elektronische Datenverarbeitungsanlagen bestellt oder installiert hatten – aufgeteilt auf die

einzelnen Bedarfsgruppen – zeigt, beweist, daß 1965 in der Branche ‚Nahrungs- und Genußmittel, Gemischtwaren' fünfmal so viele Handelsbetriebe elektronische Datenverarbeitungsanlagen bestellt oder installiert hatten, wie in der nächst größeren Branche. Nach Abbildung 30 entfielen 1965 mehr als die Hälfte der im deutschen Handel installierten und bestellten elektronischen Datenverarbeitungsanlagen auf diese Branche, jeweils nur um ca. 10 % auf die Branchen ‚Bekleidung, Wäsche, Sportartikel, Schuhe', ‚Waren aller Art' und ‚sonstige Waren', sowie etwa 5 % auf die Branche ‚Kohle und Mineralölerzeugnisse'. In den anderen Branchen waren in den Handelsbetrieben zu diesem Zeitpunkt nur in Einzelfällen elektronische Rechenanlagen installiert oder geplant.

Ein Vergleich dieser Ergebnisse mit den Resultaten der Erhebung von 1969 zeigt, daß die Automation auf dem Gebiete des Handels weitere Fortschritte gemacht hat. Von den im Jahre 1969 erfaßten 45 Handelsbetrieben hatten 28 elektronische Datenverarbeitungsanlagen eingesetzt, 4 hatten Computer bestellt, 3 planten die Installation und nur 10 wollten nicht in absehbarer Zeit ihre Organisation auf die Elektronik umstellen. Während 1965 ca. 40 % der in die

Bedarfsgruppe	Anzahl der in die Untersuchungen eingezogenen Handelsbetriebe mit EDV bestellt oder installiert in %	
	1965	1969
Nahrungs- und Genußmittel, Gemischtwaren	60	72
Bekleidung, Wäsche, Sportartikel, Schuhe	10	10
Elektro, Optik, Uhren	3	–
Pharmazeutische und kosmetische Artikel	2	3
Fahrzeuge, Maschinen, Büroeinrichtungen	1	–
Kohle, Mineralölerzeugnisse	5	–
Waren aller Art	8	3
Sonstige Waren	11	12
Summe	100	100

Abb. 32
Vergleich der in die Untersuchungen von 1965 und 1969 einbezogenen Handelsbetriebe mit installierten oder bestellten elektronischen Datenverarbeitungsanlagen nach relativen Häufigkeiten, aufgeteilt in Bedarfsgruppen.

Auswertung einbezogenen Handelsbetriebe elektronische Rechenanlagen installiert und 22 % der Handelsbetriebe Bestellungen abgegeben hatten, betrugen diese Raten 1969 62 % bei den Installationen und 9 % bei den Bestellungen.

Vergleicht man die in die Untersuchungen von 1965 und 1969 einbezogenen Handelsbetriebe der verschiedenen Bedarfsgruppen, welche elektronische Datenverarbeitungsanlagen installiert oder bestellt hatten, nach relativen Häufigkeiten, so ergibt sich, daß die Unternehmer der Nahrungs- und Genußmittelbranche weiterhin Schrittmacher des Handels bei der Durchsetzung technischer Fortschritte auf dem Gebiet der Datenverarbeitung sind (vgl. die nachfolgende Abb. 32).

3.22 Aufgliederung nach Betriebsformen

Die beiden folgenden Abbildungen zeigen eine Aufgliederung der in die Untersuchung von 1965 einbezogenen Handelsbetriebe nach Betriebsformen, aufgeteilt nach dem Automationsgrad der Datenverwaltung.

Anzahl Handelsbetriebe / Betriebsform	EDV installiert	EDV bestellt	EDV event. geplant	EDV nicht geplant	Summe
Großhandlungen	40	30	9	11	90
Fachgeschäfte (Einzelhandel)	–	1	–	1	2
Filial- und filialähnliche Systeme	20	6	33	9	68
Waren- und Kaufhäuser	9	4	–	11	24
Versandhäuser	7	2	1	2	12
Einkaufsverbände	8	4	–	4	16
Summe	84	47	43	38	212

Abb. 33
Aufgliederung der in die Untersuchung von 1965 einbezogenen Handelsbetriebe nach absoluten Häufigkeiten in Betriebsformen.

Der Anteil der erfaßten Großhandelsbetriebe war 1965 mit über 40 % der in die Untersuchung einbezogenen Gesamtheit verhältnismäßig hoch. In der Bundesrepublik Deutschland waren und sind dagegen nur weniger als 30 % aller Handelsbetriebe dem Großhandel zuzurechnen [173, S. 289 f.]. Es wurden jedoch deshalb mehr Großhandelsbetriebe erfaßt, weil der Automationsgrad der Datenverarbeitung bei dieser Betriebsform besonders hoch zu sein schien. So ist die

Betriebsform / Anzahl Handelsbetriebe	EDV installiert	EDV bestellt	EDV event. geplant	EDV nicht geplant	Summe
Großhandlungen	18,86	14,14	4,25	5,18	42,43
Fachgeschäfte (Einzelhandel)	-	0,47	-	0,47	0,94
Filial- und filialähnliche Systeme	9,43	2,83	15,57	4,25	32,08
Waren- und Kaufhäuser	4,25	1,89	-	5,18	11,32
Versandhäuser	3,30	0,95	0,47	0,95	5,67
Einkaufsverbände	3,78	1,89	-	1,89	7,56
Summe	39,62	22,17	20,29	17,92	100,00

Abb. 34
Aufgliederung der in die Untersuchung von 1965 einbezogenen Handelsbetriebe nach relativen Häufigkeiten in Betriebsformen.

Tatsache, daß 1965 etwa 40 % aller installierten und über 50 % der bestellten elektronischen Datenverarbeitungsanlagen auf den Großhandel entfielen, sicherlich darauf zurückzuführen, daß die verhältnismäßig höheren Umsätze den Einsatz der elektronischen Datenverarbeitung hier eher rechtfertigten, als in den einzelnen Betriebsformen des Einzelhandels (ausgenommen die Großbetriebe aus dem Warenhaus- und Versandhaussektor). Dies wird besonders bei den Einzelhandelsfachgeschäften deutlich; es konnte kein derartiger Handelsbetrieb ermittelt werden, der eine elektronische Datenverarbeitungsanlage installiert hatte und nur ein Fachgeschäft des Einzelhandels unter den in die Untersuchung einbezogenen Handelsbetrieben plante damals die Einführung. Hohe Umsätze und ein großer Datenanfall prädestinierten dagegen geradezu die Großformen des Einzelhandels, die Waren- und Versandhäuser, für den Einsatz elektronischer Rechenanlagen. Auf dem Versandhaussektor wurden auch mit die ersten elektronischen Datenverarbeitungsanlagen installiert, die in Deutschland für kommerzielle Zwecke eingesetzt wurden (1957), und die in den größten deutschen Versandhäusern in Betrieb befindlichen Systeme gehörten damals wie heute zu den modernsten in Europa. In den Großversandhäusern waren schon 1965 oft mehrere Anlagen nebeneinander eingesetzt, da sonst der bei der Auftragsabwicklung zu erfassende Datenanfall nicht zu bewältigen gewesen wäre; die installierten Systeme waren zudem die größten Rechenanlagen überhaupt, die für kaufmännische Aufgaben angeboten wurden.

Die Automation der Datenverarbeitung war 1965 auch bei Filialbetrieben und filialähnlichen Systemen (freiwillige Handelsvereinigungen, Konsumgenossenschaften) verhältnismäßig weit fortgeschritten. Fast ein Viertel aller Einzelhandelsbetriebe in der Bundesrepublik Deutschland haben diese Betriebsform. Die

Handelsbetriebe sind meist in der Lebensmittelbranche tätig – etwa 100 000 Handelsbetrieben auf Einzelhandelsstufe stehen hier ungefähr 1000 Handelsbetriebe auf Großhandelsstufe gegenüber [71, S. 11]. Die eingesetzten elektronischen Datenverarbeitungsanlagen waren bei diesen Handelsbetrieben durchweg in den Zentralen installiert und hatten so den Charakter einer Gemeinschaftsanlage, da die Vorteile der elektronischen Datenverarbeitung nicht nur der Zentrale, sondern auch den angeschlossenen Einzelhandelsbetrieben zugute kamen. Etwa ein Fünftel aller ermittelten elektronischen Datenverarbeitungsanlagen waren in Filial- oder filialähnlichen Handelsbetrieben installiert.

Bei der Untersuchung im Jahre 1969 wurden 17 Großhandlungen, 3 Facheinzelhändler, 14 Filial- und filialähnliche Vereinigungen, 6 Waren- bzw. Kaufhäuser, 4 Versandhäuser und 1 Einzelhandelsverband in die Auswertung einbezogen. 32 % (1965: über 40 %) der installierten Anlagen entfielen dabei auf den Großhandel und 40 % (1965: ca. 25 %) auf Filial- und filialähnliche Systeme, so daß diese Betriebsformen mehr als zwei Drittel aller Installationen im Handel bestritten. Besondere Fortschritte wurden in den letzten Jahren somit bei der Automation der Datenverarbeitung in Filial- und filialähnlichen Vereinigungen gemacht.

Von den 3 ermittelten Fachhandlungen hatten 2 eigene Computer installiert, während die dritte die Datenverarbeitung im Rechenzentrum abwickeln ließ. Dem Verfasser sind zudem in der jüngsten Vergangenheit noch einige weitere Beispiele einer automatisierten Datenverarbeitung bei größeren Facheinzelhandlungen bekanntgeworden, so daß die Elektronik auch in diesen Bereich nunmehr Eingang zu finden scheint.

Bemerkenswert gering erscheint dagegen der Automationsgrad auf dem Waren- und Kaufhaussektor: In 6 im Jahre 1969 erfaßten Handelsbetrieben war nur eine elektronische Anlage installiert, obwohl es sich bei sämtlichen Befragten um Großbetriebe handelte. Zwar haben alle großen, in der Bundesrepublik Deutschland tätigen Warenhauskonzerne in ihren Zentralen Computer eingesetzt, aber die umsatzstärksten Textil- und Möbelkaufhäuser zum Beispiel erledigen immer noch fast ausschließlich ihre Datenverarbeitung manuell oder mit konventionellen Lochkartenanlagen. Der Hauptgrund liegt dabei — wie 1969 von drei Bekleidungshäusern übereinstimmend erklärt wurde – in den noch immer unbefriedigenden Lösungen der Datenerfassung.

Der Versandhandel (Anteil am deutschen Einzelhandelsumsatz = ca. 4 %), auf den – wie aus einer Erhebung von Engel hervorgeht [36, S. 25] – im Herbst 1968 etwa 10 % (d. h. dieselbe Rate wie 1965) der Gesamtinstallationen von Computern im Handel entfielen, rangiert – was den Automationsgrad der Handelsbetriebe, die Größe der eingesetzten Anlagen und die realisierten Anwendungssysteme betrifft – nach wie vor an der Spitze. Alle 4 im Jahre 1969 befragten Unternehmen dieser Gruppe hatten die Elektronik eingeführt; der einzige erfaßte Großversender bediente sich allein einer Anlagenfamilie von zwei 360/50-Modellen, zwei 360-30-Modellen und zwei 1401-Modellen (Platten- und Bandsysteme) von IBM im Off-Line-Betrieb und entrichtete dafür samt peripherer Geräte monatlich fast eine halbe Million DM Miete! 36 der im Versandhandel der Bundesrepublik Ende 1968 installierten Computer waren in den 9 Großversandhäusern mit mehr als 200 Millionen DM Umsatz p. a. eingesetzt. Nur weitere 9 Anlagen entfielen auf die ca. 2000 deutschen Spezialversandhäuser – ein Beweis dafür, daß sich die Elektronik bei letzteren Unternehmen erst allmählich durchzusetzen beginnt [36, S. 22].

3.23 Aufgliederung nach Bruttoumsätzen

Die beiden folgenden Abbildungen zeigen eine Aufgliederung der in die Untersuchung von 1965 einbezogenen Handelsbetriebe nach ihrem jährlichen Bruttoumsatz, aufgeteilt nach dem Automationsgrad der Datenverarbeitung. Die Häufigkeiten wurden dabei auf die Gesamtzahl der verwertbaren Fragebogen bezogen, d. h. es wurden nur solche Handelsbetriebe erfaßt, die Angaben über ihren jährlichen Bruttoumsatz machten.

Anzahl Handelsbetriebe / Umsatz/Jahr in Mio. DM	EDV installiert	EDV bestellt	EDV event. geplant	EDV nicht geplant	Summe
unter 10	–	2	3	7	12
10 - 25	8	2	7	5	23
25 - 50	9	15	17	7	48
50 - 100	16	8	8	3	35
100 - 250	13	8	4	1	26
über 250	18	1	1	1	21
Summe	64	37	40	24	165

Abb. 35
Aufgliederung der in die Untersuchung von 1965 einbezogenen Handelsbetriebe nach absoluten Häufigkeiten entsprechend ihrem jährlichen Bruttoumsatz.

Die Abbildungen 35 und 36 zeigen, wie der Automationsgrad der Datenverarbeitung in den einzelnen Handelsbetrieben mit zunehmenden Umsätzen wächst. Da 1965 kein Handelsbetrieb ermittelt werden konnte, der mit weniger als 10 Millionen DM Umsatz/Jahr eine elektronische Datenverarbeitungsanlage installiert hatte, kann dieser Jahresumsatz wohl zu diesem Zeitpunkt als unterste Grenze für den Einsatz einer eigenen elektronischen Datenverarbeitungsanlage im Handel angesehen werden. Die beiden Handelsbetriebe mit weniger als 10

Umsatz / Jahr in Mio. DM \ Anzahl Handelsbetriebe	EDV installiert	EDV bestellt	EDV event. geplant	EDV nicht geplant	Summe
unter 10	-	1,20	1,81	4,24	7,25
10 - 25	4,85	1,81	4,24	3,09	13,99
25 - 50	5,45	9,09	10,39	4,24	29,17
50 - 100	9,70	4,85	4,85	1,81	21,21
100 - 250	7,87	4,85	2,43	0,60	15,75
über 250	10,83	0,60	0,60	0,60	12,63
Summe	38,70	22,40	24,32	14,59	100,00

Abb. 36

Aufgliederung der in die Untersuchung von 1965 einbezogenen Handelsbetriebe nach relativen Häufigkeiten entsprechend ihrem jährlichen Bruttoumsatz.

Millionen DM Umsatz/Jahr, die eine elektronische Datenverarbeitungsanlage bestellt hatten, waren jeweils Verbände ohne eigenen Umsatz, die für Abrechnungsarbeiten ihrer Mitglieder eine elektronische Datenverarbeitungsanlage mieten und die Kosten entsprechend auf ihre Mitglieder verrechnen wollten.

Vergleicht man die Anzahl der Handelsbetriebe in der Bundesrepublik Deutschland insgesamt mit den in die Untersuchung von 1965 einbezogenen Handelsbetrieben, die elektronische Rechenanlagen installiert oder bestellt hatten, in den einzelnen Umsatzgrößenklassen, so ergibt sich die folgende Abbildung 37.

Umsatz/ Jahr in Mio. DM \ Anzahl Handelsbetriebe	in der BRD (171, S. 1197 ff.)	in die Untersuchung einbez. Handelsbetriebe mit EDV installiert od. bestellt
unter 10	558.899	2
10 - 25	1.732	11
25 - 50	440	24
50 - 100	177	24
100 - 250	111	21
über 250	55	19
Summe	561.414	101

Abb. 37

Gegenüberstellung der in die Untersuchung von 1965 einbezogenen Handelsbetriebe, die elektronische Datenverarbeitungsanlagen installiert oder bestellt hatten, zur Gesamtzahl aller deutschen Handelsbetriebe nach absoluten Häufigkeiten aufgeteilt in Umsatzgrößenklassen.

Aus der Abbildung 37 geht hervor, daß 1965 über ein Drittel der Handelsbetriebe der höchsten Umsatzgrößenklasse (über 250 Millionen DM Umsatz/Jahr) elektronische Datenverarbeitungsanlagen installiert oder bestellt hatten. Bei der Befragung konnte nur ein Warenhausbetrieb dieser Größenklasse ermittelt werden, der die Einführung der elektronischen Datenverarbeitung nicht plante. In der Größenklasse ‚100–250 Millionen DM Umsatz/Jahr' lehnte ebenfalls nur ein Handelsbetrieb die Einführung der elektronischen Datenverarbeitung ab. 20 % der insgesamt bei der Untersuchung ermittelten Anlagen entfielen auf diese Klasse, in der immerhin noch mindestens jeder fünfte Handelsbetrieb eine elektronische Datenverarbeitungsanlage bestellt oder installiert hatte. Während anscheinend der Einsatz einer elektronischen Rechenanlage bei Umsätzen/Jahr von über 25 Millionen DM im Handel oftmals bereits als lohnend betrachtet wurde, waren der wirtschaftlichen Verwendung dieses neuen Organisationsmittels bei Umsätzen unter 25 Millionen DM pro Jahr offensichtlich Grenzen gesetzt. Hier wurde nur in besonders günstigen Fällen die Einführung der elektronischen Datenverarbeitung von den Handelsbetrieben erwogen, was die geringe Zahl der eingesetzten Anlagen in diesem Bereich beweist. Nur 11 von insgesamt 1732 Handelsbetrieben der Umsatzgrößenklasse ‚10 bis 25 Millionen DM Umsatz/Jahr' (d. h. nur 0,6 %) hatten 1965 nämlich elektronische Rechenanlagen installiert oder bestellt. Dieses Verhältnis wird noch deutlicher, wenn man die Größenklasse ‚unter 10 Millionen DM Umsatz/Jahr' betrachtet, der zum Erhebungszeitpunkt 99,55 % aller Handelsbetriebe angehörten. In dieser Klasse konnten keine installierten und nur zwei bestellte elektronische Datenverarbeitungsanlagen ermittelt werden.

Auch 1969 befand sich kein Handelsbetrieb mit weniger als 10 Millionen DM Jahresumsatz in der Auswertung, welcher eine eigene elektronische Rechenanlage installiert hatte. Die zwei befragten Handelsbetriebe dieser Größenklasse ließen jedoch ihre Datenverarbeitung in Lohnarbeit durch Servicebüros vornehmen. Dagegen wurde eine relative Zunahme von installierten Anlagen in Handelsbetrieben der Umsatzgrößenklasse ‚10–25 Millionen DM Umsatz/Jahr' festgestellt.

Während 1965 35 % der erfaßten Handelbetriebe dieser Größenklasse Installationen durchgeführt hatten, betrug diese Rate 1969 50 % (bei 8 Befragten). In den Größenklassen ‚25–50 Millionen DM Umsatz/Jahr' und ‚50–100 Millionen DM Umsatz/Jahr' waren es 1969 von 11 bzw. 10 Befragten jeweils nur 2, welche wegen zu geringen Datenanfalls (eine Brennstoffgroßhandlung und ein Einkaufsverband) oder Schwierigkeiten bei der Datenerfassung (zwei Textilkaufhäuser) auch in absehbarer Zeit die Einführung der elektronischen Datenverarbeitung nicht geplant hatten. Sämtliche erfaßten Handelsbetriebe mit über 100 Millionen DM Umsatz p. a. hatten 1969 elektronische Datenverarbeitungsanlagen installiert.

3.24 Aufgliederung nach Beschäftigten

Die beiden folgenden Abbildungen zeigen eine Aufgliederung der in die Untersuchung von 1965 einbezogenen Handelsbetriebe nach der Anzahl ihrer Beschäftigten, aufgeteilt nach dem Automationsgrad der Datenverarbeitung. Die Häufigkeiten wurden dabei wiederum nur auf die Anzahl der verwertbaren Fragebogen bezogen, da manche der befragten Handelsbetriebe keine Angaben über die Anzahl ihrer Beschäftigten machten.

Anzahl Handelsbetriebe / Anzahl Beschäftigte	EDV installiert	EDV bestellt	EDV event. geplant	EDV nicht geplant	Summe
unter 100	8	3	7	9	27
100 - 200	1	13	1	4	26
200 - 500	12	10	12	5	39
500 - 1.000	9	3	18	3	33
1.000 - 5.000	23	9	6	2	40
über 5.000	10	-	-	-	10
Summe	70	38	44	23	175

Abb. 38
Aufgliederung der in die Untersuchung von 1965 einbezogenen Handelsbetriebe nach absoluten Häufigkeiten in Beschäftigtengrößenklassen.

Anzahl Handelsbetriebe / Anzahl Beschäftigte	EDV installiert	EDV bestellt	EDV event. geplant	EDV nicht geplant	Summe
unter 100	4,58	1,72	4,00	5,14	15,44
100 - 200	4,58	7,42	0,57	2,27	14,84
200 - 500	6,87	5,71	6,87	2,85	22,30
500 - 1.000	5,14	1,72	10,29	1,72	18,87
1.000 - 5.000	13,14	5,14	3,42	1,14	22,84
über 5.000	5,71	-	-	-	5,71
Summe	40,02	21,71	25,15	13,12	100,00

Abb. 39
Aufgliederung der in die Untersuchung von 1965 einbezogenen Handelsbetriebe nach relativen Häufigkeiten in Beschäftigtengrößenklassen.

Für den Einsatz der elektronischen Datenverarbeitung für kommerzielle Zwecke wurde von F. Martin [194, S. 25] und G. Meyer [102, S. 6] als Faustzahl genannt, daß ein Handelsbetrieb mindestens 100 Beschäftigte haben müsse, um den wirtschaftlichen Einsatz einer elektronischen Rechenanlage zu gewährleisten. Das Ergebnis der Befragung, wonach 1965 etwa 10 % der installierten und bestellten elektronischen Datenverarbeitungsanlagen auf Handelsbetriebe mit weniger als 100 Beschäftigten entfielen, widerlegt diese Auffassung, welche auch vom Theoretischen her jeglicher Grundlage entbehrt. Durch die zunehmende Automation der Datenverarbeitung wird der Faktor ‚menschliche Arbeit' immer mehr durch den Faktor ‚Betriebsmittel' substituiert, so daß gerade der höher automatisierte Handelsbetrieb mit weniger Verwaltungspersonal auskommt, als der weniger automatisierte. Drei der insgesamt acht in Handelsbetrieben der Größenklasse ‚unter 100 Beschäftigte' installierten Anlagen waren Gemeinschaftsanlagen, die für Abrechnungszwecke von mehreren Handelsbetrieben gemeinsam betrieben wurden. Zwei weitere Anlagen wurden von den Herstellerfirmen aus Werbegründen zu besonders günstigen Bedingungen vermietet. Trotzdem war es nach den Ergebnissen der Untersuchung von 1965 offensichtlich auch Handelsbetrieben mit weniger als 100 Beschäftigten schon damals möglich, sich eine eigene elektronische Datenverarbeitungsanlage zu leisten.

In der folgenden Abbildung werden die in die Untersuchung einbezogenen Handelsbetriebe, die 1965 elektronische Datenverarbeitungsanlagen installiert oder bestellt hatten, mit der Gesamtzahl der Handelsbetriebe in der Bundesrepublik Deutschland in den einzelnen Beschäftigtengrößenklassen verglichen.

Anzahl Handelsbetriebe / Anzahl Beschäftigte	in der BRD (173, S. 210 f.)	in die Untersuchung einbez. Handelsbetriebe mit EDV installiert od. bestellt
unter 100	621.815	11
100 - 200	} 2.023	21
200 - 500		
500 - 1.000	160	12
1.000 - 5.000	77	32
über 5.000	14	10
Summe	624.089	108

Abb. 40

Gegenüberstellung der in die Untersuchung von 1965 einbezogenen Handelsbetriebe, die elektronische Datenverarbeitungsanlagen bestellt oder installiert hatten, zur Gesamtzahl aller deutschen Handelsbetriebe nach absoluten Häufigkeiten aufgeteilt in Beschäftigtengrößenklassen.

Obwohl mehr als 99 % aller Handelsbetriebe in der Bundesrepublik Deutschland 1965 weniger als 100 Beschäftigte hatten, entfielen nur etwa 10 % der installierten und bestellten elektronischen Datenverarbeitungsanlagen auf Handelsbetriebe dieser Größenklasse. Handelsbetriebe mit weniger als 100 Beschäftigten führten danach nur in Ausnahmefällen die elektronische Datenverarbeitung ein; von 621 815 Handelsbetrieben konnten durch die Untersuchung nur 11 festgestellt werden, die die Einführung der elektronischen Datenverarbeitung planten bzw. realisiert hatten. Auch in Handelsbetrieben mit weniger als 500 Beschäftigten hatte sich die elektronische Datenverarbeitung bis dahin kaum durchgesetzt – nur etwa 2 % der Handelsbetriebe dieser Größenklasse planten nach den Ergebnissen der Untersuchung die Installation oder hatten bereits eine elektronische Rechenanlage im Einsatz. 7 % und damit ein noch sehr geringer Teil der Handelsbetriebe der Größenklasse ‚500–1000 Beschäftigte' hatten elektronische Datenverarbeitungsanlagen installiert oder bestellt. Der Anteil der bei der Erhebung ermittelten Handelsbetriebe mit weniger als 1000 Beschäftigten, die die Einführung der elektronischen Datenverarbeitung nicht planten, war zudem verhältnismäßig hoch; offensichtlich kamen Handelsbetriebe dieser Größenklasse noch gut mit den konventionellen Verfahren der Datenverarbeitung zurecht. Dagegen hatten sämtliche zehn befragten Handelsbetriebe mit mehr als 5000 und 21 von 23 befragten Handelsbetrieben mit 1000–5000 Beschäftigten eine elektronische Datenverarbeitungsanlage installiert oder planten den Einsatz einer solchen. Auf die 81 deutschen Handelsbetriebe mit mehr als 1000 Beschäftigten entfielen etwa die Hälfte der insgesamt bei der Untersuchung von 1965 ermittelten installierten und bestellten elektronischen Datenverarbeitungsanlagen.

Bei der Erhebung von 1969 hatten sämtliche (insgesamt 14) erfaßten Handelsbetriebe mit mehr als 1000 Beschäftigten elektronische Datenverarbeitungsanlagen installiert. In der Größenklasse ‚500–1000 Beschäftigte' planten von 7 erfaßten Handelsbetrieben nur 2 Textilkaufhäuser die Einführung der Elektronik nicht in absehbarer Zeit. In der Größenklasse ‚200–500 Beschäftigte' hatten 6 Handelsbetriebe die Installation vollzogen und 3 Handelsbetriebe bereits Computer bestellt, während jeweils 2 Konsumgenossenschaften und Lebensmittelfilialbetriebe, welche sämtlich mit konventionellen Lochkartenanlagen arbeiteten und ein die Datenverarbeitung manuell verrichtendes Textilkaufhaus den Einsatz der elektronischen Datenverarbeitung für die nächste Zukunft noch nicht ins Auge gefaßt hatten. In der Größenklasse ‚100–200 Beschäftigte' genügte in einem Handelsbetrieb eine konventionelle Lochkartenanlage vorläufig allen Anforderungen, ein Handelsbetrieb hatte die Elektronik bereits eingeführt und ein Handelsbetrieb hatte einen Elektronenrechner bestellt. In der untersten Beschäftigtengrößenklasse mit weniger als 100 Beschäftigten hatten von 7 erfaßten Handelsbetrieben mehr als die Hälfte bereits die Datenverarbeitung durch den Einsatz eines Computers automatisiert (3 Lebensmittelgroßhandlungen, davon eine mit nur 26 Beschäftigten, und 1 Eisenhandlung). Ein

Handelsbetrieb mit 25 Beschäftigten plante die Anschaffung eines eigenen Computers, ein Handelsbetrieb ließ einzelne Datenverarbeitungsfunktionen bereits im Servicezentrum in Lohnarbeit verrichten und nur eine Brennstoffhandlung hatte wegen zu geringen Datenanfalls den Einsatz der Elektronik nicht geplant. Damit wurde auch 1969 praktisch bestätigt, daß es eine Beschäftigtenuntergrenze für die Anwendung der elektronischen Datenverarbeitung in Handelsbetrieben nicht gibt.

3.3 Kennzeichnung der im deutschen Handel installierten und bestellten elektronischen Rechenanlagen

3.31 Aufgliederung der installierten und bestellten elektronischen Rechenanlagen nach Herstellermodellen

Die folgende Abbildung zeigt eine nach Typen gegliederte Übersicht der in der Bundesrepublik Deutschland insgesamt und der von deutschen Handelsbetrieben installierten und bestellten elektronischen Rechenanlagen (Stand: Jahresanfang 1969). Sie beruht nicht auf eigenen Untersuchungen des Verfassers, sondern auf Angaben der Diebold-Statistik der installierten und bestellten elektronischen Rechenanlagen in Deutschland, Stand vom 1. Januar 1969 (Spalten 2–4) und den Ergebnissen einer im Herbst 1968 von Jürgen Engel durchgeführten Befragung sämtlicher Herstellerfirmen, welche ihre elektronischen Datenverarbeitungsanlagen auf dem deutschen Markt anbieten (Spalten 5–6). Letztere Erhebung wird in der von Jürgen Engel bei Prof. Dr. C. W. Meyer, Vorstand des Instituts für Wirtschaftsprüfungs- und Beratungswesen und der Abteilung für Beschaffungs-, Absatz- und Werbeforschung der Universität Würzburg, eingereichten (unveröffentlichten) Diplomarbeit „Die Verwendung von elektronischen Datenverarbeitungsanlagen im Versandhandel“ beschrieben.

Ergebnisse der Diebold-Statistik und der Erhebung von Engel, welche nicht übereinstimmen, wurden in der Abbildung mit einem Fragezeichen versehen. Abweichungen ergeben sich möglicherweise durch Schätzungsfehler, da einige Hersteller keine Daten über installierte und bestellte Rechenanlagen bekanntgeben. In der Diebold-Statistik wurden die Zahlenangaben folgender Hersteller nicht von diesen bestätigt und beruhen auf Schätzungen: Bull/GE, Elliott, Honeywell, IBM, Regnecentralen und RR-Univac. Engel wurden dagegen bei seiner Befragung nur die Daten der Firma Bull/GE verweigert.

Die aus der Diebold-Statistik entnommenen Monatsmieten „sind Durchschnittswerte für Rechenanlagen mittlerer Ausstattung. Diese Preise sind nur als Merkmal für die Größenordnung der Rechner zu betrachten und dürfen keineswegs als Faktor für Umsatzberechnungen und dergleichen benutzt werden, da einzelne Systeme teilweise beträchtlich von der typischen Konfiguration abweichen. Auch können sich aus unterschiedlicher Mietdauer, Wartung und Rabatt-

Abb. 41
Vergleich der installierten und bestellten elektronischen Rechenanlagen in der BRD insgesamt und im deutschen Handel (Anfang 1969).

Hersteller/Modell	Monatsmiete	BRD – insgesamt bestellt	BRD – insgesamt installiert	BRD – Handel bestellt	BRD – Handel installiert
AEG-Telefunken		92	69	-	-
BBC		2	12	-	-
Bull/GE					
GE 55	5.000	27	65	3	5
Gamma 10	8.000	24	292	2	29
GE 115	14.500	54	45	4	2
GE 130	25.000	2	-	-	-
Serie 300	16.000	-	2 (?)	-	3 (?)
Gamma 30	32.000	-	38	-	5
Serie 400	55.000	9	34	3	2
Gamma M 40	26.000	-	1	-	-
GE 265	30.000	-	1	-	-
Burroughs		4	21	-	-
CDC		6	42	-	-
C.I.I.		10	19	-	-
Digital Equipment		63	145	-	-
EAI		1	7	-	-
Elliott		-	5	-	-
Eurocomp		1	86	-	-
Facit		-	1	-	-
Ferranti (GRA)		5	8	-	-
Hewlett-Packard		13	10	-	-
Honeywell					
H 110	10.000	18	5	4	4
H 120	15.000	-	23	-	-
H 125	18.000	35	16	5	5
H 200	24.000	19	56	8	10
H 1200	30.000	- (?)	7	3 (?)	4
H 1250	36.000	7	2	-	-
H 2200	48.000	1	4	-	-
H 21	5.600	-	1	-	-
DDP 24	10.000	-	1	-	-
DDP 124	7.500	-	2	-	-
DDP 116	6.000	-	6	-	-
DDP 416	3.500	1	4	-	-
DDP 516	5.000	4	15	-	-

Hersteller/Modell	Monats-miete	BRD – insgesamt		BRD – Handel	
		bestellt	installiert	bestellt	installiert
IBM					
705	120.000	-	1	-	-
1401	26.000	25	335	3	48
1410	55.000	-	14	-	-
1440	21.000	-	160	-	21
1460	45.000	-	15	-	2
1620	16.000	-	50	-	-
1710	10.000	-	5	-	-
1130	7.000	65	165	-	4
1800	12.000	12	10	-	-
7010	75.000	-	2	-	2
7040/44	80.000	-	3	-	-
7070/72/74	110.000	-	5	-	2
7090/94	280.000	-	4	-	-
360/20	14.000	250	1180	32	106
360/25	28.000	165	-	9	-
360/30	39.000	60	615	11	52
360/40	75.000	65	160	6	22
360/44	52.000	3	5	-	-
360/50	130.000	21	43	2	3
360/65/67	220.000	6	10	2	2
360/75	320.000	-	2	-	-
360/90	750.000	1	-	-	-
ICL		4	20	1	4
Litton		-	5	-	-
NCR					
NE 803	10.000	-	7	-	-
NE 503	42.000	-	2	-	-
NCR 315	32.000	-	24	2	2
NCR 315 RMC	65.000	-	8		
Century 100	9.500	45	- (?)	10	10 (?)
Century 200	25.000	10	- (?)		
Philips		55	41	-	1
Raytheon (ERA)		9	23	-	-
Regnecentralen		-	3	-	-
RR-Univac					
UCT I/II	32.000	-	42	-	-
U 1004/1005	8.500	5 (?)	192	14 (?)	15
U 1040/1050	26.000	- (?)	47		
U 418 II/III	90.000	1	2	-	-
U III	110.000	1 (?)	10	10 (?)	4
U 490/91/92	130.000	-	3	2	-
U 494	180.000	3	1		

Hersteller/Modell	Monatsmiete	BRD – insgesamt		BRD – Handel	
		bestellt	installiert	bestellt	installiert
RR-Univac					
U 1107	200.000	-	3	-	-
U 1108	255.000	1	1	-	-
U 9200	6.000	66	102	19	40
U 9300	18.000	57	48		
U 9400	36.000	9	-	-	-
SEL (ER 56)	50.000	-	6	-	4
Siemens					
2002	54.000	-	37	-	-
3003	52.000	-	29	-	-
4004/15/16	20.000	6 (?)	60	15 (?)	7
4004/25/26	33.000	6	29	-	2
4004/35	47.000	47	56	-	1
4004/45	79.000	21	49	-	1
4004/55	103.000	6	4	-	1
301	3.000	13	1	-	-
302	5.000	4	7	-	-
303	8.000	8	51	-	-
304	11.000	20	12	-	-
305	18.000	23	23	-	-
Zuse					
Z 22	5.000	-	48	-	-
Z 23	9.500	-	92	-	-
Z 25	10.000	4	94	-	18
Z 31	18.000	-	8	-	-
Gesamt		1445	5007	170	443

gewährung erhebliche Preisdifferenzen ergeben" [168, S. 3]. Die Monatsmieten wurden in der Abbildung nur für die Hersteller angegeben, welche elektronische Datenverarbeitungsanlagen in Handelsbetrieben installiert haben.

Durch die unterschiedlichen Erhebungszeitpunkte der Diebold-Statistik (1. 1. 1969) und der Untersuchung von Engel (Herbst 1968) müssen die Werte in den Spalten 5 und 6 der Abbildung zu Vergleichszwecken auf den Erhebungszeitpunkt der Diebold-Statistik projiziert werden. Unterstellt man, daß die halbjährliche Zuwachsrate der in der Bundesrepublik Deutschland installierten elektronischen Datenverarbeitungsanlagen von 14% (1. 7. 1968 bis 1. 1. 1969, errechnet aus den in den beiden Diebold-Statistiken zu diesen Zeitpunkten angegebenen Installationen) auch für den Bereich des Handels Gültigkeit besitzt, so dürften danach Anfang Januar 1969 ca. 480 elektronische Rechenanlagen in deutschen Handelsbetrieben installiert gewesen sein.

Die im Handel am häufigsten eingesetzten Systeme waren nach (der in Klammern angegebenen) Zahl der Installationen die IBM 360/20 (106), die IBM 360/30 (52), die IBM 1401 (48), die RR-Univac U 9200 und U 9300 (40), die Bull/GE Gamma 10 (29), die IBM 360/40 (22), die IBM 1440 (21) und die Zuse Z 25 (18). Diese wenigen Herstellermodelle umfassen 336 der insgesamt 443 vollzogenen Installationen im Handel, das sind 78 %. Allein das Modell IBM 360/20 vereinigt 106, das sind fast ein Viertel (24 %) der im Handel durchgeführten Installationen auf sich.

3.32 Aufgliederung der installierten elektronischen Rechenanlagen nach Computergrößenklassen

Die Diebold-Statistik vom 1. 1. 1969 stellt die strukturellen Veränderungen des Bestandes an elektronischen Rechenanlagen seit 1964 anhand einer Einteilung der Modelle in Computergrößenklassen dar. Diese Einteilung basiert auf den durchschnittlichen Monatsmieten und enthält folgende fünf Kategorien:

Klasse I: bis DM 8000,–
Klasse II: von DM 8001,– bis 20 000,–
Klasse III: von DM 20 001,– bis 40 000,–
Klasse IV: von DM 40 001,– bis 80 000,–
Klasse V: ab DM 80 001,–

Die folgende Abbildung enthält einen Vergleich des Gesamtbestandes der Bundesrepublik Deutschland mit den im Handel installierten Anlagen für den Jahresanfang 1969. Die prozentual wiedergegebenen Anteile der Größenklassen ergeben sich aus der Abbildung 41. Möglich sind wiederum geringe Abweichungen dieser Daten durch die unterschiedlichen Erhebungszeitpunkte der dort wiedergegebenen Untersuchungen.

Anteile in % / Größenklassen der installierten Computer	BRD – insgesamt	BRD – Handel
Klasse I	16	8
Klasse II	48	48
Klasse III	24	33
Klasse IV	10	8
Klasse V	2	3

Abb. 42

Vergleich der installierten elektronischen Rechenanlagen in der Bundesrepublik Deutschland insgesamt und im deutschen Handel nach Computergrößenklassen (Anfang 1969).

Das Schwergewicht des Computereinsatzes lag somit in der Bundesrepublik insgesamt wie im Handel bei der Installation der mittleren Größenklassen. Elektronenrechner mit monatlichen Mietpreisen von 8001,– bis DM 20 000,– bestritten fast die Hälfte des gesamten Marktes, wobei sich zwischen den im Handel eingesetzten und der Gesamtheit der installierten Anlagen keine Unterschiede ergaben. Der höhere Anteil der im Handel installierten Anlagen mit monatlichen Mietpreisen zwischen DM 20 001,– und DM 40 000,– in bezug auf die Gesamtheit (Differenz = 9 %) war auf die hohe Zahl der in diesem Bereich gemieteten Herstellermodelle IBM 1401 und IBM 360/30 zurückzuführen. Der erstaunlich geringe Anteil von Kleinanlagen im Handel deutet darauf hin, daß hier noch ein Nachholbedarf besteht, welcher insbesondere kleinere und mittlere Handelsbetriebe betreffen dürfte. Möglicherweise ziehen diese Unternehmen auch die Beteiligung an mittleren und größeren Gemeinschaftsanlagen Eigeninstallationen vor oder sie lassen ihre Datenverarbeitung lieber in Lohnarbeit in Service-Centers verrichten. Der Trend in der Bundesrepublik, der sich in den vergangenen Jahren auf einen verstärkten Einsatz von Kleinanlagen mit monatlichen Mietraten von unter DM 8000,– hinentwickelte (Anteile dieser Größenklasse in der Bundesrepublik: 1965 = 7 %; 1966 = 10 %; 1967 = 14 %; 1968 = 17 %; 1969 = 16 %), machte sich jedenfalls im Handel nicht bemerkbar. Der Anteil der Großanlagen mit einem Mietwert ab DM 80 000,–, welche im Handel insbesondere in den Großversandhäusern eingesetzt sind, war im Handel wie in der Bundesrepublik insgesamt nach wie vor gering.

3.33 Aufgliederung der installierten elektronischen Rechenanlagen nach Anteilen der Hersteller

Von den insgesamt 25 Herstellern, welche elektronische Datenverarbeitungsanlagen auf dem deutschen Markt vertreiben, hatten zum Jahresanfang 1969 nur 10 Computer im Bereiche des Handels eingesetzt. Eine davon, die Firma SEL, hat inzwischen ihre Aktivitäten auf diesem Gebiet aufgegeben; das Modell ER 56 wird jedoch noch in einem Großversandhaus benützt. Eine Kennzeichnung der Marktanteile der einzelnen Hersteller ist am besten mittels der jeweiligen Umsatzzahlen möglich. Da diese jedoch nur zum Teil vorliegen und kaum auf die Vielzahl der meist vertriebenen Verkaufsobjekte aufzuschlüsseln sind, wurde hier als Basis für die Ermittlung der Marktpositionen die Zahl der installierten Anlagen gewählt. Es ist jedoch zu beachten, daß sich mittels der Umsatzzahlen unter Umständen eine wesentlich andere Verteilung ergäbe.

Ein Vergleich der Anteile der einzelnen Hersteller in der Bundesrepublik insgesamt und im deutschen Handel zeigt, daß die Firmen Bull/GE, Honeywell, IBM, NCR und RR-Univac mit wesentlich höheren Raten an der Zahl der Installationen im Handel beteiligt waren, als am Gesamtbestand. Andererseits fällt auf, daß die Firma Siemens zwar insgesamt einen Anteil von 7,1 % besaß,

Hersteller \ Anteile in %	BRD – insgesamt	BRD – Handel
AEG/Telefunken	1,4	–
BBC	0,2	–
Bull/GE	9,5	10,4
Burroughs	0,4	–
CDC	0,8	–
C.I.I.	0,4	–
Digital Equipment	2,9	–
EAI	0,1	–
Elliott	0,1	–
Eurocomp	1,7	–
Facit	0,0	–
Ferranti (GRA)	0,1	–
Hewlett-Packard	0,2	–
Honeywell	2,8	5,2
IBM	55,6	59,6
ICL	0,4	0,9
Litton	0,1	–
NCR	0,8	2,7
Philips	0,4	0,2
Raytheon (ERA)	0,6	–
Regnecentralen	0,1	–
RR-Univac	9,4	13,3
SEL	0,1	0,9
Siemens	7,1	2,7
Zuse	4,8	4,1

Abb. 43
Vergleich der installierten elektronischen Rechenanlagen in der Bundesrepublik Deutschland insgesamt und im deutschen Handel nach Anteilen der Hersteller (Anfang 1969).

im Bereich des Handels jedoch nur 2,7 % der installierten Anlagen eingesetzt hatte. Auf die fünf größten Hersteller (IBM, RR-Univac, Bull/GE, Honeywell und Zuse) entfielen insgesamt 92,6 % der Installationen im Handel.

Um die Entwicklung der Anteile der wichtigsten Hersteller in den letzten vier Jahren zu verdeutlichen, seien hier noch die bei der Untersuchung des Verfassers im Jahre 1965 ermittelten Vergleichszahlen genannt. Damals hatte IBM in Deutschland einen Anteil von 63 % der vollzogenen Installationen, im Handel jedoch nur von 46 %. Der zweitgrößte Hersteller war schon damals RR-Univac mit 10 % der in der Bundesrepublik und 14 % der im deutschen Handel installierten Anlagen. Bull/GE bestritt 1965 6 % der Installationen der Bundesrepublik und 7 % der Installationen im Handel. Während also die Firma IBM ihre Stellung im Handel seither wesentlich verstärken konnte, obwohl ihr Installationsanteil in der Bundesrepublik insgesamt relativ abnahm, die Firmen RR-Univac und Bull/GE die relative Zahl ihrer Installationen halten bzw.

sogar leicht verbessern konnten, trifft dies für den 1965 in der Bundesrepublik viertgrößten Hersteller Zuse nicht zu. Diese Firma, welche 1965 noch insgesamt 6 % der in der Bundesrepublik und 10 % der im Handel installierten Anlagen lieferte (und damit im Bereiche des Handels sogar den 3. Rang einnahm), wurde inzwischen auch von der 1965 praktisch kaum im deutschen Markt tätigen Firma Honeywell überholt und mußte gerade im Handel empfindliche Markteinbußen hinnehmen.

Die errechneten Anteile der einzelnen Hersteller im Bereiche des Handels werden in ihrer ungefähren Dimension durch die Ergebnisse einer bisher nicht veröffentlichten Studie der Diebold Deutschland GmbH/Frankfurt a. M. bestätigt. Diese ermittelte mit Stand vom 1. 1. 1968 folgende Zahlen von installierten Anlagen im Handel (die daraus errechneten %-Anteile der einzelnen Hersteller sind in Klammer angegeben):

Bull/GE	58 Installationen	(= 13,8 %)
Honeywell	10 Installationen	(= 2,4 %)
IBM	247 Installationen	(= 58,9 %)
NCR	6 Installationen	(= 1,4 %)
RR-Univac	50 Installationen	(= 11,9 %)
Siemens	10 Installationen	(= 2,4 %)
Zuse	28 Installationen	(= 6,7 %)
·	·	·
·	·	·
·	·	·
Gesamt	419 Installationen	(= 100 %)

Gegenüber den auf den Ergebnissen der Erhebung von Engel basierenden entsprechenden Zahlen der Abbildung 43 ergeben sich hier Abweichungen von + 3,4 % bei Bull/GE, —2,8 % bei Honeywell, —0,7 % bei IBM, —1,3 % bei NCR, —2,4 % bei RR-Univac, —0,3 % bei Siemens und +2,6 % bei Zuse, welche möglicherweise zum Teil auf den um ein ¾ Jahr früheren Erhebungszeitpunkt der Diebold-Studie, zum Teil auf Schätzungsfehler in beiden Untersuchungen zurückzuführen sind.

3.4 Kennzeichnung der Gemeinschaftsanlagen und der Datenverarbeitung im Lohnauftrag in den in die Untersuchungen des Verfassers einbezogenen Handelsbetrieben

Für viele Handelsbetriebe ist der Kauf oder die Miete einer eigenen elektronischen Datenverarbeitungsanlage unwirtschaftlich. Schließlich kostet eine Kartenanlage in kleinerer Ausführung ohne periphere Geräte immerhin ca. DM 6000,– bis DM 7000,– Monatsmiete. Diese Handelsbetriebe können jedoch an den Vorteilen der elektronischen Datenverarbeitung teilhaben, ohne die gesamte Kostenbelastung tragen zu müssen, indem sie zusammen mit anderen Handelsbetrieben eine gemeinsame Anlage benützen, oder indem sie von der Möglichkeit der ‚Datenverarbeitung außer Haus' in Servicebüros Gebrauch machen. Während im ersteren Falle die entstehenden Datenverarbeitungskosten nach dem Verursachungsprinzip auf die Teilnehmer an der Gemeinschaftsanlage aufgeschlüsselt werden, erfolgt bei der Datenverarbeitung im Lohnauftrag die Rechnungsstellung durch das Servicebüro nach der Zahl der in Anspruch genommenen Maschinenstunden. Die Stundensätze betragen je nach erforderlicher Maschinenkonfiguration DM 300,– bis DM 1000,– und mehr.

3.41 Beschreibung der ermittelten Gemeinschaftsanlagen

Die in die Untersuchungen des Verfassers von 1965 und 1969 einbezogenen Handelsbetriebe wurden befragt, ob sie an einer Gemeinschaftsanlage beteiligt waren und von wieviel Handelsbetrieben die Anlage getragen wurde.

Entsprechend den verschiedenen Möglichkeiten bei dem Betrieb der Gemeinschaftsanlage können die bei der Untersuchung von 1965 ermittelten, an einer Gemeinschaftsanlage beteiligten Handelsbetriebe in drei Gruppen eingeteilt werden:

1. Mehrere Handelsbetriebe installierten in einem Handelsbetrieb eine gemeinsame elektronische Datenverarbeitungsanlage und konnten diese zu festgesetzten Zeiten benutzen. Die Kosten errechneten sich anhand der in Anspruch genommenen Maschinenzeiten.

   Derartige Gemeinschaftsanlagen wurden in drei Fällen ermittelt, und zwar bei zwei Lebensmittelgroßhandlungen und einem Getränkevertrieb. Die Lebensmittelgroßhandlungen hatten jeweils 20 bis 30 Millionen DM Umsatz/Jahr und 100 bis 200 Beschäftigte. An den Anlagen mittlerer Größe partizipierten jeweils zwei Großhandlungen der gleichen Branche. Interessanterweise arbeiteten in einem Falle dabei zwei Großhandlungen verschiedener freiwilliger Handelsvereinigungen zusammen. Der Getränkevertrieb mit über 1000 Beschäftigten hatte einen Computer bestellt, der von mehreren Konzessionären der gleichen Firma gemeinsam betrieben werden sollte.

2. Mehrere Handelsbetriebe gründeten ein Rechenzentrum bzw. ein Verband installierte eine elektronische Datenverarbeitungsanlage, auf der für die angeschlossenen Mitglieder Abrechnungsarbeiten durchgeführt wurden.

   Durch die Untersuchung von 1965 konnten 7 Rechenzentren auf dem Gebiet des Handels festgestellt werden, die insbesondere in der Nahrungsmittelbranche tätig waren. So versuchte die Betriebswirtschaftliche Beratungsstelle einer freiwilligen Kette durch externe Datenverarbeitung, Belange angeschlossener Groß- und Einzelhandlungen vornehmlich auf dem Gebiet des Rechnungswesens zu rationalisieren, die Zentrale einer Einkaufsgenossenschaft plante ein Rechenzentrum für zunächst 15 angeschlossene Genossenschaften und ein Verband von Lebensmittelgroßhandlungen hatte eine Anlage bestellt, auf der Datenverarbeitungsaufgaben für fünf angeschlossene Mitglieder ausgeführt werden sollten.

Fast alle befragten freiwilligen Handelsvereinigungen waren zudem damals bereits mit der Planung zentraler Rechenzentren beschäftigt. Das größte gemeinsame Rechenzentrum betrieb 1965 eine Süßwarenvertriebsgesellschaft aus Westdeutschland, die für einen Großteil der 85 angeschlossenen Großhändler (1–5 Millionen DM Umsatz/Jahr) Datenverarbeitungsarbeiten durchführte. Eine Landeszentrale von Bäckereigenossenschaften plante für 10 Genossenschaften ein Rechenzentrum in Betrieb zu nehmen und eine Einkaufszentrale von Konsumgenossenschaften setzte ihre beiden Großrechner neben Aufgaben für eigene Belange schon 1965 für Abrechnungsarbeiten angeschlossener Genossenschaften ein. Daß sich die Gründung von Rechenzentren nicht nur auf den Handel mit Nahrungs- und Genußmitteln beschränkte, bewies schließlich der Einsatz der Elektronik bei einer Vereinigung von Spielwarenhändlern.

3. Ein Handelsbetrieb installierte eine elektronische Datenverarbeitungsanlage und übernahm, um eine ausreichende Auslastung zu gewährleisten, in Lohnarbeit für andere Handelsbetriebe Datenverarbeitungsaufgaben.

   Eine derartige Anlage konnte 1965 nur in einem Handelsbetrieb bei der Untersuchung festgestellt werden. Es handelte sich dabei um eine Großhandlung mit Molkereiprodukten von 15 Millionen DM Umsatz/Jahr und 75 Beschäftigten, die einen kleineren Elektronenrechner bestellt hatte. Nur dadurch, daß 10 genossenschaftliche Großhandlungen der gleichen Branche beabsichtigten, in Lohnarbeit Abrechnungsarbeiten auf der Anlage durchführen zu lassen, war es dem Handelsbetrieb bei seiner verhältnismäßig geringen Betriebsgröße möglich, die Einführung der elektronischen Datenverarbeitung zu verwirklichen.

Insgesamt gesehen wurde 1965 offensichtlich im Handel nur sehr geringer Gebrauch von der Möglichkeit gemacht, auf dem Gebiete der Datenverarbeitung mit anderen Firmen zusammenzuarbeiten. Von den erfaßten 84 Handelsbetrieben mit installierten Computern kooperierten nur 6 mit anderen, und von den 47 Händlern, welche elektronische Datenverarbeitungsanlagen bestellt hatten, planten nur 5 eine Zusammenarbeit auf der Basis einer Gemeinschaftsanlage.

Die Erhebung von 1969 erbrachte dagegen ein wesentlich günstigeres Ergebnis. Von den 28 Handelsbetrieben mit installierten elektronischen Datenverarbeitungsanlagen setzten 7 ihre Computer im Gemeinschaftsbetrieb ein und 2 weitere waren dazu bereit, hatten jedoch noch keine geeigneten Kooperationspartner gefunden. 25 % (1965: 7 %) der installierten elektronischen Datenverarbeitungsanlagen dienten damit den Zwecken mehrerer Handelsbetriebe; die Zahl der Teilhaber an den Gemeinschaftsanlagen betrug zwischen 2 und 120; in über der Hälfte der Fälle waren es jedoch nicht mehr als 3 Partner. Als besondere Vorteile der Gemeinschaftsanlagen wurden von sämtlichen Befragten Kostenersparnisse genannt. Als Schwachpunkte wurden die standortliche Benachteiligung einzelner Partner und zeitliche Abstimmungsschwierigkeiten bzw. mangelnde Flexibilität bei der Nutzung der Computer angegeben; die häufig zitierten Geheimhaltungsschwierigkeiten wurden dagegen von keinem der Befragten erwähnt. Als Transportmittel für den Datentransfer zur Gemeinschaftsanlage wurden eigene Personenkraftwagen oder die Post herangezogen. Die Datenübermittlung über Fernleitungen erfolgte in keinem Falle.

Wie dem Verfasser ferner aus anderen Quellen bekannt wurde, waren im Jahre 1969 in fast allen freiwilligen Ketten des Lebensmittelhandels die Pläne auf Einrichtung regionaler Zentren zur kooperativen Nutzung von Computern realisiert und auch die Verbände verschiedener Einkaufsgenossenschaften hatten inzwischen in einigen Gebieten der Bundesrepublik Rechenzentren eingerichtet. Erwähnenswert erscheint auch, daß sich die Partner an Gemeinschaftsanlagen (welche häufig durch die Lieferanten der Elektronenrechner vermittelt werden) zunehmend auch aus verschiedenen Branchen und Wirtschaftsstufen zusammenfinden. So wurde bei der Untersuchung von 1969 ein Süßwaren-Filialbetrieb erfaßt, dessen Datenverarbeitung teils als unentgeltliche Kundendienstleistung, teils im Lohnauftrag vom Vorlieferanten durchgeführt wurde. Diese Form der vertikalen Kooperation dürfte sich zum Beispiel im Lebensmittelbereich in nächster Zeit vermehrt durchsetzen, da am 1. September 1969 das von der Rationalisierungsgemeinschaft des Handels erarbeitete bundeseinheitliche Artikelnumerierungssystem für Nahrungsmittel, Genußmittel, Getränke, Kosmetika, Wasch-, Putz- und Reinigungsmittel eingeführt wurde [293, S. 4 ff.], welches den Vorlieferanten Computerdienstleistungen durch den Wegfall der zeitraubenden Umcodierungsprozesse erleichtert bzw. der gemeinsamen Benutzung von Rechenzentren Tür und Tor öffnet. Auf welches Interesse die Verwendung dieses Standard-Codes stieß, wurde deutlich, als innerhalb der ersten 12 Stunden nach dem Anmeldetermin dieses sogenannten ban-L-Systems von 194 Industrieunternehmen über 40 000 (gebührenpflichtige) Artikelnummern beantragt wurden [293, S. 17].

3.42 Beschreibung der ermittelten Handelsbetriebe, die ihre Datenverarbeitung in Lohnarbeitsbetrieben durchführen

Wenn für Handelsbetriebe eine eigene elektronische Rechenanlage unrentabel ist und die Beteiligung an einer Gemeinschaftsanlage aus irgendwelchen (z. B. standortlichen, finanziellen, personellen oder organisatorischen) Gründen nicht realisierbar erscheint, so besteht immer noch die Möglichkeit, Funktionen aus dem Datenverarbeitungsprozeß auszugliedern und diese in Niederlassungen der Hersteller elektronischer Rechenanlagen oder in unabhängigen Servicebüros in Lohnarbeit von Computern verrichten zu lassen. Die in die Untersuchungen von 1965 und 1969 einbezogenen Handelsbetriebe wurden deshalb befragt, ob sie die Datenverarbeitung im Lohnauftrag durchführen ließen oder planten.

Von 212 im Jahre 1965 erfaßten Handelsbetrieben äußerten sich dazu 18 positiv; davon nahmen 15 bereits Lohnarbeitsbetriebe in Anspruch und 3 planten die Umstellung. Die Datenverarbeitung wurde dabei durchweg in Servicebüros der Herstellerfirmen elektronischer Rechenanlagen durchgeführt. 10 der betreffenden Handelsbetriebe gehörten der Branche ‚Nahrungs- und Genußmittel, Gemischtwaren' an, 4 der Branche ‚Bekleidung, Wäsche, Sportartikel, Schuhe' und 4 Handelsbetriebe handelten jeweils mit Pharmazeutika, Schallplatten, Fahrzeugen und Eisen- und Sanitärwaren.

Die folgende Abbildung 44 zeigt, daß die Datenverarbeitung 1965 nur bei Handelsbetrieben mit weniger als 100 Millionen DM Umsatz/Jahr ausschließlich im Lohnauftrag durchgeführt wurde. Bei höheren Umsätzen war regelmäßig eine eigene elektronische Rechenanlage installiert bzw. bestellt oder geplant. Die elektronische Datenverarbeitung im Lohnauftrag diente dann als Übergangslösung und wurde bei der Installation einer eigenen Anlage eingestellt. Von den befragten Handelsbetrieben übertrug nur ein größeres Versandhaus-Filialunternehmen (Genußmittel) auch beim Einsatz einer eigenen Anlage zusätzlich Datenverarbeitungsaufgaben dem Lohnarbeitsbetrieb, da die Kapazität der eigenen Anlage ausgelastet war und die Mehrarbeit nicht die Installation der nächst größeren Ausbaustufe rechtfertigte.

Von den in der Untersuchung von 1969 erfaßten 45 Handelsbetrieben ließen 2 ihre Datenverarbeitung zu einem großen Teil bei Fabrikvertretungen von Herstellerfirmen elektronischer Rechenanlagen auswerten. Ein weiterer Betrieb (des Lebensmittelgroßhandels) wickelte trotz der Installation eines eigenen Computers nach wie vor die Buchhaltung in einem unabhängigen Rechenzentrum in Lohnarbeit ab.

3.5 Argumente für und wider die Einführung der elektronischen Datenverarbeitung in den in die Untersuchungen des Verfassers einbezogenen Handelsbetrieben

3.51 Ablehnungsgründe

Unter den befragten Handelsbetrieben befanden sich auch solche, die sich bisher nicht entscheiden konnten, den Schritt zur Automation der Verwaltung zu

---

Aufgliederung der in die Untersuchung von 1965 einbezogenen Handelsbetriebe, die ihre Datenverarbeitungsaufgaben in Lohnarbeitsbetrieben durchführen ließen, nach Betriebsformen, Bedarfsgruppen, Bruttoumsätzen/Jahr und Beschäftigten →

Bedarfsgruppe	Betriebsform	Brutto-umsatz / Jahr Mio. DM	Anzahl Beschäftigte	Absicht eine eigene EDV-Anlage zu install.
Nahrungs- und Genußmittel	Filial-unternehmen	35	400	nein
Nahrungs- und Genußmittel	Großhandlung	250	1.800	bestellt
Nahrungs- und Genußmittel	Filial-unternehmen	29	420	nein
Nahrungs- und Genußmittel	Konsum-genossenschaft	30	530	nein
Nahrungs- und Genußmittel	Einkaufs-verband	–	–	bestellt
Nahrungs- und Genußmittel	Filial-unternehmen	100	1.500	bestellt
Nahrungs- und Genußmittel	Konsum-genossenschaft	110	1.600	bestellt
Nahrungs- und Genußmittel	Großhandlung	50	152	nein
Nahrungs- und Genußmittel	Versandhaus- / Filialunternehm.	500	2.500	installiert
Nahrungs- und Genußmittel	Großhandlung	5	–	nein
Textilien	Großhandlung	25	275	bestellt
Textilien	Einzelhandels-fachgeschäft	5	87	nein
Textilien	Filial-unternehmen	100	2.000	nein
Schuhe	Einzelhandels-fachgeschäft	5	130	nein
Pharmazeutika	Großhandlung	2	22	nein
Schallplatten	Großhandlung	122	1.800	bestellt
Fahrzeuge	Einzelhandels-fachgeschäft	143	1.200	bestellt
Eisen- und Sanitärwaren	Großhandlung	25	185	bestellt

Abb. 44

Branche	Bruttoumsatz / Jahr in Mio. DM	Anzahl Handelsbetriebe mit den Ablehnungsgründen			
		zu teuer	keine Zeitein-sparung	Daten-volumen nicht an-messen	Arbeits-ablauf un-geeignet
Nahrungs- und Genußmittel	0 - 10	1	-	-	-
	10 - 25	6	2	2	1
	25 - 50	2	1	3	1
	50 - 100	1	1	-	-
	100 und mehr	1	1	-	-
	ohne Angabe	6	-	1	2
Zwischensumme 1		18	4	8	4
Textilien	0 - 10	2	1	2	1
	10 - 25	-	-	-	-
	25 - 50	1	-	1	1
	50 - 100	-	-	-	-
	100 und mehr	-	-	-	-
	ohne Angabe	-	-	-	-
Zwischensumme 2		4	1	3	2
Maschinen und Fahrzeuge	0 - 10	-	-	-	-
	10 - 25	-	-	-	-
	25 - 50	-	-	-	-
	50 - 100	-	-	-	-
	100 und mehr	-	-	1	-
	ohne Angabe	-	-	1	1
Zwischensumme 3		-	-	2	1
Sonstige Waren	0 - 10	1	2	2	-
	10 - 25	3	-	2	1
	25 - 50	1	-	1	1
	50 - 100	1	-	-	1
	100 und mehr	-	-	1	-
	ohne Angabe	-	-	2	-
Zwischensumme 4		6	2	8	3
Endsumme		28	7	21	10

Abb. 45

Gründe, die gegen die Einführung der elektronischen Datenverarbeitung in den in die Untersuchung von 1965 einbezogenen Handelsbetrieben sprachen.

unternehmen. Die wichtigsten Gründe für diese ablehnende Haltung zeigt die vorstehende Abbildung 45, geordnet nach Branchen und Umsätzen der 38 in die Untersuchung von 1965 einbezogenen Handelsbetriebe. In der Regel wurden von den Befragten mehrere der vom Verfasser zur Auswahl vorgegebenen Antwortmöglichkeiten angeführt. Bei der Erhebung von 1969 wurde auf eine Untersuchung der Ablehnungsgründe verzichtet.

In der Branche ‚Nahrungs- und Genußmittel' war den befragten Handelsbetrieben die Einführung der elektronischen Datenverarbeitung überwiegend zu teuer. Mehr als die Hälfte der Handelsbetriebe dieser Branche äußerten sich in diesem Sinne; naturgemäß die umsatzschwächeren relativ häufiger als die Handelsbetriebe mit höheren Umsätzen. Auch in den anderen Branchen waren es hauptsächlich kleinere Handelsbetriebe, die aus Kostengründen auf die Einführung verzichteten.

Im Lebensmittelhandel schien auch häufig das Datenvolumen nicht den nötigen Umfang zu haben, obwohl die befragten Handelsbetriebe alle mehr als 10 Millionen DM Umsatz/Jahr hatten. Die Tatsache, daß das Datenvolumen nicht angemessen war, wurde in den übrigen Branchen als Hauptgrund dafür angeführt, daß die Einführung der elektronischen Datenverarbeitung bisher nicht vollzogen wurde. In diesen Branchen werden ja sehr oft weniger Verkaufsvorgänge als im Handel mit Nahrungs- und Genußmittel getätigt, wodurch auch bei höheren Umsätzen der Datenanfall dann den Einsatz einer elektronischen Rechenanlage nicht rechtfertigt.

Die Ablehnungsgründe, daß durch die Anwendung der elektronischen Datenverarbeitung keine Zeiteinsparungen erzielt werden könnten und daß der Arbeitsablauf ungeeignet sei, hatten im Handel mit Nahrungs- und Genußmitteln die relativ geringste Bedeutung, insbesondere da einige der befragten Handelsbetriebe pauschal alle vier Ablehnungsgründe nannten. In den anderen Branchen war dagegen häufig der ungeeignete Arbeitsablauf daran schuld, daß trotz hohen Datenanfalls eine elektronische Rechenanlage auch in solchen Handelsbetrieben nicht zum Einsatz kam, die sich vom Umsatz her die Installation leisten konnten. Für die Ungeeignetheit der Arbeitsabläufe wurden verschiedene Ursachen genannt. Einmal wiesen die Abläufe zu viele Ausnahmen auf, so daß die Programmierung als zu schwierig, zu langwierig bzw. als nicht lohnend empfunden wurde, zum zweiten war die Strukturierung der Abläufe nicht immer determinierbar und zum dritten war im Handel auch häufig die schwierige Datenerfassung daran schuld, daß die Datenverarbeitung nicht einer elektronischen Rechenanlage übertragen werden konnte. Der letztere Grund war z. B. nach Auskunft eines großen Textilkaufhaus-Filialunternehmens die Ursache dafür, daß 1965 der warenwirtschaftliche Teil in keinem deutschen Textileinzelhandelsbetrieb über elektronische Datenverarbeitungsanlagen abgerechnet wurde. Wie schwierig es insbesondere in dieser Branche war, bestehende Arbeitsabläufe auf die elektronische Anlage zu übertragen, beweist die Tatsache, daß eine in einem Textilkaufhaus-Filialbetrieb (vor 1965) installierte Anlage nicht den Anforderungen genügte und zur konventionellen Datenverarbeitung zurückgekehrt werden mußte.

Bei der Erhebung von 1969 stellte sich heraus, daß dieser Handelsbetrieb inzwischen wieder eine elektronische Datenverarbeitungsanlage eingesetzt hatte und damit zu den Schrittmachern im Textilhandel gehört. Sämtliche anderen befragten Textilkaufhäuser hatten sich nämlich auch 1969 wegen Schwierigkeiten bei der Datenerfassung („insbesondere wegen des Fehlens eines kostengerechten integrierten Auszeichnungssystems für maschinenlesbare Verkaufsetiketten", wie ein Bekleidungshaus präzisierte) noch nicht zur Einführung der Elektronik entschließen können. Wo im einzelnen die Schwierigkeiten bei der Datenerfassung im Textileinzelhandel liegen und welche Möglichkeiten zu ihrer Überwindung gegeben sind bzw. sich in der Entwicklung befinden, wurde von Redecker in einem Verfahrensvergleich herausgearbeitet [313, S. 36 ff.].

Eine Lebensmittelgroßhandlung begründete (im Jahre 1965) ihre ablehnende Haltung gegenüber der Elektronik mit der schwierigen Datenfernübertragung. Die Firma führte im norddeutschen Raum acht Auslieferungslager, in denen jeweils eine konventionelle Lochkartenanlage installiert war. Versuche, diese acht Anlagen durch einen zentralen Computer zu ersetzen, scheiterten damals an der kostspieligen Datenfernübertragung, da es die Deutsche Bundespost bis zu Anfang des Jahres 1965 nicht gestattete, ihr Telefonnetz im Selbstwählverkehr zu benutzen. Leitungen aber fest zu mieten war in diesem Falle unrentabel.

In vielen Fällen waren die konventionellen Anlagen in den erfaßten Handelsbetrieben auch ausreichend und rentabler als die elektronische Datenverarbeitung. Drei der 1965 befragten Handelsbetriebe äußerten sich in diesem Sinne, zwei weitere hatten die Untersuchung der Organisation in Bezug auf die Anwendbarkeit der elektronischen Datenverarbeitung noch nicht abgeschlossen und ein Handelsbetrieb nannte als Ablehnungsgrund, daß dem Problem des Einsatzes der elektronischen Datenverarbeitung in seinem Unternehmensbereich keine Vorrangstellung zukomme.

3.52 Einführungsgründe

Die Gründe, die für den Einsatz von Computern in den im Jahre 1965 befragten Handelsbetrieben maßgeblich waren, zeigt die Abbildung 46. Es wurden dabei alle Handelsbetriebe in die Untersuchung einbezogen, die elektronische Rechenanlagen installiert oder bestellt hatten. Die Antwortmöglichkeiten wurden vorgegeben.

Die Abbildung 47 zeigt die Häufigkeiten der einzelnen Einführungsgründe auf die Gesamtheit der Handelsbetriebe bezogen, die 1965 Computer installiert oder bestellt hatten (insgesamt 131), in Prozenten ausgedrückt. Die Summe

	Einführungsgründe			
	Bessere und schnellere Orientierung der Geschäftsleitung	Verbesserte Administration	Personal-einsparungen	Kosten-einsparungen
Anzahl Handelsbetriebe	93	76	83	44

Abb. 46
Einführungsgründe beim Einsatz einer elektronischen Datenverarbeitungsanlage in den in die Untersuchung von 1965 einbezogenen Handelsbetrieben nach absoluten Häufigkeiten.

	Einführungsgründe			
	Bessere und schnellere Orientierung der Geschäftsleitung	Verbesserte Administration	Personal-einsparungen	Kosten-einsparungen
Anzahl Handelsbetriebe	71 %	58 %	63 %	34 %

Abb. 47
Einführungsgründe beim Einsatz einer elektronischen Datenverarbeitungsanlage in den in die Untersuchung von 1965 einbezogenen Handelsbetrieben nach relativen Häufigkeiten.

dieser Prozentzahlen ergibt mehr als Hundert, weil die Handelsbetriebe häufig mehrere Einführungsgründe nannten.

Der häufigste Grund, weshalb die erfaßten Handelsbetriebe die elektronische Datenverarbeitung einführten, war demnach in dem Wunsch zu sehen, eine bessere und schnellere Orientierung der Geschäftsleitung zu erreichen. Das Motiv, Kosten einzusparen, bestimmte dagegen am wenigsten den Entschluß zur Installation einer elektronischen Rechenanlage. Es ist allerdings wahrscheinlich, daß dieser Grund doch stärker auf den Entschluß, die elektronische Datenverarbeitung einzuführen Einfluß hatte, als dies die Abbildung 47 zeigt. Oftmals werden in der Praxis nämlich die geplanten Kostensenkungen nicht erreicht und die neuen Verfahren lohnen sich nur durch eine verbesserte Administration und die bessere und schnellere Orientierung der Geschäftsleitung, die in der Regel zu höheren Umsätzen und damit zu höheren Erträgen führen. Die nicht realisierten, aber doch oftmals erwarteten Kosteneinsparungen werden dann nicht mehr als Einführungsgrund genannt. Das erklärt auch, daß dieser Grund nur von wenigen Handelsbetrieben angeführt wurde, die Computer installiert hatten und daß der Prozentsatz der Handelsbetriebe, die die Anlagen erst bestellt hatten und die Kosteneinsparungen als Grund für ihre Bestellungen angaben, wesentlich höher lag.

Als weiterer Einführungsgrund wurde 1965 von zwei Großversandhäusern die Tatsache genannt, daß der außerordentlich hohe Datenanfall eine Bearbeitung mit konventionellen Anlagen nicht mehr zulasse und auch eine Eisengroßhandlung meinte, daß, um eine beschleunigte Auftragsabwicklung zu erreichen, der Datenanfall nur durch den Einsatz einer elektronischen Rechenanlage bewältigt werden könne. Ein Lebensmittelfilialbetrieb führte die elektronische Datenverarbeitung ein, um die Verkaufsniederlassungen von Verwaltungsarbeiten zu befreien, zwei Lebensmittelgroßhandlungen wollten ihren Kundendienst gegenüber den angeschlossenen Einzelhändlern durch Übernahme von Buchhaltungsarbeiten erweitern, und ein Einkaufsverband für Spielwaren erachtete seinen Prestigegewinn bei potentiellen Mitgliedern als so hoch, daß er sich zur Installation einer elektronischen Datenverarbeitungsanlage entschloß.

Bei der Erhebung von 1969 wurden die Antwortmöglichkeiten bei der Untersuchung der Einführungsgründe nicht vorgegeben. Von den insgesamt 24 Handelsbetrieben mit installierten Computern, welche diese Frage beantworteten, wurde 15mal und damit an erster Stelle der Einführungsgrund ‚Rationalisierung' genannt, welcher sich in Erwartungen von einer verbesserten Administration und Kosteneinsparungen niederschlug. 13mal wurde von dem Einsatz der elektronischen Datenverarbeitung eine Verbesserung des Informationsstandes der Geschäftsleitung erhofft. Als weitere Einführungsgründe wurden der durch die fortschreitende expansive Entwicklung zunehmende, nicht mehr mit herkömmlichen Mitteln zu bewältigende Datenanfall (3 Befragte), Engpässe auf dem Personalsektor (2 Befragte), die Befreiung des Personals von Routinearbeiten (1 Befragter) und die Erhöhung der Serviceleistungen gegenüber Kunden (2 Befragte) genannt. Gegenüber der Erhebung von 1965 haben sich hier also keine wesentlichen Änderungen ergeben.

3.6 Organisatorische Aspekte der elektronischen Datenverarbeitung in den in die Untersuchungen des Verfassers einbezogenen Handelsbetrieben

3.61 Vorbereitungszeiten bei der Installation

Um die Vorbereitungszeiten zwischen dem Entschluß, die elektronische Datenverarbeitung einzuführen (Bestelltermin) und dem reibungslosen Funktionieren der Anlagen festzustellen, wurden die erfaßten Handelsbetriebe, die elektronische Rechenanlagen installiert hatten, über die Dauer dieses Zeitraums befragt. Vor dem Einsatz der elektronischen Datenverarbeitung stehende Handelsunternehmer können aus der nachstehenden Abbildung Schlüsse auf den zur organisatorischen Vorbereitung und Umstellung nötigen Zeitbedarf bzw. die Lieferzeiten ziehen.

Anzahl Handelsbetriebe	Vorbereitungszeiten in Monaten unter 6	6 – 12	12 – 18	18 – 24	24 – 30	30 – 36
absolut	1	10	24	7	11	8
in %	1	17	40	11	18	13

Abb. 48

Die Vorbereitungszeiten zwischen dem Entschluß, die elektronische Datenverarbeitung einzuführen und dem reibungslosen Funktionieren der Anlagen in den in die Untersuchung von 1965 einbezogenen Handelsbetrieben.

Handelsbetriebe, die weniger als ein Jahr Vorbereitungszeit benötigten, hatten durchweg vorher konventionelle Lochkartenanlagen installiert und ersparten sich somit meist eine völlige organisatorische Neuordnung des Betriebsgeschehens. Vielfach wurden in solchen Fällen bestehende Arbeitsabläufe einfach auf die elektronische Datenverarbeitungsanlage übernommen. Wurden dagegen sofort mehrere Arbeitsgebiete integriert, so erforderte dies meist Vorbereitungszeiten von mehr als einem Jahr, um die notwendigen Programmierungs- und Abstimmungsarbeiten vornehmen zu können. Die Vorbereitungszeit wurde auch vielfach durch die Lieferzeiten der Herstellerfirmen elektronischer Datenverarbeitungsanlagen beeinflußt, die zwischen 3 und 36 Monaten betrugen. So war auch die lange Vorbereitungszeit von über 3 Jahren einer, in Abbildung 48 nicht angeführten Apothekergenossenschaft zu erklären, die ihre ursprüngliche Bestellung zugunsten einer neu angekündigten Anlagentype stornierte und seit 1½ Jahren auf die Lieferung der neuen Anlage wartete.

Da die Vorbereitungszeiten in ursächlichem Zusammenhang mit der Tatsache stehen, wie die Datenverarbeitung vor der Umstellung erfolgte, wurden die Handelsbetriebe darüber befragt, ob sie von manueller oder konventioneller Datenverarbeitung auf die Elektronik umstellten. Dabei ergab sich, daß 1965 von 94 antwortenden Handelsbetrieben 36 (d. h. 38 %) vorher manuell und 58 (d. h. 62 %) vorher mit Lochkartenanlagen ihre Datenverarbeitung organisiert hatten.

3.62 Organisatorische Stellung und Verbindungswege der Datenverarbeitungsabteilung

Der Einsatz der elektronischen Datenverarbeitung in einem Handelsbetrieb erfordert eine umfassende Neuordnung und Anpassung der Organisation an die neuen realtechnischen Sachmittel. Diese Neuorientierung umfaßt nicht nur die gestaltend-vollziehende Ablauforganisation. Ein besonderes Problem stellt die Frage dar, welchem Kompetenzbereich die neu zu schaffende Datenverarbeitungsabteilung im Handelsbetrieb zugeordnet werden soll. Die hierarchische Einordnung ist deshalb von großer Wichtigkeit, weil zwischen der Höhe der hierarchischen Stellung der Abteilung und der Wirtschaftlichkeit der elektronischen Datenverarbeitung offensichtlich Zusammenhänge bestehen. So stellte die McKinsey & Company/New York bei der Untersuchung von 27 amerikanischen Unternehmen fest, daß bei den Unternehmen mit überdurchschnittlichen Ergebnissen der elektronischen Datenverarbeitung die Anlagen in der Mehrzahl auf der ersten Stufe nach der obersten Führung eingesetzt wurden; bei den Unternehmen mit der weniger erfolgreichen Datenverarbeitung war dagegen die Datenverarbeitungsabteilung in der Mehrzahl auf der 2. und 3. Stufe der Hierarchie nach der obersten Unternehmensführung eingeordnet [294, S. 46]. Die Unterstellung der Datenverarbeitungsabteilung unter Fachabteilungen bringt die Gefahr ungerechtfertigter und damit unwirtschaftlicher Prioritäten durch die primäre Umstellung von Arbeitsabläufen dieser Abteilung, die Möglichkeit ungerechtfertigter zeitlicher Bevorzugungen der eigenen Hauptabteilung sowie eventuelle Interessenkollisionen der Aufgaben der Datenverarbeitung mit den Fachaufgaben der eigenen Hauptabteilung mit sich. Eine zu niedrige Einordnung der Datenverarbeitungsabteilung in die betriebliche Hierarchie und der damit verquickte geringe Autoritätsstatus erschweren oder verhindern die Durchsetzung umwälzender organisatorischer Neukonzeptionen in anderen Abteilungen und führen dazu, daß wegen zu geringen Kontakts zur Führung die notwendige Rückendeckung und Unterstützung für die Integration der Datenverarbeitung fehlen. Als optimal für die Wirtschaftlichkeit der elektronischen Datenverarbeitung ist somit eine hierarchische Einordnung der Datenverarbeitungsabteilung unmittelbar unter die oberste Unternehmensführung anzusehen.

Bei der Untersuchung von 1969 ergab sich, daß von den 25 zu diesem Problemkomplex Stellung nehmenden Handelsbetrieben mit installierten elektronischen Datenverarbeitungsanlagen 14 (d. h. 56 %) die Datenverarbeitungsabteilung unmittelbar unter der obersten Führung organisatorisch eingeordnet hatten. In 4 der befragten Handelsbetriebe war der Leiter der Datenverarbeitungsabteilung sogar ein Mitglied der Geschäftsführung. Bei 7 (d. h. 28 %) der Befragten war die Datenverarbeitung erst auf der 2. Stufe nach der obersten Führung hierarchisch eingegliedert. Nur in insgesamt drei Fällen hatte der Leiter der Datenverarbeitung kein direktes Vortragsrecht bei der obersten Unternehmensführung.

Die Wirkzusammenhänge zwischen der Datenverarbeitungsabteilung und den anderen betrieblichen Abteilungen werden durch Informationswege zur Erfassung, Regelung und Leitung des Datenflusses gesichert. Zwischen der Funktionsfähigkeit der Informationswege und dem Erfolg der elektronischen Datenverarbeitung besteht eine direkte Beziehung, denn die „Verstopfung der Informationswege kann ebenso wie der Mangel an Informationen zu wirtschaftlichen Verlusten führen" [61, S. 72], wenn dadurch die Fähigkeiten der realtechnischen Sachmittel zur schnellen, präzisen Informationsgewinnung nicht verwertet werden können. Der Versuch, beim Einsatz der Elektronik „die Informationswege entlang den Schienen der Betriebshierarchie zu verlegen ... führt meistens zu einem Informationsstau an den einzelnen Arbeitsplätzen und zu einer Überlastung der Vorgesetzten" [61, S. 72]. Um diesen von Holtgrewe aufgezeigten nachteiligen Wirkungen zu begegnen, ist nach Ansicht von Grochla die Errichtung direkter Verbindungswege zwischen der Datenverarbeitungsabteilung und den betroffenen Stellen die beste organisatorische Lösung [46, S. 109]. Dadurch wird verhindert, „daß die Informationen entweder fehlerhaft übermittelt oder falsch interpretiert werden" [130, S. 106] und daß weder Ausgangs-, noch Ergebnisdaten an unberechtigte Personen oder Stellen gelangen [97, S. 66]. Werden diese zweigleisigen, strahlenförmigen Wege von und zu der Datenverarbeitungsabteilung nicht institutionalisiert, so sieht Hoos die Gefahr unkontrollierter Kommunikationsbeziehungen voraus, denn „das Datenverarbeitungspersonal, in seiner charismatischen Freiheit gegenüber den verwaltungstechnisch kontrollierten Bahnen, überschreitet die festgelegten Linien und umgeht oftmals ganze Abteilungen und Betriebszweige" [62, S. 135].

Von den 25 im Jahre 1969 erfaßten Handelsbetrieben mit installierten Computern, welche zu dem System ihrer Informationswege Stellung nahmen, hatten 21 (d. h. 84 %) Kommunikationskanäle eingerichtet, welche sternförmig in beiden Richtungen von der Datenverarbeitungsabteilung zu den von der Datenverarbeitung betroffenen übrigen Abteilungen verliefen. Ein Handelsbetrieb hatte diese Informationswege entlang dem hierarchischen Aufbau institutionalisiert und bei 3 Handelsbetrieben hatten sich Mischformen dieser beiden genannten Möglichkeiten herausgebildet.

3.7 Anwendungsgebiete elektronischer Rechenanlagen in den in die Untersuchungen des Verfassers einbezogenen Handelsbetrieben

3.71 Verwendungszwecke der ermittelten elektronischen Rechenanlagen

Die nachfolgende Abbildung vermittelt eine Übersicht der im Jahre 1965 befragten Handelsbetriebe, die elektronische Rechenanlagen eingesetzt hatten oder den Einsatz in absehbarer Zukunft planten (Anlagen bestellt), aufgeteilt nach Verwendungszwecken und Betriebsformen.

Der Schwerpunkt des Computereinsatzes im Handel lag demnach 1965 auf den Gebieten der Auftragsabwicklung mit Fakturierung, der Lagerhaltung mit Bestellwesen und der Statistik. Weitere bevorzugte Einsatzgebiete waren die Debitorenbuchhaltung einschließlich Mahnwesen, die Kreditorenbuchhaltung,

Betriebsform / Verwendungszwecke	Groß-handlungen	Fachgeschäfte (Einzelhandel)	Waren- und Kaufhäuser	Versandhäuser	Filial- und filialähnliche Systeme	Einkaufs- und Verkaufsverbände	Summe
Statistiken	44	3	6	8	19	6	86
Fakturierung	35	2	6	7	21	6	77
Artikelbestandskontrolle	38	2	6	6	17	4	73
Auftragsabwicklung	32	3	4	7	17	4	67
Verkaufsanalysen	31	2	6	4	17	3	63
Debitorenbuchhaltung	29	2	1	5	11	4	50
Bestellwesen	21	2	4	5	15	2	49
Spezialberichte	25	2	3	5	12	1	48
Filialabrechnung	15	2	4	4	18	2	45
Kostenrechnung	22	–	3	4	11	3	43
Kreditorenbuchhaltung	18	–	6	5	10	2	42
Lohn- und Gehaltsabrechnung	12	–	3	4	15	2	36
Provisionsabrechnung	20	1	–	2	4	2	29
Marktforschung	10	–	2	3	8	2	25
Versandpapierschreibung	6	–	2	7	6	1	22
Mahnwesen	13	–	–	5	1	2	21
Katalog- u. Drucksachenversand	9	–	–	5	4	1	19
Fahrerabrechnung	8	–	–	1	5	1	15
Fuhrparkabrechng.	6	–	1	1	2	–	10

Abb. 49
Verwendungszwecke der elektronischen Rechenanlagen in den in die Untersuchung von 1965 einbezogenen Handelsbetrieben.

die Lohn- und Gehaltsabrechnung einschließlich der Provisionsabrechnung, die Kostenrechnung sowie die Filialabrechnung. Häufig wurden auch Spezialberichte von der Datenverarbeitungsabteilung erstellt. Dagegen wurden Fahrer und Fuhrpark nur selten über die elektronische Datenverarbeitungsanlage abgerechnet, die für Zwecke des Katalog- und Drucksachenversands und der Versandpapierschreibung hauptsächlich im Groß- und Versandhandel eingesetzt wurde. Auch der Einsatz der elektronischen Datenverarbeitung für die Marktforschung war im Handel 1965 noch relativ selten und in der Regel auf den Großhandel und Filialsysteme beschränkt. Folgende weitere Aufgabengebiete der elektronischen Datenverarbeitung wurden von den befragten Handelsbetrieben genannt: Bonusabrechnung, Umsatzsteuererrechnung und -aufteilung für Groß- und Einzelhandel, Bankeinzugsverfahren, Teilzahlungsratenberechnung, Rückvergütungsabrechnung und Anlagenbuchhaltung.

Die Verwendung der elektronischen Rechenanlagen für Zwecke der Unternehmensforschung hatte sich 1965 kaum durchgesetzt. Nur vier Handelsbetriebe versuchten durch Operations Research-Modelle ihren Betriebsablauf zu rationalisieren. Drei davon — zwei Lebensmittelgroßhandlungen und eine Großhandlung mit Pharmazeutika — versuchten ihre Lagerhaltung zu optimieren (IBM Impact), ein Handelsbetrieb des Großhandels mit Mineralölerzeugnissen arbeitete mit einem Transportmodell. Weitere zehn der befragten Handelsbetriebe gaben allerdings an, sie würden die Einführung von Methoden der Unternehmensforschung planen.

Bei der Untersuchung im Jahre 1969 zeigte sich kein wesentlich verändertes Bild der Verwendungszwecke elektronischer Rechenanlagen in Handelsbetrieben. Als häufigste Anwendungsgebiete ergaben sich die Betriebsstatistik (82 % der Befragten), die Artikelbestandskontrolle (80 % der Befragten) und die Fakturierung (60 % der Befragten). Diese auch im Jahre 1965 meistgenannten Funktionen, welche von der elektronischen Datenverarbeitung verrichtet wurden, wurden jedoch nach Zahl der Nennungen 1969 noch von der Lohn- und Gehaltsabrechnung übertroffen. 25 (d. h. 90 %) der befragten 28 Handelsunternehmer mit installierten elektronischen Anlagen wickelten die Lohn- und Gehaltsabrechnung über die neuen Organisationsmittel ab. So trifft die noch 1968 von Huppertz in der Fachzeitschrift Rationeller Handel geäußerte Ansicht kaum mehr zu, daß nur wenige Handelsbetriebe mit installierten Elektronenrechnern die Lohn- und Gehaltsabrechnung ihrer Mitarbeiter darüber laufen ließen [269, S. 38].

Die Aufgeschlossenheit gegenüber modernen quantitativen Methoden der Betriebswirtschaftslehre war 1969 gegenüber 1965 deutlich gewachsen. Während 1965 nur ca. 10 % der erfaßten Handelsbetriebe mit bestellten oder installierten Elektronenrechnern durch Optimierungsrechnungen der Operations Research ihren Betriebsablauf besser gestalteten bzw. gestalten wollten, betrug diese Rate im Jahre 1969 44 %. 5 Handelsunternehmer arbeiteten bereits praktisch mit

Operations-Research-Modellen; 2 davon lösten damit unterschiedliche Dispositionsprobleme der Geschäftsführung und 3 optimierten ihre Lagerhaltung und das Bestellwesen. Sämtliche 9 weiteren Handelsbetriebe, die 1969 die Anwendung der Verfahren der mathematischen Entscheidungsforschung planten, wollten Lageroptimierungsmodelle einsetzen. Für dieses Gebiet wurden von fast allen bedeutenden Herstellern elektronischer Datenverarbeitungsanlagen Standardprogrammsysteme vorgelegt. Da auch einzelne Verbände seit einiger Zeit an branchenspezifischen Lagerhaltungsmodellen arbeiten und sogar einige größere Handelsbetriebe gegenwärtig mit der Entwicklung individueller, auf die besonderen Verhältnisse der jeweiligen Bedingungslage zugeschnittener Modelle aus dem Materialwirtschaftsbereich beschäftigt sind, ist für die nächste Zukunft die Anwendung dieser Verfahren auch in weiteren Handelskreisen zu erwarten.

Anwendungsprobleme der elektronischen Datenverarbeitung in Handelsbetrieben dürften sich in den nächsten Jahren ebenfalls im Bereich der reinen Informationserschließung ergeben. Während bisher die Anlagen meist nur durch Erstellung von Statistiken verschiedener Funktionsbereiche fragmentarisch Informationen als Grundlage unternehmerischer Entscheidungen lieferten, wird es eine dringende Aufgabe der Zukunft sein, sämtliche im Betrieb anfallenden Daten systematisch zu erfassen, zu analysieren und so darzustellen, daß sie *alle* betrieblichen Entscheidungen erleichtern, fundieren und absichern. Mit der Entwicklung derartiger umfassender Informationssysteme in standardisierbarer Form sind gegenwärtig wohl die meisten großen Herstellerfirmen elektronischer Datenverarbeitungsanlagen beschäftigt. Umfassende Informationssysteme sind bisher in der Praxis erst in einigen wenigen Großfirmen eingeführt [259, S. 293]. Es erscheint deshalb etwas unwahrscheinlich, daß zwei der im Jahre 1969 befragten Handelsbetriebe, welche behaupteten, bereits Informationssysteme realisiert zu haben, darunter tatsächlich totale Systeme verstanden. Drei weitere Firmen planten die Einrichtung einer möglichst umfassenden Datenbank für die fernere Zukunft.

3.72 Integrationsgrade der elektronischen Datenverarbeitung

Bei der praktischen Untersuchung der McKinsey & Company ergab sich, „daß nur dann das volle Potential der elektronischen Datenverarbeitungsanlagen ausgeschöpft wird, wenn sie auf breiter Basis und insbesondere bei der Lösung von Schlüsselproblemen des Unternehmens eingesetzt werden“ [294, S. 42]. Um festzustellen, ob die in Handelsbetrieben installierten elektronischen Datenverarbeitungsanlagen diesen Optimalitätsbedingungen genügen, wurde bei der Erhebung von 1969 danach gefragt, ob die Umstellung für den gesamten Betriebsprozeß durchgeführt bzw. vorgesehen wurde oder ob nur einzelne Arbeitsabläufe mit den neuen Organisationsmitteln bearbeitet wurden. Etwa 40 % der erfaßten Handelsbetriebe setzten ihre Computer nur auf wenige Abläufe beschränkt ein und zwar primär für die Fakturierung, Filialabrechnung, Lagerbestandsführung, Lohn- und Gehaltsabrechnung und Statistik. Derartige Betriebe, die sich auf einige wenige Registrierarbeiten bei der Anwendung der Elektronik beschränkten, waren bei der Analyse der McKinsey & Company im Gegensatz zu den Unternehmen mit einem hohen Integrationsgrad der Datenverarbeitung nach mehrjähriger Anwendung der Computer „noch weit davon entfernt, die laufenden Kosten zu erwirtschaften, geschweige denn die ursprünglichen Anlaufkosten“ [294, S. 41].

Von den 28 bei der Erhebung von 1969 erfaßten Handelsbetrieben mit installierten elektronischen Datenverarbeitungsanlagen konnten 15 Angaben zur Wirtschaftlichkeit dieses Organisationsmittels machen. 10 davon hatten den gesamten Betriebsprozeß soweit als möglich auf die Elektronik umgestellt, während 5 Handelsbetriebe nur einzelne Arbeitsabläufe elektronisch verrichteten. Von den letzteren Betrieben hatte einer durch die Einführung der elektronischen Datenverarbeitung ein günstigeres Aufwands-/Ertrags-Verhältnis gegenüber der früheren Form der Datenverarbeitung erzielen können, bei zwei Betrieben blieb dieses Verhältnis unverändert und für zwei Betriebe war die Elektronik gegenüber den früheren Datenverarbeitungsverfahren unwirtschaftlicher. Dagegen hatten von den 10 vollintegrierten Betrieben 9 eine Verbesserung des Aufwands-/Ertragsverhältnisses der Datenverarbeitung durch die Einführung des Computers erreicht und bei einem weiteren Handelsbetrieb blieb diese Kennzahl unverändert. Damit erscheint die These der McKinsey & Company auch für den Handel erhärtet, wonach mit der elektronischen Datenverarbeitung um so bessere Ergebnisse erzielt werden, je höher der Integrationsgrad der Datenverarbeitung gestaltet wird.

3.8 Kosten der elektronischen Datenverarbeitung in Handelsbetrieben

3.81 Beeinflussung der Kostensituation durch die Einführung der elektronischen Datenverarbeitung

Unter kostenwirtschaftlichem Aspekt hat die betriebliche Datenverarbeitung das Ziel, ein bestmögliches Verhältnis zwischen Leistung und Kosten zu erreichen. Eine Beurteilung der Anwendungsmöglichkeiten der Elektronik in einem Handelsbetrieb muß deshalb maßgeblich von den, durch die neuen Organisationsmittel verursachten Veränderungen des wertmäßigen, leistungsverbundenen Verzehrs von Gütern und Diensten [117, S. 16] in allen Funktionsbereichen mitbestimmt werden.

Die in die Untersuchungen des Verfassers einbezogenen Handelsbetriebe wurden darüber befragt, ob sich die Gesamtkosten der Datenverarbeitung (einschließlich Abschreibungen) durch die Einführung des Computers erhöht, etwa auf dem gleichen Stand gehalten oder vermindert hätten. Die nachfolgenden Ergebnisse sagen jedoch nur bedingt etwas über den durch die Elektronik realisierten Erfolg aus, da an und für sich ein Vergleich des vorherigen organisatorischen Zustandes mit den Gegebenheiten nach der Einführung der Elektronik nach Kostengesichtspunkten problematisch erscheint. Meist ist nämlich der vorherige Ist-Zustand mit Mängeln behaftet, deren kostensenkende Beseitigung auch ohne den Einsatz von Computern möglich wäre. „Es ist also nur sinnvoll, die bestmögliche konventionelle Lösung einem optimalen System elektronischer Datenverarbeitung gegenüberzustellen, also einen Soll-Soll-Vergleich und nicht einen Soll-Ist-Vergleich anzustellen" [337, S. 159]. Ein solcher Vergleich, welcher die geschätzten Plankosten des optimalen konventionellen und die Kosten des elektronischen Systems einander gegenüberstellt, ist nur durch eine exakte Betriebsanalyse, nicht aber mittels einer schriftlichen Befragung möglich. Als Maßgröße für die Beeinflussung der Kostensituation durch die Einführung der elektronischen Datenverarbeitung werden somit hier die Veränderungen der Kosten der Datenverarbeitung pro Betriebsperiode gegenüber dem früher eingesetzten Verarbeitungssystem herangezogen. Es wird jedoch betont, daß eine alleinige Betrachtung der Kostenseite der elektronischen Datenverarbeitung noch keinerlei Schlüsse auf die Zweckmäßigkeit und Wirtschaftlichkeit dieses Verfahrens zuläßt; um hier zu Aussagen zu kommen, muß immer die Leistungs- bzw. Ertragsseite der Datenverarbeitung in die Überlegungen einbezogen werden.

In 17 (d. h. 20 % der befragten Gesamtheit) der in die Untersuchung von 1965 einbezogenen Handelsbetriebe entstanden durch die Installation elektronischer Rechenanlagen keine höheren Gesamtkosten der Datenverarbeitung. In diesen Fällen ersetzte die Anlage jeweils mehrere konventionelle Lochkartenmaschinen. 70 Handelsbetriebe (d. h. 80 % der befragten Gesamtheit) hatten durch die Einführung der Elektronik gegenüber den bisherigen Verfahren der Datenverarbeitung erhebliche Mehrkosten, die fast ausschließlich durch höhere Maschinenmieten bedingt waren. Die Mehrkosten betrugen dabei zwischen DM 1000,– und DM 20 000,– monatlich. Etwa 5 % der 1965 befragten Handelsbetriebe hatten zusätzliche Ausgaben durch die erforderliche Neueinstellung von qualifiziertem Personal für die elektronische Datenverarbeitung.

Von den insgesamt 23 Handelsbetrieben mit installierten Computern, welche 1969 Aussagen zur Kostenentwicklung ihrer Datenverarbeitung machen konnten, hatten 12 (d. h. 52 %) durch die Einführung der elektronischen Datenverarbeitung Kostenerhöhungen hinnehmen müssen. Dieser Anstieg der Periodenkosten betrug bei 25 % der Handelsbetriebe (mit Kostensteigerungen) unter 5 %, bei 17 % der Handelsbetriebe (mit Kostensteigerungen) 5–10 %, bei 33 % der Handelsbetriebe (mit Kostensteigerungen) 10–20 % und bei 25 % der Handelsbetriebe (mit Kostensteigerungen) über 50 % der Kosten des vorherigen Datenverarbeitungssystems. Bei 7 (d. h. 31 %) der Befragten hatten sich die Gesamtkosten der Datenverarbeitung durch die Einführung der Elektronik nicht verändert und nur 4 (d. h. 17 %) Befragte hatten mittels der Elektronik ihre Datenverarbeitungskosten vermindert. Die Kostenvorteile gegenüber der früheren Form der Datenverarbeitung wurden in diesen Handelsbetrieben jedoch regelmäßig frühestens ein Jahr nach der Umstellung auf die Elektronik realisiert.

3.82 Gesamtkosten der Abteilung „Elektronische Datenverarbeitung"

Die nachfolgende Abbildung zeigt die Kosten der Abteilung ‚Elektronische Datenverarbeitung' der in die Untersuchung von 1965 einbezogenen Handelsbetriebe, gemessen an ihrem jährlichen Bruttoumsatz in Prozent. Die Angaben von insgesamt 70 Handelsbetrieben, die Computer installiert hatten, konnten für diese Auswertung herangezogen werden.

Anzahl Handelsbetriebe der Umsatzgrößenklasse ... Mio. DM / Kosten der EDV-Abteilung in % vom Bruttoumsatz / Jahr	0 bis 10	10 bis 25	25 bis 50	50 bis 100	100 bis 250	250 und mehr	ohne Angabe	Summe
0 - 0,1	–	–	–	1	1	2	–	4
0,1 - 0,2	–	–	1	1	2	4	–	8
0,2 - 0,3	–	3	4	2	2	2	–	13
0,3 - 0,4	1	–	2	3	–	2	1	9
0,4 - 0,5	1	2	2	5	2	–	–	12
0,5 - 0,6	–	–	1	2	–	1	1	5
0,6 - 0,7	–	4	–	2	1	–	–	7
0,7 - 0,8	–	–	–	1	1	–	–	2
0,8 - 0,9	–	–	1	1	–	–	–	2
0,9 - 1,0	–	1	–	1	–	–	–	2
1,0 und mehr	–	–	1	–	–	–	–	1

Abb. 50

Die Kosten der Abteilung ‚Elektronische Datenverarbeitung' der in die Untersuchung von 1965 einbezogenen Handelsbetriebe, gemessen an ihrem jährlichen Bruttoumsatz in Prozent.

Bei weiteren fünf Handelsbetrieben der Größenklasse ‚250 Millionen DM und mehr Bruttoumsatz/Jahr' lag 1965 der Kostenanteil der Abteilung ‚Elektronische Datenverarbeitung' unter 1 % des Umsatzes. Diese Handelsbetriebe sind nicht in der Übersicht aufgeführt, da sie keine genaueren Angaben über den Kostenanteil machten. Der Handelsbetrieb, bei dem die Kostenbelastung 1 %

des Umsatzes überstieg, war eine Großhandlung (Bücher, Zeitschriften) mit 28 Millionen Umsatz/Jahr. Die Kosten der Abteilung ‚Elektronische Datenverarbeitung' betrugen hier 1,42 % des jährlichen Bruttoumsatzes.

Aus vorstehender Abbildung 50 geht hervor, daß ein Kostenanteil von 1 % des jährlichen Bruttoumsatzes durch die elektronische Datenverarbeitung im Handel 1965 im allgemeinen nicht überstiegen wurde. Bei über 90 % der befragten Handelsbetriebe betrugen die Kosten der Abteilung ‚Elektronische Datenverarbeitung' sogar weniger als 0,8 % vom Bruttoumsatz/Jahr.

Bei der Erhebung im Jahre 1969 konnte kein Handelsbetrieb ermittelt werden, bei dem die Kosten der Abteilung ‚Elektronische Datenverarbeitung' 0,8 % des jährlichen Bruttoumsatzes übertrafen; bei 80 % der Befragten lag dieser Satz sogar unter 0,8 %. Obwohl sich gegenüber 1965 hier keine wesentlichen Änderungen ergeben haben, wäre es verfehlt daraus zu schließen, daß eine Kostenbelastung von ca. 1,0 % des jährlichen Bruttoumsatzes als Nutzenschwelle für den Einsatz der Elektronik im Handel zu gelten hätte. Da bisher fast ausschließlich routinemäßige Registrierarbeiten über die Computer im Handel gelöst werden, ist es durchaus denkbar und zu erwarten, daß beim verstärkten Einsatz dieser Organisationsmittel für Dispositionszwecke auch höhere anteilige Kostenbelastungen durch die dadurch möglichen Erträge gedeckt und überkompensiert werden.

3.83 Einmalig anfallende Kosten der elektronischen Datenverarbeitung

Auf eine Untersuchung der bei der Einführung der Elektronik in Handelsbetrieben einmalig anfallenden Kosten für die Einrichtung, die organisatorische Vorbereitung und Umstellung wurde vom Verfasser im Rahmen seiner empirischen Erhebungen verzichtet, da eine ausgezeichnete, detaillierte Studie der Rationalisierungsgemeinschaft des Handels, welche auf einer Befragung von 37 Handelsbetrieben im Jahre 1967 basiert, über dieses Gebiet vorliegt. Die folgende Übersicht wurde nach einem Bericht von Beßler über dieses Forschungsprojekt zusammengestellt [221, S. 4 ff.]. Da die einmalig bei der Einführung der Elektronik anfallenden Kosten erheblich von der Kapazität und Ausstattung der angeschafften Anlagen beeinflußt werden, wurden die anfallenden Kosten nach Kartenanlagen, Kartenanlagen mit kleineren externen Speichern (Magnettrommeln u. ä.) und Anlagen mit größeren externen Speichern (Magnetbänder oder -platten) aufgeschlüsselt. Während Beßler die einmalig anfallenden Kosten nach Kostenarten für sämtliche 37 Befragten spezifiziert aufführt, werden hier nur die Durchschnittswerte dargestellt.

Abb. 51

Die einmalig bei der Einführung der Elektronik anfallenden Kosten in den von der RGH im Jahre 1967 untersuchten Handelsbetrieben (Durchschnittswerte). →

Anlagengröße / Einmalig anfallende Kosten der EDV (in DM)	Kartenanlagen (10 Befragte)	Kartenanlagen mit kleinen externen Speichern (4 Befragte)	Anlagen mit großen externen Speichern (23 Befragte)
Einrichtung			
Baukosten für die Errichtung oder Umgestaltung des Rechenzentrums und der Nebenräume einschließlich Handwerkerarbeiten	10.197,–	9.565,–	64.347.–
Kosten der Spezialeinrichtung wie Klimaanlage, Trafostation, doppelter Fußboden, abgehängte Decke usw.	15.946,–	2.083,–	44.863,–
Ausstattung der Räume einschließlich Spezialmöbel für die EDV-Anlage	8.935,–	16.765,–	9.511,–
Sonstige Kosten wie Aufstellungskosten, Fracht, Zoll usw.	11.738,–	35.882,–	27.104,–
Organisatorische Vorbereitung			
Personalkosten einschließlich Arbeitgeberanteile, Überstundenzuschläge, Weihnachtsgeld usw.	15.548,–	35.699,–	82.723,–
Ausbildungskosten (Kursusbesuche, Seminare usw.)	4.586,–	3.941,–	5.031,–
Raummiete (kalk.) des Rechenzentrums und der Nebenräume von der Fertigstellung der Anlage bis zum Zeitpunkt der Inbetriebnahme	1.604,–	1.500,–	3.029,–
Sonstige Kosten	935,–	4.470,–	8.306,–
Umstellung			
Personalkosten der Arbeitskräfte, die mit dem Ausfüllen der Ablochbelege und Ablochen von Programmdaten und Stamminformationen beschäftigt waren	6.931,–	3.725,–	20.762,–
Maschinenkosten während der Umstellungszeit einschließlich bezahlter Teststunden usw.	6.253,–	–	44.320,–
Sonstige Umstellungskosten	1.500,–	5.250,–	9.744,–

Die um besondere Extremwerte bereinigten Durchschnitte der einmalig anfallenden Gesamtkosten betrugen bei Kartenanlagen ca. DM 85 000,–, bei Kartenanlagen mit kleinen externen Speichern ca. DM 120 000,– und bei Anlagen mit externen Magnetplatten- bzw. Magnetbandspeichern ca. DM 320 000,–. Verrechnet man diese durchschnittlich anfallenden ‚Einmalkosten' auf einen Abschreibungszeitraum von fünf Jahren, so ergeben sich (bei linearer Abschreibung) monatliche Belastungen von DM 1400,– für Kartenanlagen, ca. DM 2000,– für Kartenanlagen mit kleinen externen Speichern und ca. DM 4000,– für Anlagen mit größeren externen Speichern. Als durchschnittliche monatliche Nutzungszeiten wurden in der Untersuchung der Rationalisierungsgemeinschaft des Handels bei Kartenanlagen 145 Stunden, bei Kartenanlagen mit kleinen externen Speichern 205 Stunden und bei Anlagen mit größeren externen Speichern 240 Stunden ermittelt, so daß demnach eine Betriebsstunde bei den beiden erstgenannten Anlagengruppen mit ca. DM 10,–, bei der letztgenannten größten Anlagengruppe mit fast DM 17,– ‚Einmalkosten' belastet wurde.

3.84 Laufend anfallende Kosten der elektronischen Datenverarbeitung

Bei der erwähnten Untersuchung der Rationalisierungsgemeinschaft des Handels vom Jahre 1967 wurden auch die laufend anfallenden Gesamtkosten der elektronischen Datenverarbeitung in den 37 untersuchten Handelsbetrieben analysiert. Die nachfolgende Abbildung gibt die dabei ermittelte durchschnittliche laufende Gesamtkostenbelastung, die durchschnittliche Mietbelastung und die

Anlagengrößenklassen / Laufende monatliche Kosten der EDV	Kartenanlagen (10 Befragte)	Kartenanlagen mit kleinen externen Speichern (4 Befragte)	Anlagen mit großen externen Speichern (23 Befragte)
Durchschnittliche monatliche Gesamtkosten	20.812,–	27.748,–	61.991,–
Durchschnittliche monatliche Mietbelastung	8.159,–	10.194,–	26.197,–
Durchschnittliche monatliche Gesamtkosten in % der durchschnittlichen monatlichen Mietbelastung	255 %	271 %	237 %

Abb. 52

Gegenüberstellung der monatlichen Mietkosten zu den Gesamtkosten der elektronischen Datenverarbeitung in den von der Rationalisierungsgemeinschaft des Handels im Jahre 1967 untersuchten Handelsbetrieben.

Gesamtkosten in Prozent der Anlagenmieten (jeweils Durchschnitte), aufgeteilt nach Anlagengrößenklassen in den erfaßten Handelsbetrieben wieder [221, S. 36].

Beßler zieht das Fazit aus dieser Gegenüberstellung, wonach die monatlichen Mietkosten nur einen relativ geringen Anteil der laufenden Gesamtkosten/Monat ausmachen: „Ein vorsichtiger Unternehmer tut nach diesen Ergebnissen gut daran, wenn er die Anlagenmiete mit dem Faktor 2,5 multipliziert, um die Gesamtkosten der zukünftigen Kartenanlage zu schätzen. In dieser Rechnung ist dann noch nicht einmal die Abschreibung der Einmalkosten enthalten ...“ [221, S. 36]. Unter Einbeziehung der Abschreibung des Vorbereitungs- und Einführungsaufwands kommt das Automations Center International, ein bekanntes unabhängiges Servicezentrum in Wettingen/Zürich, zu einem Faktor von 3,6, mit dem die reine Maschinenmiete zu multiplizieren sei, um die überschlagsmäßigen Gesamtkosten pro Betriebsperiode zu erhalten. Eine holländische Untersuchung von 20 Firmen, die Datenverarbeitungsanlagen eingesetzt hatten, erbrachte einen durchschnittlichen Multiplikator von 3,0, eine Untersuchung der Technischen Hochschule Karlsruhe stellte diesen Faktor in Höhe von 2,3 fest [53, S. 108].

Die bereits erwähnte Untersuchung der McKinsey & Company von 27 amerikanischen Unternehmen zeigte, „daß von jedem Dollar, der für die elektronische Datenverarbeitung ausgegeben wird, 35 Cent auf Planungs- und Programmierarbeiten und 65 Cent auf Ausrüstung und die Gehälter des Bedienungsperso-

Kosten der EDV \ Anlagengrößenklassen		Kartenanlagen (10 Befragte)	Kartenanlagen mit kleinen externen Speichern (4 Befragte)	Anlagen mit großen externen Speichern (23 Befragte)
Maschinenkosten einschl. Zusatzmaschinen	abs.	9.990,–	13.041,–	29.756,–
	in %	48	47	48
Personalkosten	abs.	8.117,–	9.712,–	20.457,–
	in %	39	35	33
Sachkosten für Material, Raum, Energie u. sonst.	abs.	2.705,–	4.995,–	11.778,–
	in %	13	18	19
Gesamtkosten	abs.	20.812,–	27.748,–	61.991,–
	in %	100	100	100

Abb. 53

Aufteilung der monatlichen Kosten der elektronischen Datenverarbeitung nach Kostenbereichen in den in die Untersuchung der Rationalisierungsgemeinschaft des Handels von 1967 einbezogenen Handelsbetrieben (Durchschnittswerte).

nals entfallen“ [294, S. 42]. Die Rationalisierungsgemeinschaft des Handels unterschied bei ihrer Untersuchung im Jahre 1967 die drei Kostenbereiche: Maschinen-, Personal- und Sachkosten. Die vorstehende, dem Forschungsbericht von Beßler entnommene Abbildung 53 gibt an, wie hoch die laufend anfallenden Kosten der elektronischen Datenverarbeitung in den 37 erfaßten Handelsbetrieben (aufgeteilt nach Anlagengrößenklassen) in den angeführten Kostenbereichen waren [220, S. 37].

Der Verfasser analysierte bei seiner Befragung von 1969 eine detailliertere Aufteilung der laufend anfallenden Kosten der elektronischen Datenverarbeitung nach Kostenarten. Wegen der unterschiedlichen, in den erfaßten Handelsbetrieben in Gebrauch befindlichen Systemkonfigurationen und der Uneinheitlichkeit der dadurch ermittelten Kostenanteile und -höhen, wird hier auf eine Gesamtdarstellung der dabei festgestellten Kostenstrukturen verzichtet. Da in der Bundesrepublik Deutschland im Jahre 1969 etwa ein Viertel der im Handel installierten elektronischen Datenverarbeitungsanlagen auf den Typ IBM 360/20 entfielen [257, S. 5], erscheint es dem Verfasser jedoch zweckmäßig, in der folgenden Tabelle die Aufgliederung der laufenden Gesamtkosten der elektronischen Datenverarbeitung nach Kostenarten wiederzugeben, wie sie sich in vier in die Untersuchung einbezogenen Handelsbetrieben darstellte, welche dieses meistinstallierte Herstellermodell einsetzten. Diese vier Handelsbetriebe mit installierten IBM 360/20-Anlagen gehörten sämtlich der Branche ‚Nahrungs- und

Handelsbetriebe / Kosten der EDV (in DM)	Betrieb 1	Betrieb 2	Betrieb 3	Betrieb 4
Mietkosten, Maschinenmieten und Mieten für Nachrichtenwege	21.000,–	23.000,–	16.000,–	10.025,–
Raummieten (kalk.)	1.000,–	1.200,–	900,–	442,50
Abschreibungen für die Einrichtung, die organisatorische Vorbereitung und Umstellung	2.000,–	2.500,–	1.700,–	1.204,–
Material- und Energieverbrauch	2.500,–	6.000,–	3.000,–	3.045,–
Wartung und Instandhaltung	100,–	–	300,–	130,–
Personal	11.000,–	18.000,–	8.000,–	6.665,–
Kosten durch Maschinenausfälle	–	–	200,–	–
Gesamtkosten/Monat	37.600,–	50.700,–	30.100,–	21.511,50

Abb. 54

Aufteilung der monatlichen Kosten der elektronischen Datenverarbeitung nach Kostenarten in vier ausgewählten Handelsbetrieben mit installierten IBM 360/20-Anlagen (Untersuchung von 1969).

Genußmittel' auf der Großhandelsstufe an. Die Betriebe 1–3 hatten zwischen 100 und 110 Millionen DM, der Betrieb 4 ca. 50 Millionen DM Jahresumsatz.

3.9 Erträge der elektronischen Datenverarbeitung in den in die Untersuchungen des Verfassers einbezogenen Handelsbetrieben

3.91 Beeinflussung der Ertragssituation durch die Einführung der elektronischen Datenverarbeitung

Mertens unterscheidet entsprechend dem Schwierigkeitsgrad der Ermittlung bzw. Bewertung folgende Stufenfolge möglicher Ertragsarten der elektronischen Datenverarbeitung [297, S. 42]:

1. Rationalisierungserträge
2. Dispositions- und Optimierungserträge
3. Informationserträge

Der Verfasser untersuchte bei seinen Erhebungen der Jahre 1965 und 1969 die Zusammensetzung und Bedeutung dieser Größen beim Einsatz der Elektronik in Handelsbetrieben. 1965 wurden allerdings nur die Rationalisierungserträge analysiert, welche sich durch Einsparungen an Personal und Sachkapital in den erfaßten Handelsbetrieben durch die Einführung der neuen Organisationsmittel ergaben. Von 87 Handelsbetrieben, die 1965 elektronische Datenverarbeitungsanlagen installiert hatten, konnten 30 (d. h. 34,5 %) keine personellen Einsparungen verwirklichen. Allerdings bestand hier häufig die Möglichkeit von Umsatzausweitungen ohne Zusatzpersonal. Eventuell freiwerdende Arbeitskräfte wurden in der Regel beim Übergang auf die Elektronik dazu benötigt, die Einführung und Umstellung vorzubereiten und den größeren Datenanfall aufzubereiten, welcher durch die Integration neuer Arbeitsgebiete in die Datenverarbeitung hervorgerufen wurde. Scholz/Steinbock nennen als weitere Gründe dafür, daß die Personaleinsparungen nicht immer nach außen hin sichtbar werden, den mit dem Wirtschaftswachstum verbundenen zunehmenden Personalbedarf, die ‚Personalhortung' in konjunkturell überhitzten Jahren und das Erfordernis zusätzlichen, besonders qualifizierten Personals durch stärker forcierte organisatorische Neukonzeptionen [330, S. 135].

32 Handelsbetriebe (d. h. 36,8 % der im Jahre 1965 zu dieser Frage Stellung nehmenden Gesamtheit) konnten, wie die nachfolgende Abbildung zeigt, in mehr oder weniger großem Ausmaß durch den Einsatz der elektronischen Datenverarbeitung Personal einsparen. Mertens nennt als Richtwert für die Höhe der Personaleinsparungen, welcher sich in der Praxis als wohlbegründet erwiesen habe: „5–25 % des Personals, das Routinearbeiten verrichtet, kann durch Massen- und Routinedatenverarbeitung freigemacht werden" [297, S. 42]. Weide weist darauf hin, daß mit der Senkung der Personalkosten auch ein Wegfall

Anzahl Handelsbetriebe (absolut) / Anzahl eingesparte Personen	ohne Angabe	ohne personelle Einsparungen	mit personellen Einsparungen
1 - 5			3
6 - 10			3
11 - 20			3
21 - 50			7
51 - 100			6
101 und mehr			1
ohne Angabe			9
Summe	23	30	32

Abb. 55

Personaleinsparungen beim Einsatz der elektronischen Datenverarbeitung in den in die Untersuchung von 1965 einbezogenen Handelsbetrieben.

kalkulatorischer Mieten für Räume, Bürobedarf und anderer Kostenarten verbunden ist [155, S. 86].

Weitere Rationalisierungserträge der elektronischen Datenverarbeitung ergaben sich durch das Freisetzen von Betriebsmitteln und damit verbundene laufende Einsparungen von Mieten und Abschreibungen für nicht mehr notwendige Maschinen und Räume. Bei der Untersuchung von 1965 konnten bei einem Teil der erfaßten Handelsbetriebe durch den Verkauf überflüssig gewordener konventioneller Lochkartenanlagen Erlöse erzielt werden.

Von insgesamt 15 Handelsbetrieben, welche 1969 zu der Beeinflussung ihrer Ertragssituation durch den Einsatz der elektronischen Datenverarbeitung Angaben machen konnten, hatten 13 Ertragssteigerungen erzielt, jedoch nur 3 davon sahen sich in der Lage, diese in ihrer ungefähren Höhe zu quantifizieren. Die Mehrerträge wurden bei den Befragten überwiegend durch die Verbesserung des Informationsstandes (13 Nennungen), zum großen Teil durch die Rationalisierung der Datenverwaltung (8 Nennungen) und nur zu einem verschwindend geringen Teil durch Entscheidungshilfen der Elektronik mittels Optimierungsmodellen der Unternehmensforschung (2 Nennungen) erreicht.

Die Informationserträge, welche sich durch aktuellere, genauere, richtigere und umfassendere Auswertungen der inner- und außerbetrieblichen Gegebenheiten mittels der Elektronik realisieren lassen, sind auch im Handel kaum meßbar. Zwar sind z. B. Schätzungen darüber möglich, wie sich eine Senkung des gebundenen Kapitals durch die bessere Überwachung und damit Verminderung der Außenstände oder die laufende Kontrolle des Lagerbestandes ertragsmäßig auswirkt, aber die Mehrzahl der Informationserträge sind doch „ideelle Nutzeffekte" [297, S. 43], wie z. B. die Erhöhung der Markttransparenz, die erhöhte Lieferbereitschaft, die verkürzten Lieferzeiten usw. Dasselbe gilt (mit Einschränkungen) für die Erfassung der Optimierungserträge. Es wurden allerdings schon von Herstellerfirmen elektronischer Datenverarbeitungsanlagen Methoden entwickelt, mit denen eine Errechnung der beim Einsatz bestimmter Lageroptimierungssysteme zu erwartenden Bestandsreduktionen möglich ist [474, S. 1 ff.].

Die McKinsey & Company schätzt nach den Ergebnissen ihrer Untersuchung von 27 amerikanischen Unternehmen, daß bei den führenden, die Elektronik auf breiter Basis einsetzenden Betrieben der Anteil der Rationalisierungserträge an den Gesamterträgen ca. 70 % betrug, während auf die Informations- und Optimierungserträge ca. 30 % der Gesamterträge entfielen [294, S. 42]. Letzterer Anteil dürfte sich jedoch in den vergangenen 5 Jahren bzw. seit dem Erhebungszeitpunkt der McKinsey & Company-Untersuchung durch den verstärkten Einsatz der Computer für Dokumentations- und Dispositionszwecke erhöht haben.

3.92 Gesamterfolg des Einsatzes der elektronischen Datenverarbeitung

Eine exakte Wirtschaftlichkeitsbetrachtung der elektronischen Datenverarbeitung durch einen Aufwands-/Ertrags-Vergleich mit dem vorher gehandhabten bzw. anderen möglichen Datenverarbeitungsverfahren ist wegen der mangelnden Erfaßbarkeit der Erträge problematisch. Von den 28 im Jahre 1969 befragten Handelsbetrieben sahen sich auch nur 15 in der Lage, Auskünfte über die Wirtschaftlichkeit ihrer Datenverarbeitung zu geben. Wie schon erwähnt, berichteten zwei Drittel dieser Handelsbetriebe, daß sich das Aufwands-/Ertrags-Verhältnis durch die Einführung der Elektronik verbessert habe, bei 3 Handelsbetrieben hatten sich gegenüber der früheren Form der Datenverarbeitung keine Vor- oder Nachteile ergeben und nur in 2 Betrieben arbeiteten die Computer unwirtschaftlich. Dieses gute Resultat wird auch durch die Antworten auf eine Frage bestätigt, welche sich auf den Zufriedenheitsgrad der Geschäftsleitung der befragten Handelsbetriebe mit den Ergebnissen der elektronischen Datenverarbeitung richtete. Schon im Jahre 1965 ergaben sich hierbei – wie die nachfolgende Abbildung zeigt – bemerkenswert gute Ergebnisse.

	Zufriedenheitsgrad			
	ausgezeichnet	sehr gut	mittelmäßig	schlecht
Anzahl Handelsbetriebe (absolut)	11	46	13	0

Abb. 56
Die Zufriedenheit der in die Untersuchung von 1965 einbezogenen Handelsbetriebe mit dem Einsatz der elektronischen Datenverarbeitung.

Die guten Ergebnisse der Erhebung von 1965 wurden durch die Resultate der Untersuchung von 1969 noch wesentlich übertroffen. Das deutet darauf hin, daß in den letzten Jahren früher beim Einsatz der Elektronik im Handel auftretende Komplikationen durch die wachsende Routine, die Erkenntis der speziellen Branchenprobleme und die Erarbeitung besser angepaßter hardware und software der Herstellerfirmen beherrschbarer geworden sind. Daß aber andererseits auch auf der Anwenderseite die Anlaufschwierigkeiten von den Pionierunternehmern beim Einsatz der elektronischen Datenverarbeitung überwunden worden sind, so daß aus deren Erfahrungen vor Neuinstallationen stehende Handelsbetriebe lernen (und damit manche Fehler vermeiden) konnten. Im Jahre 1969 wiesen von 28 befragten Handelsbetrieben mit installierten Computern 57 % (1965: 16 %) den höchsten, 32 % (1965: 66 %) den zweithöchsten und nur 11 % (1965: 18 %) den dritthöchsten Zufriedenheitsgrad mit dem Einsatz der Elektronik auf. Die Zufriedenheitskategorie ‚schlecht' wurde 1969 (ebenso wie 1965) in keinem der befragten Handelsbetriebe ermittelt.

Schlußbetrachtung

Gemessen an der Gesamtzahl der Handelsbetriebe ist die Zahl der in diesem Bereich bisher eingesetzten elektronischen Datenverarbeitungsanlagen noch relativ gering. Die wichtigsten Ursachen dafür liegen, wie auch bei der Erhebung des Verfassers von 1969 festgestellt wurde

1. in dem großen Anteil von kleineren und mittleren Betrieben, bei denen der Rationalisierungseffekt wegen der geringen Menge zu verarbeitender Daten zu niedrig ist;

2. in den noch immer hohen Aufwendungen für die Anschaffung und den Betrieb der Computer;

3. in der Veränderlichkeit der zu verarbeitenden Daten und des Betriebsprozesses der Handelsbetriebe, wodurch die Schaffung eines umfassenden, auf Dauer angelegten Organisationssystems zur Regelung der Abläufe erschwert wird;

4. in den teilweise noch unzureichenden Möglichkeiten der Datenerfassung;

5. in der teilweise mangelnden Aufgeschlossenheit der Betriebsführungen gegenüber den neuen Organisationsmitteln.

John Diebold, der Leiter einer der international bekanntesten Betriebsberatungsgesellschaften, prognostiziert, daß trotz aller Hemmnisse die Computer ab 1970 den größten Investitionsposten der meisten Betriebe bilden werden [168, S. 148 f.]. Auch im Handel ist diese Entwicklung voraussehbar. Während bisher überwiegend Großbetriebe und nur einzelne Pionierunternehmer von Mittelbetrieben die Umstellung auf die Elektronik durchgeführt haben, wird die Automation der Datenverarbeitung zukünftig mit Sicherheit auch weitere Bereiche des Handels umfassen, denn „die Beherrschung des Computers ist weniger ein finanzielles Problem als eine Frage der Konzentration der geistigen Kräfte, der Organisation und Erfindungsgabe“ [137, S. 148]. Das stetige rasche Wirtschaftswachstum und die Konzentrationsbestrebungen auf dem Gebiete des Handels haben ständig anwachsende Betriebsgrößen zur Folge, so daß der Kreis derjenigen Handelsbetriebe, welche sich die Installation eigener Elektronenrechner leisten können, immer größer wird. Diese Expansion führt auch zu einer immer mehr ansteigenden Flut von Geschäftsvorfällen, der sogenannten ‚Informationslawine‘, welche nur noch mit den modernsten realtechnischen Sachmitteln zu bewältigen ist. Der harte Konkurrenzkampf in einzelnen Branchen und die gespannte Arbeitsmarktsituation werden ebenfalls die weitere Ausbreitung der Elektronik im Handel positiv beeinflussen. Auf der anderen Seite sind im Bereich der Datenverarbeitung in nächster Zukunft von der Herstellerseite technische Fortschritte zu erwarten, welche zu einer Erhöhung der Leistungen bei gleichen bzw. verminderten Kosten der Anlagen und zur Entwicklung neuer technologischer Lösungen (insbesondere bei der Datenerfassung) führen werden. Servan-Schreiber sagt für die nächsten zehn Jahre die Entwicklung kleinerer, leistungsfähigerer und preiswerterer Computer voraus: „1980 wird der Apparat mit derselben Leistungsfähigkeit des heutigen 1000mal kleiner sein. Die Geschwindigkeit, mit der er arbeitet, wird einer Milliarde Arbeitsgänge pro Sekunde entsprechen. Die Kosten für jede einzelne Operation werden 200mal niedriger sein" [137, S. 108]. Kleinere Handelsbetriebe werden auch verstärkt von der Möglichkeit der elektronischen Datenverarbeitung außer Haus Gebrauch machen, weil damit diesen Betrieben eine Rationalisierung ohne größeren Kapitaleinsatz möglich ist.

Eine mehrere Jahre umfassende Prognose der zukünftigen Ausbreitung der elektronischen Datenverarbeitung im deutschen Handel ist schwierig und wird in ihrer Genauigkeit durch zahlreiche Imponderabilien beeinträchtigt. Trotzdem soll hier eine mittelfristige Vorhersage der kommenden Entwicklung gewagt werden. Ausgangspunkt dieser Prognose ist die für den Jahresbeginn 1965 von mehreren Fachleuten und der Rationalisierungsgemeinschaft des Handels errechnete Zahl von 200 in deutschen Handelsbetrieben installierten Computern [393, S. 17; 237, S. 18]. Von dieser Angabe wird im folgenden ausgegangen, um unter Berücksichtigung der wahrscheinlichen Zuwachsraten die derzeitige Lage und die mögliche Entwicklung der Computerinstallationen im Handel aufzeigen zu können.

Anhand der halbjährlich herausgegebenen Diebold-Statistiken der letzten Jahre lassen sich mittels der dort angegebenen vollzogenen Computerinstallationen die Zuwachsraten des vorhandenen Gesamtbestandes an elektronischen Datenverarbeitungsanlagen der Bundesrepublik Deutschland errechnen. Diese schwankten bisher zwischen 12,5 % und 14 % pro Halbjahr. Wird unterstellt, daß diese Wachstumsraten auch für die Ausbreitung der Elektronik im Handel in ihrer ungefähren Dimension Gültigkeit besitzen, so lassen sich aus den Vergangenheitsdaten der gegenwärtige Stand und die zukünftigen Aussichten durch eine Trendberechnung ermitteln. Die Zukunftsdaten stellen jedoch – und das sei noch einmal ausdrücklich betont – nur grobe Schätzungen dar, da ihre Errechnung zum Teil auf unsicheren Prämissen basiert (wie z. B. die Verwendung der Wachstumsraten des Gesamtbestandes an elektronischen Datenverarbeitungsanlagen) und unterstellt, daß sich die bisherige Entwicklung auch in der Zukunft fortsetzt. Eine Bereinigung des zukünftigen Trends ist nicht möglich, da derzeit keine besonders hemmenden oder fördernden Faktoren der Ausbreitung der Elektronik im Handel abzusehen sind.

Die folgende Abbildung geht von dem für das Jahr 1965 angegebenen Bestand von 200 Computerinstallationen im Handel aus und kennzeichnet unter Annahme einer Zuwachsrate von 27 % p. a. die Entwicklung bis zum Jahr 1975.

Datum	Anzahl der im Handel installierten Computer
1.1.1965	200
1.1.1966	250
1.1.1967	320
1.1.1968	410
1.1.1969	520
1.1.1970	660
1.1.1971	840
1.1.1972	1 060
1.1.1973	1.350
1.1.1974	1.710
1.1.1975	2.170

Abb. 57
Anzahl der Computerinstallationen im deutschen Handel von 1965–1975.

Die Werte dieser Übersicht wurden durch die bisherige Entwicklung in ihrer ungefähren Höhe bestätigt. So waren z. B. nach der genannten unveröffentlichten Diebold-Studie am 1. 1. 1968 419 Computer in deutschen Handelsunternehmen installiert (Abweichung von dem entsprechenden Wert in Abbildung 57 = +2 %). Der Anteil des Handels an den Gesamtinstallationen betrug zu diesem Zeitpunkt nach der Diebold-Statistik 10,85 %. Wird unterstellt, daß ein Jahr später dieser relative Anteil des Handels am Gesamtbestand der Computerinstallationen immer noch gegeben war, so wären nach den Ergebnissen der Diebold-Statistik vom 1. 1. 1969 543 Anlagen zum Jahresanfang 1969 im Handel eingesetzt gewesen (=10,85 % des Gesamtbestandes von 5007 Installationen am 1. 1. 1969). Die Abweichung beträgt hier von dem entsprechenden Wert in Abbildung 57 (520) + 4 %. Engel stellte im Herbst 1968 einen Gesamtbestand von 443 elektronischen Datenverarbeitungsanlagen im Handel fest [36, S. 26 ff.]; bei Unterstellung der generellen Zuwachsrate von 14 % dürften demnach zum 1. 1. 1969 ca. 480 Computer in diesem Bereich installiert gewesen sein. Die Abweichung dieser Zahl von dem höheren Wert der Abbildung (520) beträgt −8 %.

Berücksichtigt man diese geringfügigen Abweichungen durch die Unterstellung einer Ungenauigkeitsquote von ± 10 % von den Werten der Abbildung 57, so wären am Jahresanfang 1970 Computerinstallationen im Handel in Höhe von 660 ± 10 % gegeben, d. h. zu diesem Zeitpunkt ca. 600 bis 700 elektronische Datenverarbeitungsanlagen in diesem Bereich eingesetzt. Bis zum Jahre 1973 dürfte sich diese Zahl verdoppeln, bis zum Jahre 1975 verdreifachen!

Beschreibung der bei den Programmablaufplänen verwendeten Symbole

(Die hier benutzten Symbole entsprechen nicht den neuesten Normenvereinbarungen. Da die Programmablaufpläne vor längerer Zeit angefertigt wurden und bereits in reproduzierbarer Form vorlagen, wurde auf eine Umzeichnung verzichtet. Es wird jedoch hierzu auf DIN 66001 verwiesen.)

Anschlußpunkt bzw. Schrittkennzeichnung

Operation oder gespeicherter Programmschritt

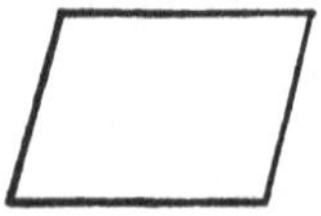
Eingabe/Ausgabe

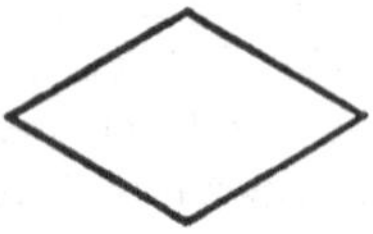
Entscheidung

Programm-Modifikation

Lesen/Schreiben

Lochkarte

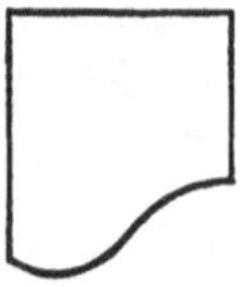
Liste oder Formular

Richtung des Datenflusses,
nächster Schritt des Ablaufs

Quellenverzeichnis

Bücher

Selbständige Schriften:

[1] *Adam, A.:* Messen und Regeln in der Betriebswirtschaft. Einführung in die informationswissenschaftlichen Grundzüge der industriellen Unternehmensforschung. Würzburg 1959.
[2] *Adler, I.:* So denken Maschinen. Wiesbaden 1962.
[3] Aktiengesellschaft Institut für Automation (Hrsg.): Computer Indices. Eine neuartige Übersicht technischer und kommerzieller Kenndaten von elektronischen Datenverarbeitungsanlagen. Zürich, Düsseldorf, Wien 1967.
[4] *Angermann, A.:* Entscheidungsmodelle. Frankfurt/M. 1963.
[5] *Awad, E. M.:* Datenverarbeitung im Unternehmen. München 1967.
[6] *Baldus, T.:* Betriebswirtschaftliche Programmierung der elektronischen kombinierten Datenverarbeitung. München 1962.
[7] *Bankmann, J.:* Grundlagen rationaler Betriebsführung im Einzelhandel. Köln 1954.
[8] *Beckmann, M. J.:* Lineare Planungsrechnung. Ludwigshafen/Rh. 1959.
[9] *Beer, S.:* Kybernetik und Management. Hamburg 1965.
[10] *Belkum, J. W. van, Meer, T. J. van der:* Elektronik für den Kaufmann. Wiesbaden 1961.
[11] *Bell, W. D.:* A Management Guide to Electronic Computers. New York, Toronto, London 1957.
[12] *Bernhard, A.:* Von der Büromechanisierung zur Integration der Datenverarbeitung. Bern 1964.
[13] *Berthel, J.:* Information und Vorgänge ihrer Bearbeitung in der Unternehmung. Eine programmatische Problem- und Aussagenanalyse. Berlin 1967.
[14] *Bierfelder, W. H.:* Optimales Informationsverhalten im Entscheidungsprozeß der Unternehmung. Berlin 1968.
[15] *Billeter, E. P.:* Der praktische Einsatz elektronischer Rechenautomaten. Wien 1964.
[16] *Bobsin, R.:* Elektronische Deckungsbeitragsrechnung. München 1969.
[17] *Böhrs, H.:* Die wachsenden Büros und der Strukturwandel der menschlichen Arbeit. München, Bern 1960.
[18] *Böhrs, H.:* Grundfragen und Methoden der Bürorationalisierung. München, Bern 1958.
[19] *Böhrs, H.:* Organisation und Gestaltung der Büroarbeit. München, Bern 1960.
[20] *Brandt, H.:* Investitionspolitik des Industriebetriebs, 2. Aufl. Wiesbaden 1964.
[21] *Braunwarth, H.:* Die führenden westdeutschen Warenhaus-Gesellschaften, ihre Entwicklung nach dem Kriege und ihre heutigen Probleme. Nürnberg 1957.
[22] *Briggs, A. J.:* Warehouse Operations Planning and Management. New York, London 1960.
[23] *Brock, K.:* Die Betriebsorganisation im Großhandel. Köln, Opladen 1964.

[24] *Brunsberg, H.:* Der Entwicklungsstand der Unternehmensforschung mit besonderer Berücksichtigung der Bundesrepublik Deutschland. Wiesbaden 1965.

[25] *Buddeberg, H.:* Betriebslehre des Binnenhandels. Wiesbaden 1959.

[26] *Bühler, H.:* Einführung in die Anwendung moderner Rechenautomaten. Basel, Stuttgart 1963.

[27] *Canning, R. G.:* Electronic Data Processing for Business and Industry. New York 1956.

[28] *Chapin, N.:* Einführung in die elektronische Datenverarbeitung, 3. Aufl. Wien, München 1967.

[29] *Churchman, C. W., R. L. Ackoff* und *L. E. Arnoff:* Operations Research. Wien, München 1961.

[30] *Danø, S.:* Linear Programming in Industry. Wien 1963.

[31] *Dearden, J.:* Computers in Business Management. Homewood/Ill. 1966.

[32] *Dichtl, E.:* Die absatz- und kostenwirtschaftliche Prüfung eines Investitionsobjekts im Einzelhandel, erläutert an Hand einer authentischen Fallstudie. Berlin 1969.

[33] *Diemer, A.:* Das Wesen der automatisierten elektronischen Datenverarbeitung. Berlin 1962.

[34] *Drucker, P. F.:* Praxis des Management, 4. Aufl. Düsseldorf 1964.

[35] *Dworatschek, S.:* Einführung in die Datenverarbeitung, 2. Aufl. Berlin 1969.

[36] *Engel, J.:* Die Verwendung von elektronischen Datenverarbeitungsanlagen im Versandhandel, (unveröffentlichte bei Prof. Dr. C. W. Meyer eingereichte) Diplomarbeit. Würzburg 1969.

[37] *Engels, W.:* Betriebswirtschaftliche Bewertungslehre im Licht der Entscheidungstheorie. Köln, Opladen 1962.

[38] *Faure, R., J. P. Boss* und *A. le Garff:* Grundkurs der Unternehmensforschung. München, Wien 1962.

[39] *Fischbach, F.,* und *P. Büttgen:* Lehrbuch für die elektronische Datenverarbeitung. Mainz 1967.

[40] *Fischbach, F.,* und *P. Büttgen:* Organisation und Technik der Datenfernübertragung. Mainz 1968.

[41] *Frese, E.:* Kontrolle und Unternehmensführung. Entscheidungs- und organisationstheoretische Grundfragen. Wiesbaden 1968.

[42] *Futh, H.:* Elektronische Datenverarbeitungsanlagen, Bd. 1, Einführung in Aufbau und Arbeitsweise, 2. Aufl. München, Wien 1966, Bd. 2, Organisation der Datenverarbeitung, 2. Aufl. München, Wien 1966.

[43] *Futh, H., Lang, G.:* Daten integriert verarbeiten. Köln 1967.

[44] *Gebhardt-Seele, P.:* Rechenmodelle für wirtschaftliches Lagern und Einkaufen. München, Wien 1962.

[45] *Grabbe, E. M., S. Ramo* und *D. A. Wolldridge* (Hrsg.): Handbook of Automation, Computation and Control. New York 1958.

[46] *Grochla, E.:* Automation und Organisation. Die technische Entwicklung und ihre betriebswirtschaftlich-organisatorischen Konsequenzen. Wiesbaden 1966.

[47] *Gümbel, R.:* Die Sortimentspolitik in den Betrieben des Wareneinzelhandels. Köln, Opladen 1963.

[48] *Günther, B.:* Elektronisches Rechnen. Düsseldorf 1964.

[49] *Güntsch, F.-R.:* Einführung in die Programmierung digitaler Rechenautomaten. Berlin 1960.

[50] *Gutenberg, E.:* Einführung in die Betriebswirtschaftslehre. Wiesbaden 1958.

[51] *Gutenberg, E.:* Grundlagen der Betriebswirtschaftslehre, Bd. 1, Die Produktion, 14. Aufl. Berlin, Göttingen, Heidelberg 1968, Bd. 2, Der Absatz, 10. Aufl. Berlin, Göttingen, Heidelberg 1967.

[52] *Haas, G.:* Grundlagen und Bauelemente elektronischer Ziffernrechenmaschinen. Eindhoven 1961.

[53] *Hansen, H. R.:* Bestimmungsfaktoren für den Einsatz elektronischer Datenverarbeitungsanlagen in Unternehmungen, Diss. Würzburg/Berlin 1969/70 (im Druck).

[54] *Hartmann, B.:* Betriebswirtschaftliche Grundlagen der automatisierten Datenverarbeitung, 3. Aufl. Freiburg/Brsg. 1968.

[55] *Hartmann, B.:* Die elektronische Datenverarbeitung in Lehre und Praxis. Ergebnisse einer Studienreise nach den USA, RKW-Auslandsdienst A 20. Berlin 1959.

[56] *Heilmann, H., W. Heilmann* und *E. Reblin:* Einsatzplanung für eine Datenverarbeitungsanlage. Stuttgart 1968.

[57] *Heinen, E.:* Einführung in die Betriebswirtschaftslehre. Wiesbaden 1968.

[58] *Hellfors, S.:* Management – Datenverarbeitung – Operations Research. Die Auswirkungen moderner Datenverarbeitungstechniken auf die betriebliche Leitungstätigkeit. München, Wien 1967.

[59] *Hoffmann, F.:* Die Einsatzplanung elektronischer Rechenanlagen in der Industrie. München, Wien 1961.

[60] *Hofmann, K.:* Die Auswahl von EDV-Anlagen. Baden-Baden 1966.

[61] *Holtgrewe, K.:* Automation und Entscheidung. Möglichkeiten und Probleme eines ganzheitlichen Informations- und Entscheidungssystems. Wiesbaden 1968.

[62] *Hoos, I. R.:* Automation im Büro. Frankfurt/M. 1966.

[63] *Huber, A.:* Die Anwendung des Lochkartenverfahrens im Warenhaus. Bern 1954.

[64] *Hürlimann, W.:* Lineare Programmierung. Eine Einführung für Kaufleute. Düsseldorf 1963.

[65] *Illetschko*, L. I.: Automation und Betriebswirtschaft. Wien 1957.

[66] *Joksch, H. C.:* Lineares Programmieren. Tübingen 1962.

[67] *Jonas, H.:* Investitionsrechnung. Berlin 1964.

[68] *Kalbermatten, M.:* Der Personaleinsatz in der elektronischen Datenverarbeitung. Hamburg, Berlin 1963.

[69] *Kalscheuer, H. D.:* Integrierte Datenverarbeitungssysteme für die Unternehmensführung. Berlin 1967.

[70] *Kanter, J.:* The Computer and the Executive. London 1967.

[71] *Kathrein, O.:* Die freiwilligen Zusammenschlüsse zwischen Groß- und Einzelhandlungen. Marburg/Lahn 1958.

[72] *Kaufmann, A.:* Entscheidungstechnik im Management. Modelle für menschliches Handeln. München 1968.

[73] *Kaufmann, H.:* Informations-Verarbeitung und Automatisierung. Einführende Betrachtungen zum Problem der Automatisierung in Büro und Produktion. München, Wien 1966.

[74] *Kent, A.:* Einführung in die Informationswiedergewinnung. Neue Verfahren und maschinelle Hilfsmittel. München, Wien 1966.

[75] *Kern, R.:* Die Funktionsausübung im Einzelhandel. Bestimmungsfaktoren und zweckmäßige Ausgestaltung, Diss. Berlin 1969/70.

[76] *Klar, R.:* Digitale Rechenautomaten. Berlin 1969.

[77] *Klerer, M.*, und *G. A. Korn* (Hrsg.): Digital Computer User's Handbook, London 1967.

[78] *Klingmann, H. F.:* Electronics in Business. A Case Study in Planning. New York 1956.

[79] *Kommunale Gemeinschaftsstelle für Verwaltungsvereinfachung:* Systemvergleich elektronischer Datenverarbeitungsanlagen. Köln 1966.

[80] *Koxholt, R.:* Die Simulation – ein Hilfsmittel der Unternehmensforschung. München, Wien 1967.

[81] *Kozmetsky, G*, und *P. Kircher:* Electronic Computers and Management Control. New York, Toronto, London 1956.

[82] *Kramer, R.:* Die betriebswirtschaftliche Bedeutung von Information und Kommunikation, insbesondere für die Struktur des Betriebes. Mannheim 1962.

[83] *Krelle, W.*, und *H. P. Künzi:* Lineare Programmierung. Zürich 1958.

[84] *Kuhrt, P.-F.*, *R. Giesecke* und *V. Maurer:* Datenfernübertragung. Köln, Opladen 1966.

[85] *Kulhavy, E.:* Operations Research. Wiesbaden 1963.

[86] *Künzi, H. P.*, und *W. Krelle:* Nichtlineare Programmierung. Berlin, Göttingen, Heidelberg 1962.

[87] *Künzi, H. P.*, und *W. Schilling:* Einführung in die elektronische Datenverarbeitung. Zürich 1964.

[88] *Lange, H.:* Elektronische Digitalrechner. Stuttgart 1964.

[89] *Lesourne, J.:* Unternehmensführung und Unternehmensforschung. München, Wien 1964.

[90] *Lindemann, P.:* Planung von elektronischen Datenverarbeitungsorganisationen. Grundlagen der elektronischen Datenverarbeitung. Frankfurt/M. 1964.

[91] *Lippert, A.:* Möglichkeiten und Grenzen der Automation im Einzelhandel in ihrer besonderen Bedeutung für Warenhäuser, Diss. Darmstadt 1958.

[92] *Littmann, H. E.:* Der permanente Geschäftsbericht. Hamburg 1961.

[93] *Lutz, T.:* Der Rechnerkatalog. 100 Computer mit ihren Kenndaten. Stuttgart 1966.

[94] *Martin, F.:* Elektronische Datenverarbeitung in der Wirtschaft. Radevormwald o. J.

[95] *Martin, F.*, *K. Kempe* und *M. Dieckow:* Optimale Vertriebsgestaltung, Marketingkonzeption und elektronische Datenverarbeitung. Radevormwald, Bergedorf 1965.

[96] *Mathieu, J.*, und *W. Zimmermann:* Bestimmung des optimalen Fertigungsprogramms in Industriebetrieben. Köln, Opladen 1962.

[97] *Meller, F.*, *L. Reinhardt* u. a.: Die elektronische Datenverarbeitung. Forschung – Anwendung – Ausbildung. Ein Expertenbericht aus den USA für die deutsche Wissenschaft, Wirtschaft und Verwaltung. Berlin 1964.

[98] *Mertens, P.:* Industrielle Datenverarbeitung. Wiesbaden 1969.

[99] *Meyer, C. W.:* Die Koordination von Unternehmung und Markt. Berlin 1959.

[100] *Meyer, C. W.:* Grundsatzentscheidungen der Vertriebsführung. Berlin 1961.

[101] *Meyer, C. W.:* Grundzüge moderner Vertriebspolitik. Marketing-Maßnahmen. Berlin 1967.

[102] *Meyer, G.:* Elektronische Rechenmaschinen und ihr Einsatz in der kaufmännischen Verwaltung von Industriebetrieben. Würzburg 1960.

[103] *Meyer, H. E.:* Die Lagerbewirtschaftung im Warenhaus auf Grundlage des Operations Research. Winterthur 1964.

[104] *Meyer, W. M.:* Sortimentsplanung und Sortimentskontrolle in der Einzelhandelsunternehmung. Zürich 1955.

[105] *Mross, M.:* Automation der Büro- und Verwaltungsarbeit. Hamburg-Stellingen 1956.

[106] *Müller, A.* (Hrsg.): Lexikon der Kybernetik. Quickborn 1964.

[107] *Müller, H.:* Die elektronische digitale Rechenmaschine und Grundlagen ihrer Anwendbarkeit unter besonderer Berücksichtigung betriebswirtschaftlicher Aufgabenstellungen. Berlin 1959.

[108] *Müller-Lutz, H. L.* (Hrsg.): Das automatisierte Büro. Wiesbaden 1965.

[109] *Müller-Lutz, H. L.* (Hrsg.): Das programmierte Büro. Wiesbaden 1964.

[110] *Munter, H.:* Wie bucht und fakturiert man elektronisch? Düsseldorf 1962.

[111] *Nett, R.,* und *S. Hetzler:* An Introduction to Electronic Data Processing. Chikago 1960.

[112] *Neumann, J. von:* Die Rechenmaschine und das Gehirn, 2. Aufl. München, Wien 1965.

[113] *Neumann, J. von,* und *O. Morgenstern:* Spieltheorie und wirtschaftliches Verhalten. Würzburg 1961.

[114] *Niederberger, A. R. V.:* Das betriebliche Informationssystem. Wiesbaden 1967.

[115] *Niederberger, A. R. V.:* Dokumentation Elektronische Rechenautomaten. Hamburg 1963.

[116] *Niederberger, A. R. V.:* Leistungsanalyse elektronischer Rechenanlagen. Hamburg, Berlin 1963.

[117] *Nowak, P.:* Kostenrechnungssysteme in der Industrie, 2. Aufl. Köln, Opladen 1961.

[118] *Pietzsch, J.:* Die Information in der industriellen Unternehmung. Grundzüge einer Organisationstheorie für elektronische Datenverarbeitung. Köln, Opladen 1964.

[119] *Rasmussen, C.:* Rationalisierung in Handelsbetrieben. Hannover, München 1954.

[120] *Rationalisierungs-Kuratorium der deutschen Wirtschaft e. V. Landesgruppe Niedersachsen:* Datentechnik für Mittelbetriebe. Einladung und Programm der Informationstagung anläßlich der Hannover-Messe 1968 vom 28. April und 1. Mai.

[121] *Rechenberg, P.:* Grundzüge digitaler Rechenautomaten. München, Wien 1964.

[122] *Remus, H.:* Programmierung und Anwendung elektronischer Ziffern-Rechenautomaten. Berlin 1963.

[123] *Reuss, G. E.:* Management im Zeitalter des Elektronenrechners. Basel, Tübingen 1965.

[124] *Rüegg, M.:* Einsatz der elektronischen Datenverarbeitung in der Unternehmung unter besonderer Berücksichtigung des Warenhauses, Diss. Zürich 1963.

[125] *Ruf, W.:* Die Grundlagen eines betriebswirtschaftlichen Wertbegriffes. Bern 1955.

[126] *Sandig, C.:* Betriebswirtschaftspolitik, 2. Aufl. Stuttgart 1966.

[127] *Sasieni, M., A. Yaspan* und *L. Friedman:* Methoden und Probleme der Unternehmensforschung, Sonderausgabe. Würzburg 1967.

[128] *Schär, J. F.:* Allgemeine Handelsbetriebslehre. Leipzig 1911.

[129] *Schindler, H.:* Investitionsrechnungen in Theorie und Praxis. Meisenheim/Glan 1958.

[130] *Schmidt, E.:* Die Automation in organisationstheoretischer Betrachtung. Berlin 1966.

[131] *Schneider, C.:* Taschenlexikon der Datenverarbeitung. Stuttgart 1967.

[132] *Schneider, H.-J.,* und *D. Jurksch:* Programmierung von Datenverarbeitungsanlagen. Berlin 1967.

[133] *Schnutenhaus, O.:* Absatzpolitik und Unternehmensführung. Freiburg/Brsg. 1961.

[134] *Scholl, E.:* Die lineare Planungsrechnung unter besonderer Berücksichtigung linearer Verteilungsmodelle, Diss. Mannheim 1959.

[135] *Schulz, A.:* Strukturanalyse der maschinellen betrieblichen Informationsbearbeitung. Berlin 1969.

[136] *Schweiker, K. F.:* Grundlagen einer Theorie betrieblicher Datenverarbeitung. Wiesbaden 1966.

[137] *Servan-Schreiber, J. J.:* Die amerikanische Herausforderung. Hamburg 1968.

[138] *Seyffert, R.:* Wirtschaftslehre des Handels, 3. Aufl. Köln, Opladen 1957.

[139] *Sherman, P. M.:* Programming and Coding Digital Computers. New York, London 1963.

[140] *Sisson, R. L.,* und *R. G. Canning:* A Manager's Guide to Computer Processing. London 1967.

[141] *Smith, C. V. L.:* Electronic Digital Computers. New York 1959.

[142] *Steinbuch, K.:* Automat und Mensch. Über menschliche und maschinelle Intelligenz. Berlin, Göttingen, Heidelberg 1961.

[143] *Steinbuch, K.:* Falsch programmiert. Stuttgart 1968.

[144] *Steinbuch, K.* (Hrsg.): Taschenbuch der Nachrichtenverarbeitung. Berlin, Göttingen, Heidelberg 1962.

[145] *Stevenson, H.:* Elektronische Datenverarbeitung in Kreditinstituten. Berlin 1968.

[146] *Stibic, V.:* Wege von der Mechanisierung zur Automatisierung der Verwaltungsarbeit. Berlin 1962.

[147] *Thüring, B.:* Einführung in die Methoden der Programmierung kaufmännischer und wissenschaftlicher Probleme für elektronische Rechenanlagen, Bd. 1, Bd. 2 und Bd. 3. Baden-Baden 1958 bis 1964.

[148] *Vajda, S.:* Einführung in die Linearplanung und die Theorie der Spiele. München, Wien 1961.

[149] *Vajda, S.:* Lineare Programmierung. Zürich 1960.

[150] *Vazsonyi, A.:* Die Planungsrechnung in Wirtschaft und Industrie. Wien, München 1962.

[151] *Vieweg, R.:* Datenverarbeitung und Management. Anpassung der Führungsmethoden an moderne Informationssysteme. Frankfurt/M., Berlin 1968.

[152] *Vieweg, R.:* Lochkartentechnik und elektronische Datenverarbeitung. Eine Einführung in Arbeitsweise und Organisation. Frankfurt/M., Berlin 1967.

[153] *Vokuhl, P.:* Die Anwendung der linearen Programmierung in Industriebetrieben. Berlin 1965.

[154] *Wayne, E. C.:* Digital Computers Principles. Princeton 1960.

[155] *Weide, E.:* Organisation der automatischen Datenverarbeitung. Baden-Baden, Homburg v. d. H. 1965.

[156] *Wiener, N.*: Mensch und Menschmaschine. Frankfurt/M., Berlin 1958.
[157] *Wille, F.*: Betriebsabrechnung mit Lochkarten und Datenverarbeitungsanlagen. Stuttgart-Degerloch 1965.
[158] *Winkler, H.*: Maschinelle Buchhaltung in der Praxis. Berlin, Bielefeld, München 1963.
[159] *Wittmann, W.*: Der Wertbegriff in der Betriebswirtschaftslehre. Köln, Opladen 1956.
[160] *Wittmann, W.*: Unternehmung und unvollkommene Information. Köln, Opladen 1959.
[161] *Woitschach, M.*, und *G. Wenzel*: Lineare Planungsrechnung in der Praxis. Stuttgart 1959.
[162] *Wyler, R.*: Chef-Information und elektronische Datenverarbeitung. Bern 1963.
[163] *Ziegler, J. R.*: Time-Sharing Data Processing Systems. London 1967.
[164] *Zimmermann, H. J.*: Mathematische Entscheidungsforschung und ihre Anwendung auf die Produktionspolitik. Berlin 1963.
[165] *Zopp, H.*: Die Großbetriebe des Einzelhandels in der Rechtsform der Aktiengesellschaft. Köln, Opladen 1963.
[166] *Zwicker, E.*: Personelle Organisation in der elektronischen Datenverarbeitung. Berlin 1967.

ohne Verfasserangaben:

[167] Ablauf- und Planungsforschung, Operations Research. Hrsg. RKW-Auslandsdienst, Heft Nr. 56. München 1958.
[168] Diebold-Statistik der installierten und bestellten elektronischen Rechenanlagen in Deutschland. Stand vom 1. Januar 1969, Hrsg. Diebold Deutschland GmbH. Frankfurt/M. 1969.
[169] Großhandel und Einzelhandel in den USA. Hrsg. RKW-Auslandsdienst, Heft 73. München 1959.
[170] Kernprobleme neuzeitlicher Büro-Organisation und -Technik im Großhandel. Hrsg. RKW, AWV-Schriftenreihe Nr. 171. Frankfurt/M. 1955.
[171] Mitteilungen des Instituts für Handelsforschung an der Universität Köln. Hrsg. Seyffert, R., Nr. 197. Köln o. D.
[172] Organisation in amerikanischen Unternehmen. Ergebnisse einer Studienreise in die Vereinigten Staaten von Amerika. Hrsg. Ausschuß für wirtschaftliche Verwaltung (AWV). Wiesbaden 1963.
[173] Statistisches Jahrbuch für die Bundesrepublik Deutschland 1964. Hrsg. Statistisches Bundesamt. Stuttgart, Mainz 1964.
[174] Struktur und Leistung des Saarländischen Groß- und Einzelhandels sowie Vergleich mit dem Handel in der übrigen Bundesrepublik. Hrsg. Buddeberg, H. Saarbrücken 1958.

Beiträge zu Sammelwerken:

[175] *Abt, S. T. R.*: Opportunities for Operations Research in Supermarkets. In: Operations Research for Management, Bd. 1, Hrsg. Mc Closkey, J. F., und F. N. Trefethen. Baltimore 1954.

[176] *Basten, R.:* Die Verwirklichung der Automation in der Handelspraxis, dargestellt am Beispiel des Versandhauses Quelle. In: Organisation und Automation im Handel. Hrsg. Handelshochschule. St. Gallen, Bern 1962.

[177] *Becker, H.:* Finanzbuchhaltung – Massendebitoren. In: Elektronische Automation im Büro. Hrsg. Hessisches Institut für Betriebswirtschaft. Köln 1956.

[178] *Bernhard, A.:* Das Management und die Computer. In: Betriebswirtschaftliche Probleme, II. Ausgabe. Hrsg. Neue Zürcher Zeitung. Zürich 1965.

[179] *Beth, E.:* Betriebsabrechnungsbogen. In: Elektronische Automation im Büro. Hrsg. Hessisches Institut für Betriebswirtschaft. Köln 1956.

[180] *Eicken, W.:* Der Lochstreifen als Datenträger. In: Handbuch der maschinellen Datenverarbeitung. Hrsg. Littmann, H. E. Stuttgart-Degerloch 1964.

[181] *Flood, M. M.:* The Travelling-Salesman-Problem. In: Operations Research for Management. II. Band, Hrsg. Mc Closkey, J. F., und J. M. Coppinger, Baltimore 1956.

[182] *Futh, H.:* Betrachtungen zur Einrichtung der integrierten Datenverarbeitung. In: Handbuch der maschinellen Datenverarbeitung. Hrsg. Littmann, H. E. Stuttgart-Degerloch 1964.

[183] *Glaser, J.:* Wirtschaftlichkeitsüberlegungen vor dem Einsatz einer automatischen Datenverarbeitungsanlage. In: Rationalisierung im Handel, Festschrift zum 60. Geburtstag von Friedrich Prieß, Hrsg. Verlag RGH-Vertrieb GmbH. Köln 1964.

[184] *Grochla, E.:* Möglichkeiten einer Steigerung der Wirtschaftlichkeit im Büro. In: Bürowirtschaftliche Forschung, Hrsg. Kosiol, E. Berlin 1961.

[185] *Güttinger, W.:* Die technischen Grundlagen der Automation. In: Organisation und Automation im Handel, Hrsg. Handelshochschule St. Gallen. Bern 1962.

[186] *Hansen, H. R.:* Die elektronische Datenverarbeitung als Mittel zur Unterstützung der Vertriebsführung. In: Unternehmung und Markt. Festschrift für Carl W. Meyer, Hrsg. Hansen, H. R. Berlin 1969.

[187] *Hautle, W. von:* Organisationsstruktur und Arbeitsabläufe im Großhandel. In: Organisation und Automation im Handel. Hrsg. Handelshochschule St. Gallen. Bern 1962.

[188] *Hirsch, R.:* Im Handel von morgen: Einsatz elektronischer Geräte. In: Der Handel heute – In memoriam Julius Hirsch, Hrsg. Behrens, K. C. Tübingen 1962.

[189] *Krawinkel, M.:* Zur Frage der Wirtschaftlichkeit des Lochkartenverfahrens. In: Handbuch der Lochkarten-Organisation, 1. Teil, Hrsg. Ausschuß für wirtschaftliche Verwaltung (AWV), 4. Aufl. Frankfurt/M. 1962.

[190] *Kulhavy, E.:* Die Operationsforschung in Handel und Vertrieb. In: Betriebsführung und Operations Research, Hrsg. Angermann, A. Frankfurt/M. 1963.

[191] *Littmann, H. E.:* Die organisatorischen Grundlagen der integrierten Datenverarbeitung. In: Handbuch der maschinellen Datenverarbeitung. Hrsg. Littmann, H. E. Stuttgart-Degerloch 1964.

[192] *Littmann, H. E.:* Organisation und Wirtschaftlichkeit bei maschineller Datenverarbeitung. In: Handbuch der maschinellen Datenverarbeitung. Hrsg. Littmann, H. E. Stuttgart-Degerloch 1964.

[193] *Magee, J. F.:* The Effect of Promotial Efforts on Sales. In: Operations Research for Management, Bd. 1, Hrsg. Mc Closkey, J. F., und F. N. Trefethen. Baltimore 1954.

[194] *Martin, F.:* Elektronik, ein neues technisches Zeitalter. In: Elektronische Automation im Büro, Hrsg. Hessisches Institut für Betriebswirtschaft. Köln 1956.

[195] *Martin, F.:* Forecasting – Programme. In: Elektronische Automation im Büro, Hrsg. Hessisches Institut für Betriebswirtschaft. Köln 1956.

[196] *Martin, F.:* Statistik. In: Elektronische Automation im Büro. Hrsg. Hessisches Institut für Betriebswirtschaft. Köln 1956.

[197] *Martin, F.:* Warenhausorganisation. In: Elektronische Automation im Büro. Hrsg. Hessisches Institut für Betriebswirtschaft. Köln 1956.

[198] *Marwedel, H.:* Die Wirtschaftlichkeit von elektronischen Datenverarbeitungsanlagen. In: Der Computer im Dienste der Unternehmensführung, Hrsg. Busse von Colbe, W., und R. Mattessich. Bielefeld 1968.

[199] *Meyer, C. W.:* Betriebswirtschaftliches Revisionswesen und Unternehmensführung. In: Prüfung und Besteuerung der Betriebe, Festschrift für W. Eich, Hrsg. Pohmer, D. Berlin 1959.

[200] *Robinson, P. J.:* Analyse von Absatz- und Verteilungsproblemen. In: Operations Research, Hrsg. American Management Association, Inc. Essen 1958.

[201] *Weinberg, F.:* Zur Problematik des industriellen Computereinsatzes im taktischen Operations Research. In: Betriebswirtschaftliche Probleme, II. Ausgabe, Hrsg. Neue Zürcher Zeitung. Zürich 1965.

[202] *Weinhold, H.:* Organisation im Handel. In: Organisation und Automation im Handel, Hrsg. Handelshochschule St. Gallen. Bern 1962.

[203] *Wollenberg, P.:* Die Offene-Posten-Buchhaltung mit Lochkarten und Magnetbändern. In: Handbuch der maschinellen Datenverarbeitung, Hrsg. Littmann, H. E. Stuttgart-Degerloch 1964.

[204] *Wulkan, F. von:* Mechanisierung und Automatisierung im Handel. In: Organisation und Automation im Handel, Hrsg. Handelshochschule St. Gallen. Bern 1962.

ohne Verfasserangaben:

[205] Das Automation-Center, ein neuzeitlicher Dienstleistungsbetrieb. In: Handbuch der maschinellen Datenverarbeitung, Hrsg. Littmann, H. E. Stuttgart-Degerloch 1964.

Zeitschriftenaufsätze

Aufsätze in unabhängigen Zeitungen und Zeitschriften:

[206] *Au, K. H.:* Integrierte Datenverarbeitung und Automation des Rechnungswesens. In: Bürotechnik und Automation, 9. Jg. 1968.

[207] *Bader, H.:* Voraussetzungen für den erfolgreichen Einsatz elektronischer Datenverarbeitungsanlagen. In: Organisation und Betrieb, Nr. 11, 1962.

[208] *Barclay, A. G.:* An Examination of Three Causes of Limitations in Present Computer Application. In: The Accountant's Magazine, Dec., 1967.

[209] *Baumol, W. J.:* Besseres Marketing durch Operations Research. In: Zeitschrift für Betriebswirtschaft, 30. Jg. 1960.

[210] *Beale, E. M. L., P. A. B. Hughes* und *S. R. Broadbent:* Bewertung von Mediaplänen mit Hilfe von Computern. In: Forschen – Planen – Entscheiden, Nr. 6, 1967.

[211] *Beale, E. M. L.*, und *G. Morton:* Solution of a Purchase-Storage-Program. In: Operational Research Quarterly, Nr. 3, 1958.

[212] *Becker, A. M.:* Dokumentation und elektronische Datenverarbeitung. In: Bürotechnik und Automation, 9. Jg. 1968.

[213] *Beckmann, M. J.:* Lagerhaltung bei Unsicherheit. In: Unternehmensforschung, Nr. 1, 1963.

[214] *Bereska, D.:* Technik des Vergleichs konkurrierender elektronischer Datenverarbeitungsanlagen (EDVA). In: Das Rationelle Büro, Nr. 8, 1966.

[215] *Beschnitt, C. S.:* Gut geplant ist halb gewonnen, Der neue Mitarbeiter im Betrieb: Elektronik (V). In: Frankfurter Allgemeine Zeitung – Blick durch die Wirtschaft, 5. 10. 1964.

[216] *Beßler, O.:* Die Datenerfassung, das Stiefkind der Elektronik. In: Rationeller Handel, Nr. 8, 1967.

[217] *Beßler, O.:* Fortschritte in der Datenerfassung. In: Rationeller Handel, Nr. 2, 1968.

[218] *Beßler, O.:* Organisation fürs Rechenzentrum. In: Rationeller Handel, Nr. 6, 1967.

[219] *Beßler, O.:* Software – Dichtung und Wahrheit. In: Rationeller Handel, Nr. 5, 1968.

[220] *Beßler, O.:* Was die Elektronik laufend kostet. In: Rationeller Handel, Nr. 11, 1967.

[221] *Beßler, O.:* Was die Elektronik wirklich kostet. In: Rationeller Handel, Nr. 10, 1967.

[222] *Billeter, E. P.:* Elektronische Rechenautomaten im Dienste der industriellen Unternehmensforschung. In: Unternehmensforschung, II/1, 1958.

[223] *Blau, H.:* Die Planung von EDV-Anlagen. In: Bürotechnik und Automation, 5. Jg. 1964, Nr. 11 und Nr. 12; 6. Jg. 1965, Nr. 1, Nr. 2, Nr. 3, Nr. 4, Nr. 5, Nr. 6, Nr. 7, Nr. 8, Nr. 9.

[224] *Blau, H.:* Haben Standard-Problemlösungen eine Chance? In: Bürotechnik und Automation, 7. Jg. 1966.

[225] *Borgers, B. P.:* Zwischen Illusion und Wirklichkeit. Die automatische Datenverarbeitung im Nahrungsmittelgroßhandel. In: Rationeller Handel, Nr. 7, 1966.

[226] *Carter, B. L.:* Big Bargains for the Small Retailer. In: Business Automation, 11. Jg. 1964.

[227] *Dangers, W.:* Der Einsatz einer Lochkartenanlage im Großhandel. In: Zeitschrift für das gesamte Rechnungswesen, 11. Jg. 1965.

[228] *Dieckow, M.:* Das optimale Sortiment vom Elektronenrechner bestimmt, Der neue Mitarbeiter im Betrieb: Elektronik (XXI). In: Frankfurter Allgemeine Zeitung – Blick durch die Wirtschaft, 30. 11. 1964.

[229] *Droeven, F.:* Ist die elektronische Datenverarbeitung wirtschaftlich? In: Bürotechnik und Organisation, 15. Jg. 1967.

[230] *Elbe, F. W.:* Vorbereitung und Ablauf der Umstellung auf die elektronische Datenverarbeitung. In: Mensch und Arbeit, 16. Jg. 1964.

[231] *Erdlen, M.:* Zur optimalen Lösung von Lagerhaltungsproblemen durch elektronische Datenverarbeitungsanlagen. In: Elektronische Rechenanlagen, 6. Jg. 1964.

[232] *Faust, B.:* Der Einsatz elektronischer Datenverarbeitungsanlagen. In: Zeitschrift für Organisation, 32. Jg. 1963 und 33. Jg. 1964.

[233] *Fehners, W.:* Kann die Auswahl der richtigen Datenverarbeitungsanlage eine Augenblicksentscheidung sein? In: Bürotechnik und Automation, 8. Jg. 1967.

[234] *Fischer, K.*, und *R. Gunzenhäuser:* Zur Bestimmung des günstigsten Standortes einer Betriebsfiliale. In: Unternehmensforschung, Nr. 7, 1963.

[235] *Ford, L. R., und D. R. Fulkerson:* Solving the Transportation Problem. In: Management Science, Nr. 1, 1956/57.
[236] *Gautschi, E.:* Die Wirtschaftlichkeit der elektronischen Datenverarbeitung. In: Zeitschrift für Datenverarbeitung, Nr. 2, 1968.
[237] *Glaser, J.:* Automatische Datenverarbeitung macht von sich reden. In: Rationeller Handel, Nr. 11, 1964.
[238] *Glaser, J.:* Betriebs- und Einrichtungskosten von Lochkartenanlagen. In: Rationeller Handel, Nr. 1, 1964.
[239] *Glaser, J.:* Elektronische Datenverarbeitung im Handelsbetrieb. In: Rationeller Handel, Nr. 4, 1964.
[240] *Glaser, J.:* Fakturieren mit Lochkarten. In: Die RGH teilt mit, Nr. 4, 1963.
[241] *Glaser, J.:* Fakturieren und Disponieren im Cash-and-Carry-Großhandel. In: Rationeller Handel, Nr. 5, 1964.
[242] *Glaser, J.:* Gemeinschaftsanlagen – Datensilos für alle: In: Rationeller Handel, Nr. 1, 1965.
[243] *Glaser, J.:* Kosten und Leistungsstufen von Lochkartenanlagen. In: Rationeller Handel, Nr. 7, 1964.
[244] *Glaser, J.:* Lochkartenanlagen in Handelsbetrieben. In: Die RGH teilt mit, Nr. 3, 1963.
[245] *Glaser, J.:* Nach vier Monaten aus dem Schneider – Wirtschaftlichkeitsrechnung zum Eislinger Verfahren. In: Rationeller Handel, Nr. 3, 1965.
[246] *Glaser, J.:* Sortiments- und Erfolgskontrolle im Cash-and-Carry-Großhandel, Der neue Mitarbeiter im Betrieb: Elektronik (XVII). In: Frankfurter Allgemeine Zeitung – Blick durch die Wirtschaft, 16. 11. 1964.
[247] *Glaser, J.:* Süße Früchte – nicht nur für die Großen. In: Rationeller Handel, Nr. 2, 1965.
[248] *Göbel, H.:* Information und Datenverarbeitung. In: Zeitschrift für handelswissenschaftliche Forschung, 18. Jg. 1966.
[249] *Graef, F.*, und *H. Rieks:* Elektronische Auftragsabwicklung im Versandhandel, Der neue Mitarbeiter im Betrieb: Elektronik (XIV). In: Frankfurter Allgemeine Zeitung – Blick durch die Wirtschaft, 5. 11. 1964.
[250] *Griesbach, B.:* Blockbildung auch im Handel. In: Der Volkswirt, 16. Jg. 1962.
[251] *Gruppe, G.:* Elektronische Rechenanlagen sind keine Prestigeinvestitionen. In: Der Volkswirt, 12. Jg. 1958.
[252] *Gsell, P.:* „Elektronische" Sortimentskontrolle. In: Rationeller Handel, Nr. 7, 1966.
[253] *Hagen, K.:* Konkurrent und Partner. In: Rationeller Handel, Nr. 7, 1966.
[254] *Hankel, C.:* Lagerhaltung mit einer elektronischen Datenverarbeitungsanlage. In: Elektronische Datenverarbeitung, Nr. 4, 1965.
[255] *Hansen, H. R.:* Betrieb im Blickpunkt: Geschäft mit Grundsätzen. In: Rationeller Handel, Nr. 8, 1968.
[256] *Hansen, H. R.:* Dafür oder dagegen? Einstellung des Personals gegenüber der elektronischen Datenverarbeitung. In: Bürotechnik und Organisation, 19. Jg. 1969.
[257] *Hansen, H. R.:* Stand und Entwicklung der EDV im deutschen Handel. In: Rationeller Handel, Nr. 10, 1969.
[258] *Hansen, H. R.:* Die elektronische Datenverarbeitung im deutschen Handel. In: Rationeller Handel, Nr. 2, 1966.

[259] *Hansen, H. R.:* Rationaler Vertrieb durch Marketing-Informations-Systeme. In: Büro + Verkauf, 37. Jg. 1968.

[260] *Hansen, H. R.:* Was hat die Operations Research dem Handel zu bieten? In: Rationeller Handel, Nr. 8, 1967.

[261] *Hartmann, B.:* Die Weiterentwicklung der Betriebswirtschaftslehre. In: Zeitschrift für Betriebswirtschaft, 33. Jg. 1963.

[262] *Heinrich, L. J.:* Die schwere Entscheidung. Betriebe an der Computer-Schwelle. In: Der Volkswirt, 21. Jg. 1967.

[263] *Hemmerle, K.:* Magnetolekteurkarten als Bestellblocks. In: Das Rationelle Büro, Nr. 12, 1964.

[264] *Hertwig, J.:* Computer verschärfen den Wettbewerb, In: Der Maschinenmarkt, 73. Jg. 1967.

[265] *Hinze, F.:* Niedrige Läger durch schnelle Bestellung. In: Rationeller Handel, Nr. 3, 1967.

[266] *Hoffmann, F.:* Vorbereitung und Kontrolle unternehmerischer Entscheidungen mit Hilfe elektronischer Rechenanlagen. In: Der Betrieb, 17. Jg. 1964.

[267] *Hofmann, P.:* Der Wert eines Datenverarbeitungssystems. In: Neue Betriebswirtschaft, 19. Jg. 1966.

[268] *Hopperdietzel, W.:* Rechner mit Rendite. Wirtschaftlichkeitsrechnung für EDV. In: Plus – Zeitschrift für Unternehmensführung, Nr. 5, 1968.

[269] *Huppertz, K. H.:* Lohn und Gehalt auf der Elektronik. In: Rationeller Handel, Nr. 3, 1968.

[270] *Huppertz, K. H.:* Optimales Lager gesucht. In: Rationeller Handel, Nr. 3, 1967.

[271] *Jordan, C.:* Wie schnell altern Computer. In: Frankfurter Allgemeine Zeitung – Blick durch die Wirtschaft, 5. 7. 1967.

[272] *Kalker, A.:* Möglichkeiten des Einsatzes von Lochkarten im Ein- und Verkauf des Einzelhandels. In: Bürotechnik und Organisation, 8. Jg. 1960.

[273] *Kalker, A.:* Neue Verkaufsetiketten. In: Bürotechnik und Organisation, 12. Jg. 1964.

[274] *Kittel, H.,* und *P. Mertens:* Einige quantitative Untersuchungen zur Größendegression von Datenverarbeitungsanlagen. In: Elektronische Datenverarbeitung, Nr. 6, 1965.

[275] *Knoblauch, H.:* Probleme der überbetrieblichen Zusammenarbeit bei der Datenverarbeitung. In: Bürotechnik und Automation, 7. Jg. 1966.

[276] *Krelle, W.:* Ganzzahliges Programmieren, Theorie und Anwendung in der Praxis. In: Unternehmensforschung, Bd. 2, 1958.

[277] *Kreuzer, K.:* Tägliche vollautomatische Bestandsüberwachung und Auftragsdisposition mit einer elektronischen Rechenanlage. In: Der Maschinenmarkt, 64. Jg. 1958.

[278] *Kröger, A.:* Bull-Magnetolekteurverfahren und Bull-Magnettrommelrechner Gamma 3 im Lebensmittel-Filialhandel. In: Elektronische Datenverarbeitung, Nr. 6, 1961.

[279] *Kron, E.:* Dialog mit DV-Maschinen. In: Rationeller Handel, Nr. 7, 1969.

[280] *Küssel, N. M.:* Elektronische Datenverarbeitungssysteme – Operations Research – Werkzeuge des Managements von morgen. In: Organisation und Betrieb, Nr. 3, 1962; Nr. 7, 1962; Nr. 9, 1962.

[281] *Langtry, E.:* Electronic Data Processing and Its Potential for Retailing. In: Computers and Automation, 10. Jg. 1961.

[282] *Ledig, P.-K.:* RKW-Messeaktion '68: Mittlere Datentechnik. In: Rationalisierung, 19. Jg. 1968/69.

[283] *Ledoux, P.:* La mécanographie au service de la distribution du tabac. In: Automatisme, Nr. 10, 1964.

[284] *Lewandowski, R.:* Zur Theorie der Warteschlangen. In: Elektronische Datenverarbeitung, 8. Jg. 1966.

[285] *Liebsch, W.:* Die Perspektiven der maschinellen Datenverarbeitung im Handel. In: Der Handel, 14. Jg. 1964.

[286] *Lindemann, P.:* Probleme der Lagerdisposition. In: Elektronische Datenverarbeitung, Nr. 3, 1961.

[287] *Lockley, L. C.:* Operations Research. In: Fortschrittliche Betriebsführung, 8. Jg. 1959.

[288] *Loewenheim, U.:* Vertragsprobleme bei Benutzung betriebsfremder elektronischer Datenverarbeitungsanlagen. In: Der Betriebsberater, 22. Jg. 1967.

[289] *Lösenbeck, H. D.:* Der Handel formiert sich. In: Der Volkswirt, 19. Jg. 1965.

[290] *Lübbert, R.:* Modelle der Lagerbestandsplanung. In: Rationeller Handel, Nr. 3, 1967.

[291] *Lutz, H.:* Betriebswirtschaftliche Aspekte der Datenverarbeitung außer Haus. In: Zeitschrift für das gesamte Rechnungswesen, 13. Jg. 1967.

[292] *Maass, W.:* Maschinell lesbare Belege. In: Bürotechnik und Automation, 4. Jg. 1963.

[293] *Markenverband e. V. und Rationalisierungs-Gemeinschaft des Handels beim RKW e. V. (Hrsg.):* ban – Bundeseinheitliche Artikelnumerierung für das Sortiment des Lebensmittelhandels. In: Rationeller Handel, 3. Sonderausgabe ban – L. Köln 1969.

[294] *Mc Kinsey & Company Inc.:* Der optimale Einsatz elektronischer Datenverarbeitungsanlagen. In: Zeitschrift für Betriebswirtschaft, 34. Jg. 1964.

[295] *Meier, A.:* Unternehmerische Entscheidungen und elektronische Datenverarbeitung. In: Management International Review, Nr. 7, 1967.

[296] *Meier-Fromhausen, H.:* Faustregeln für die Wirtschaftlichkeit gibt es nicht, Der neue Mitarbeiter im Betrieb: Elektronik (X). In: Frankfurter Allgemeine Zeitung – Blick durch die Wirtschaft, 22. 10. 1964.

[297] *Mertens, P.:* Zur Wirtschaftlichkeit und Wirtschaftlichkeitsschwelle der elektronischen Datenverarbeitung. In: Neue Betriebswirtschaft, Nr. 1, 1967.

[298] *Meyer, C. W.:* Die Kunst des Möglichen. Unternehmensentscheidungen. In: Der Volkswirt, 21. Jg. 1967.

[299] *Miaskievicz, L.:* Etude des files d'attente dans un magasin d'outillage. In: Revue Française de Recherche Opérationelle, Nr. 4, 1956/57.

[300] *Mikton, J. R.:* Computer Eliminates Inventory Woes for Swiss VW Dealers. In: Automobile International, 41. Jg. 1964.

[301] *Möllers, P.:* Datenverarbeitung im Handelsbetrieb – Leistungen und Kosten, Der neue Mitarbeiter im Betrieb: Elektronik (XXXIII). In: Frankfurter Allgemeine Zeitung – Blick durch die Wirtschaft, 11. 1. 1965.

[302] *Möllers, P.:* Elektronenrechner für Handelsbetriebe – eine Übersicht, Der neue Mitarbeiter im Betrieb: Elektronik (XXXII). In: Frankfurter Allgemeine Zeitung – Blick durch die Wirtschaft, 8. 1. 1965.

[303] *Müller-Merbach, H.:* Die Lösung des Transportproblems auf Rechenautomaten – Ein ALGOL-Programm. In: Elektronische Datenverarbeitung, Nr. 2, 1966.

[304] *Müller-Merbach, H.:* Operations Research in der Praxis, Der neue Mitarbeiter im Betrieb: Elektronik (XII). In: Frankfurter Allgemeine Zeitung – Blick durch die Wirtschaft, 29. 10. 1964.

[305] *Müller-Merbach, H.:* Operations Research kann Unternehmer-Intuition nicht ersetzen, Der neue Mitarbeiter im Betrieb: Elektronik (XIII). In: Frankfurter Allgemeine Zeitung – Blick durch die Wirtschaft, 2. 11. 1964.

[306] *Pack, L.:* Datenverarbeitung und Unternehmensforschung. Zusammenarbeit Betrieb – Wissenschaft dringend notwendig. In: Der Arbeitgeber, 19. Jg. 1967.

[307] *Pack, L.:* Optimale Bestellmenge und optimale Losgröße, zu einigen Problemen ihrer Ermittlung. In: Zeitschrift für Betriebswirtschaft, 34. Jg. 1964.

[308] *Pfaffenberger, U.,* und *R. Wiegert:* Zur Bestimmung des optimalen Standorts eines Einkaufszentrums. In: Unternehmensforschung, Nr. 2, 1965.

[309] *Prieß, F.:* Großhandel im Umbruch. In: Rationeller Handel, Nr. 2, 1969.

[310] *Rahmstorf, G.:* Leistungsvergleich von Datenverarbeitungssystemen. In: Internationale elektronische Rundschau, 20. Jg. 1966.

[311] *Raßbichler, P.:* Datenverarbeitung mit andern. In: Rationeller Handel, Nr. 9, 1968.

[312] *Reblin, E.:* Konjunktur und Datenverarbeitung. In: Zeitschrift für das gesamte Rechnungswesen, 13. Jg. 1967.

[313] *Redecker, W.:* Fünfmal „Daten erfassen“ im Textileinzelhandel. In: Rationeller Handel, Nr. 5, 1967.

[314] *Reusch, G.:* Überlegungen zum Einsatz einer elektronischen Datenverarbeitungsanlage, ADL-Nachrichten, 11. Jg. 1966.

[315] *Rohmert, H.,* und *E. Rohmert:* Kriterien der Systemauswahl. In: Bürotechnik und Automation, 7. Jg. 1966.

[316] *Rohn, W. E.:* Zur Datenverarbeitung in Klein- und Mittelbetrieben. Erfahrungen des „Instituts für Führungslehre“. In: Der Arbeitgeber, 19. Jg. 1967.

[317] *Rühli, E.:* Optimale Sortimentsplanung mit Linearer Programmierung. In: Mitteilungen aus dem Handelswissenschaftlichen Seminar der Universität Zürich, Nr. 18, 1963.

[318] *Sass, G.:* Klein-Lochkartenverfahren im Lebensmittel-Filialhandel mit Einsatz des Kleincomputers I.C.T 558. In: Das Rationelle Büro, Nr. 8, 1963.

[319] *Sassouni, P.:* A Solution to a Transportation Problem Programmed for the Burroughs 220 Computer. In: Elektronische Datenverarbeitung, Nr. 5, 1961.

[320] *Scharmann, K.:* Elektronische Datenverarbeitung, ein Problem der innerbetrieblichen Organisation und der richtigen Anwendung. In: Bürotechnik und Automation, 8. Jg. 1967.

[321] *Schiller, H.:* Voraussetzungen und Zielsetzungen des wirtschaftlichen Einsatzes von elektronischen Datenverarbeitungsmaschinen. In: Betriebswirtschaftliche Umschau, 37. Jg. 1967.

[322] *Schilling, G.:* Lagerbewirtschaftung und Einkaufsdisposition in einem Handelsunternehmen. In: Bürotechnik und Organisation, Nr. 11, 1968.

[323] *Schlumberger, A.:* Un cas d'automation administrative, un ordinateur au service de la distribution. In: Elektronische Datenverarbeitung, Folge 4, 1960.

[324] *Schmidt, P.:* Datenverarbeitung im Lebensmittelgroßhandel, Der neue Mitarbeiter im Betrieb: Elektronik (VI). In: Frankfurter Allgemeine Zeitung – Blick durch die Wirtschaft, 8. 10. 1964.

[325] *Schmidt, W.:* Licht und Schatten bei der maschinellen Datenverarbeitung im Handel. In: Der Handel, Nr. 10, 1964.

[326] *Schmitt, H. J.:* Information und Strategie der Unternehmung in Marktkampfsituationen. In: Zeitschrift für Betriebswirtschaft, 37. Jg. 1967.

[327] *Schneider, C.:* Möglichkeiten der EDV im Vertriebsbereich. In: Bürotechnik und Organisation, 15. Jg. 1967.

[328] *Schneider, G. von:* Stand und Entwicklung der Datenerfassung. In: Zeitschrift für das gesamte Rechnungswesen, 13. Jg. 1967.

[329] *Schneider, K.:* Die Problematik des Computers für Klein- und Mittelbetriebe. In: Wirtschafts-Praxis, Teil B, Nr. 228, 1967.

[330] *Scholz, H.,* und *R. Steinbock:* Die Untersuchung der Wirtschaftlichkeit einer automatisierten Datenverarbeitung (ADV). In: Elektronische Datenverarbeitung, Nr. 3, 1966.

[331] *Scholz, K.:* Von der ersten zur vierten Computer-Generation. Worin sich die Computer-Generationen unterscheiden. In: Wirtschaft und Wissen, Nr. 9, 1968.

[332] *Schopper, K. F.:* Einsatzmöglichkeiten elektronischer Rechenanlagen für die Marktforschung. In: Elektronische Datenverarbeitung, Nr. 5, 1961.

[333] *Schrenk, M.:* Bewertungstabellen als Entscheidungshilfen. In: Betriebswirtschaftliche Forschung und Praxis, 16. Jg. 1964.

[334] *Schuff, H. K.:* Die kombinatorische Bearbeitung des Travelling Salesman Problems mit Rechenanlagen. In: Elektronische Datenverarbeitung, Nr. 8, 1960.

[335] *Schuff, H. K.:* Standardprogramme für die Unternehmensforschung. In: Elektronische Datenverarbeitung, Nr. 4, 1965.

[336] *Schulz, A.:* Die integrierte Bestands-, Bedarfs- und Bestellrechnung in der Werkstattfertigung. In: Betriebswirtschaftliche Forschung und Praxis, 20. Jg. 1968.

[337] *Schwarze, J.:* Wirtschaftlichkeitsberechnung elektronischer Datenverarbeitungsanlagen. In: Neue Betriebswirtschaft, Nr. 19, 1966.

[338] *Schweizer, A.:* Der Normierungsgedanke in der Datenverarbeitung. In: Industrielle Organisation, 35. Jg. 1966.

[339] *Seitz, G.:* Datenverarbeitung außer Haus. Überlegungen zur Organisation und Rechtsform. In: Der Betrieb, 20. Jg. 1967.

[340] *Sherwood, H.:* Informationsverarbeitung im Einzelhandel – Gestern – Heute – Morgen. In: Bürotechnik und Automation, 6. Jg. 1965.

[341] *Shirley, D.:* Choosing a Computer. In: Data Systems, Sonderheft 1967.

[342] *Sommer, W.:* Gegenwart und Zukunft der Datenerfassung. In: Bürotechnik und Automation, 7. Jg. 1966.

[343] *Strecker, A.:* Organisatorische Einsatzkriterien für die elektronische Datenverarbeitung. In: Zeitschrift für Organisation, 29. Jg. 1960.

[344] *Szyperski, N.:* Die technologische Herausforderung an die Betriebswirtschaftslehre der Gegenwart (II). In: Zeitschrift für Betriebswirtschaft, 33. Jg. 1963.

[345] *Vaszonyi, A.:* Die mathematische Programmierung auf den verschiedenen Gebieten des Handels. In: Zeitschrift für wirtschaftliche Fertigung, 55. Jg. 1960.

[346] *Weber, D.:* Wann ist ein Unternehmen reif für die Datenverarbeitung. Der neue Mitarbeiter im Betrieb: Elektronik (III). In: Frankfurter Allgemeine Zeitung – Blick durch die Wirtschaft, 28. 9. 1964.

[347] *Wegenstein, W. O.:* Computerauswahl. Die Auswahlkriterien und die Aufgaben der Geschäftsleitung bei der Systementscheidung mit fünf Bewertungsbogen. In: ADL-Nachrichten, 11. Jg. 1966.

[348] *Wehrenberg, H.-P.:* Die Lagerhaltung im Rahmen einer Real-Time-Verarbeitung. In: Technisch-wissenschaftliche Beilage der Süddeutschen Zeitung, Nr. 265, 5. 11. 1965.

[349] *Weiss, E.,* und *G. Sosinski:* Die Bedeutung der Schlüsseltechnik im Lochkartenverfahren der GHG Lebensmittel. In: Der Handel, Nr. 1, 1964.

[350] *Weiß, G.:* Die Offene-Posten-Buchhaltung mit Lochkarten. In: Rationeller Handel, Nr. 4, 1968.

[351] *Wetzel, W.:* Bemerkungen zur Rationalisierung betriebswirtschaftlicher Entscheidungen mit Hilfe elektronischer Datenverarbeitungsmaschinen. In: Unternehmensforschung, Nr. I/3, 1956/57.

[352] *Wibrog, K.:* Die erste vollautomatische Gemüseauktion der Welt, Der neue Mitarbeiter im Betrieb: Elektronik (XXXIV). In: Frankfurter Allgemeine Zeitung – Blick durch die Wirtschaft, 15. 1. 1965.

[353] *Wimmers, W.:* Das Angebot seit der Hannover-Messe, Organisationsmittel für den Einzelhandel. In: Der Einzelhandels-Berater, Nr. 6, 1964.

[354] *Wimmers, W.:* Datenverarbeitung im Einzelhandel. Warenstatistik mit Kleinlochkarten. In: Der Einzelhandels-Berater, Nr. 9, 1962.

[355] *Wimmers, W.:* Datenverarbeitung und Unternehmensführung im Einzelhandel. In: Der Einzelhandels-Berater, Nr. 11, 1964.

[356] *Wimmers, W.:* Probleme und Möglichkeiten der Datenverarbeitung im Einzelhandel. In: Der Einzelhandels-Berater, Nr. 3, 1962.

[357] *Wimmers, W.:* Verbesserung der Betriebsübersicht durch Datenerfassung an der Kasse. In: Der Einzelhandels-Berater, Nr. 7, 1963.

[358] *Winkler, H.:* Fakturierung und Datenerfassung. In: Bürotechnik und Automation, 4. Jg. 1963.

[359] *Winkler, H.:* Heute bestellt – morgen geliefert. In: Bürotechnik und Automation, 5. Jg. 1964.

[360] *Witte, E.:* Die Organisation komplexer Entscheidungsverläufe. Ein Forschungsbericht. In: Zeitschrift für betriebswirtschaftliche Forschung, 20. Jg. 1968.

[361] *Witte, E.:* Phasen-Theorem und Organisation komplexer Entscheidungsverläufe. In: Zeitschrift für betriebswirtschaftliche Forschung. 20. Jg. 1968.

[362] *Wulkan, F. von:* Mechanisierung und Automation im Handel. In: Bürotechnik und Organisation, 7. Jg. 1959.

[363] *Zerban, A.:* Datenverarbeitung – Nicht nur für die Großen. In: Der Volkswirt, 19. Jg. 1965.

[364] *Zimmer, W.:* Aufrechnen – registrieren – abrechnen. In: Rationeller Handel, Nr. 3, 1967.

[365] *Zimmer, W.:* Datenverarbeitung für Klein- und Mittelbetriebe. In: Rationeller Handel, Nr. 3, 1969.
[366] *Zimmer, W.:* Der Lagermeister heißt Computer. In: Rationeller Handel, Nr. 3, 1969.
[367] *Zimmer, W.:* Ein Computerwurf: Der optimale Osterhase. In: Rationeller Handel, Nr. 9, 1968.
[368] *Zimmer, W.:* Ein Steckbrief für jeden Artikel. In: Rationeller Handel, Nr. 6, 1969.

ohne Verfasserangaben:

[369] Automatic Warehousing and Selling. In: International Fruit World, Nr. 2, 1961.
[370] Automatische Selbstbedienung für Lebensmittel. In: Süddeutsche Zeitung, Nr. 55, 21. 4. 1965.
[371] Computer – Bombe im Rechner. In: Der Spiegel, Nr. 3, 1969.
[372] Computer-Controlled Warehouse. In: Electrical Times, Nr. 18, 1963.
[373] Computer System for a Wholesale Grocer. In: Engineering, 1963.
[374] Controlling the Distribution of Goods to Retail Shops. In: Data Processing, 5. Jg. 1963.
[375] Das Bestellwesen bei der Kaufhalle GmbH Köln. In: Bürotechnik und Automation, 2. Jg. 1961.
[376] Daten von der Kasse. In: Rationeller Handel, Nr. 5, 1969.
[377] Der Lebensmittelhandel rationalisiert. In: Süddeutsche Zeitung, Nr. 211, 3. 9. 1969.
[378] Die Betriebsgrößen der Groß- und Einzelhandlungen 1956 bis 1960. In: Mitteilungen des Instituts für Handelsforschung an der Universität Köln, Nr. 96, 1961.
[379] EDV in den USA. In: Rationeller Handel, Nr. 1, 1969.
[380] Elektronenrechner löst Transportproblem im Lastwagenverkehr. In: Bürotechnik und Organisation, 12. Jg. 1964.
[381] Elektronische Datenverarbeitung nun auch im Einzelhandel. In: Der Einzelhandels-Berater, Nr. 11, 1963.
[382] „Esperanto" für den Handel. In: Süddeutsche Zeitung, Nr. 211, 3. 9. 1969.
[383] Experiments in Stores With New IBM Equipment. In: Retail News Letter, Nr. 83, 1964.
[384] Faktura und Lagerkontrolle mit Lochkarten. In: Rationeller Handel, Nr. 7, 1966.
[385] Getrennt verkaufen, vereint kontrollieren. Die Möglichkeiten der Gemeinschaftsanlage. In: Rationeller Handel, Nr. 7, 1966.
[386] IBM 7070 bei Neckermann. In: Bürotechnik und Automation, 1. Jg. 1960.
[387] Jede Nummer eine Sorte. Standard-Sortennummern für den Lebensmittelhandel. In: Rationeller Handel, Nr. 7, 1966.
[388] Les cartes perforées et la distribution commerciale. In: Revue de la Mécanographie, Nr. 152, 1961.
[389] Merchandise Accounting. In: Data Processing, Nr. 2, 1961.
[390] Messe Neuheiten fürs Büro. In: Rationeller Handel, Nr. 5, 1969.
[391] Nur fakturiert wird noch zu Hause. In: Rationeller Handel, Nr. 4, 1969.
[392] Probleme und Möglichkeiten der Automatisierung in Lebensmittel-Zentrallägern. In: Fördern und Heben, Nr. 6, 1963.
[393] Rasche Ausbreitung der Elektronik im Handel. In: Frankfurter Allgemeine Zeitung, Nr. 238, 1964.

[394] Routinen und Standardprogramme. Ihre Vorbereitung und Abwicklung. In: Rationeller Handel, Nr. 7, 1966.

[395] Sales Statistics from Invoices. In: Data Processing, Nr. 2, 1964.

[396] Stand der automatischen Datenverarbeitung in Lebensmittelfilialbetrieben. In: Rundschreiben der Arbeitsgemeinschaft der Lebensmittel-Filialbetriebe e. V. vom 12. 7. 1965.

[397] Stock Control and Credit-Sale Accounting for Retail Stores. In: Data Processing, Nr. 5, 1963.

[398] The Cybernated Generation. In: Time, 2. 4. 1965.

[399] Warum der Wettbewerb im Handel künftig härter wird. In: Handelsblatt, Nr. 131, 12. 7. 1965.

[400] Welche EDV-Anlage für welchen Betrieb? Leistungsstufen und Ausrüstung. In: Rationeller Handel, Nr. 7, 1966.

[401] Zahlen und Daten aus dem Draht. Möglichkeiten und Kosten der Datenfernübertragung. In: Rationeller Handel, Nr. 7, 1966.

[402] Zeitschriften-Abrechnung mit Lochkarten im Sortimentsbuchhandel. In: Berichte des Instituts für Buchmarkt-Forschung, Nr. 1, 1962.

Aufsätze in von Herstellerbetrieben elektronischer Datenverarbeitungsanlagen herausgegebenen Zeitschriften:

[403] *Adolphi, H.:* Datenfernverarbeitung. In: IBM Nachrichten, 12. Jg. 1962.

[404] *Bakis, R.:* Die automatische Zeichenerkennung. Die Verarbeitung akustischer Sprachsignale, das Lesen gedruckter Texte und andere neue Kommunikationsmedien. In: IBM Nachrichten, 18. Jg. 1968.

[405] *Baus, G.:* Bilanzerstellung mit elektronischen Datenverarbeitungsanlagen. In: IBM Nachrichten, 12. Jg. 1962.

[406] *Bayer, S.:* Methoden zur Erfassung des Ist-Zustandes mit Hilfe der SOP-Formulare. In: IBM Nachrichten, 17. Jg. 1967.

[407] *Beßler, O.:* Filiale denkt – Zentrale lenkt. In: Bull/GE-Informationen, Nr. 39/40, 1966.

[408] *Börjes, E.:* Die erste vollautomatische Auktion der Welt durch Einsatz einer IBM-Datenverarbeitungsanlage mit Sondereinrichtungen. In: IBM Nachrichten, 15. Jg. 1965.

[409] *Bösenberg, W. A.:* Absatzwirtschaft und Datenverarbeitung. In: IBM Nachrichten, Nr. 172, 1965.

[410] *Detwiler, K. E.:* Darum verwendet Quelle PL/I. Analyse bei PL/I-Anwendern. In: IBM Nachrichten, 18. Jg. 1968.

[411] *Effenberger, H.:* Der Bull Gamma 10 löst Probleme der Warenverteilung. In: Bull-Informationen, Nr. 5/6, 1964.

[412] *Frirdich, W.:* IBM-Rechenzentren. Datenverarbeitung außer Haus. In: IBM Nachrichten, 18. Jg. 1968.

[413] *Gahse, S.:* Wirtschaftliche Lagerhaltung mit MINCOS. In: IBM Nachrichten, 17. Jg. 1967.

[414] *Gemper, H. J.:* Systemanalyse. Der Systemberater. In: IBM Nachrichten, 17. Jg. 1967.

[415] *Gerich, K.:* Die Auslegung von Datenfernverarbeitungssystemen. In: IBM Nachrichten, 19. Jg. 1969.

[416] *Graef, F.*, und *H. Rieks:* Die elektronische Datenverarbeitung im Versandhaus. In: IBM Nachrichten, 15. Jg. 1965.

[417] *Gsell, P.:* Das Bestellwesen bei der Genossenschaft – MIGROS – Zürich. In: Bull/GE-Informationen, Nr. 39/40, 1966.

[418] *Hansen, R.:* Neue Wege der Datenerfassung – Markierungsleser IBM 1232 bei der Kaiser's Kaffee-Geschäft AG. In: IBM Nachrichten, 17. Jg. 1967.

[419] *Hofmann, P.:* Der Wert eines Datenverarbeitungssystems. Gedanken und Erläuterungen zum IBM/360-Operating-System. In: IBM Nachrichten, 15. Jg. 1965.

[420] *Kettner, H.:* Die Zentralregierung in der Kaufhof AG. In: Bull-Informationen, Nr. 17, 1961.

[421] *Kleitz, H.:* Datenfernverarbeitung – Erweiterte Möglichkeiten mit der Datenstation IBM 2770. In: IBM Nachrichten, 19. Jg. 1969.

[422] *Kleitz, H.*, und *P. Braunsdorf:* Neue Wege der Datenerfassung – Direkteingabe mit der Optischen Anzeige IBM 2260. In: IBM Nachrichten, 17. Jg. 1967.

[423] *Kröger, A.:* Der pharmazeutische Großhandel im Zeichen der Lochkarte. In: Bull-Informationen, Nr. 22, 1962.

[424] *Kröger, A.:* Selbstbedienung mit Lochkarten. In: Bull-Informationen, Nr. 23, 1962.

[425] *Lutz, T.*, und *H. Beutler:* „Management Information Systems" (MIS), Begriffe und Konzeption für Management-Informationssysteme. In: IBM Nachrichten, Nr. 191, 1968.

[426] *Meyer, H.*, und *K. Thum:* LOG – ein neues Lageroptimierungsmodell. In: Bull/GE-Information, Nr. 42, 1968.

[427] *Müller, W.:* Einsatz von Plattenspeicher und Teleprocessing für Bestandsführung, Disposition, Auftragsabwicklung und Rechnungsstellung in einem Kfz-Zentralersatzteillager. In: IBM Nachrichten, 15. Jg. 1965.

[428] *Nolle, F. K.:* Datenfernverarbeitung. Betriebsweise, Funktion und Steuerung der Datenstation. In: IBM Nachrichten, 18. Jg. 1968.

[429] *Nolle, F. K.:* Datenfernverarbeitung – Datenübertragung über private und öffentliche Einrichtungen. In: IBM Nachrichten, 16. Jg. 1966.

[430] *Nolle, F. K.:* Datenfernverarbeitung. Technik und Programmierung des Datenverarbeitungssystems. In: IBM Nachrichten, 18. Jg. 1968.

[431] *Olf, F. K.:* IBM Belegverarbeitungsmaschinen. In: IBM Nachrichten, 13. Jg. 1963.

[432] *Olf, F. K.:* Maschinen lesen Handschriften (Teil II). In: IBM Nachrichten, 17. Jg. 1967.

[433] *Ostermann, E.-A.:* Der Markierungsleser IBM 1230 in Handelsbetrieben. In: IBM Nachrichten, 13. Jg. 1963.

[434] *Raßbichler, P.:* Datenverarbeitung für kleinere und mittlere Lebensmittel-Großhandlungen – in IBM-Rechenzentren mit IBM-Anwendungsprogrammen. In: IBM Nachrichten, 17. Jg. 1967.

[435] *Raßbichler, P.:* Inventur für Lebensmittel-Einzelhändler elektronisch berechnet. In: IBM Nachrichten, 16. Jg. 1966.

[436] *Raßbichler, P.:* Sortimentsanalyse mit einer Datenverarbeitungsanlage. In: IBM Nachrichten, 16. Jg. 1966.

[437] *Reif, K.:* Verfahren der Bedarfsermittlung. In: IBM Nachrichten, 16. Jg. 1966.

[438] *Saar, W., W. Herbold* und *K.-H. Wiese:* Rechnungsschreibung, Bestands- und Bestellrechnung in einer pharmazeutischen Großhandlung. In: IBM Nachrichten, 14. Jg. 1964.

[439] *Schade, H.:* Neue Wege der Datenerfassung – Klarschriftleser IBM 1285 für Endlosstreifen. In: IBM Nachrichten, 15. Jg. 1965.

[440] *Schmer, L.:* Auftragserfassung mit dem Markierungsleser IBM 1232 bei der Konsumgenossenschaft Stuttgart. In: IBM Nachrichten, 18. Jg. 1968.

[441] *Simon, G.:* Datenfernverarbeitung nach Freigabe des Selbstwählferndienstes der Deutschen Bundespost. In: IBM Nachrichten, 15. Jg. 1965.

[442] *Sprick, W.:* Der Beitrag der IBM zur Lösung des Problems des automatischen Erkennens handgeschriebener Zeichen. In: IBM Nachrichten, 13. Jg. 1963.

[443] *Steinbuch, K.:* Systemanalyse – Versuch einer Abgrenzung. Methoden und Beispiele. In: IBM Nachrichten, 17. Jg. 1967.

[444] *Teske, H.:* Datenverarbeitung außer Haus. In: Bull/GE-Informationen, Nr. 39/40, 1966.

[445] *Valentin, H.:* Bestandführung und Disposition von Ersatzteilen mit dem IBM System 1130 bei einem Kfz-Großhändler. In: IBM Nachrichten, 19. Jg. 1969.

[446] *Wehrs, H.,* und *G. Wolter:* Neue Wege der Datenerfassung – Direkteingabe. In: IBM Nachrichten, 17. Jg. 1967.

[447] *Witte, E.:* Mikroskopie einer unternehmerischen Entscheidung. In: IBM Nachrichten, 19. Jg. 1969.

[448] *Zingg, R. H.:* Wirtschaftlichere Lagerführung durch TRIM. In: Bull/GE-Informationen, Nr. 39/40, 1966.

ohne Verfasserangaben:

[449] Computer GE-55 im Zeitungs- und Zeitschriftenvertrieb. In: Bull/GE-Information, Nr. 42, 1968.

[450] Das neue Univac-III-Rechenzentrum bei der GEG. In: Die Lochkarte, Nr. 194, 1963.

[451] Fakturierung im Handel. In: Bull-Informationen, Sonderheft Nr. 26, 1963.

[452] Fuhrparkabrechnung ohne Mühe. In: Bull-Informationen, Sonderheft Nr. 26, 1963.

[453] Konsumgenossenschaft Dortmund-Hamm-Bochum eGmbH. In: Bull-Informationen, Nr. 24, 1962.

[454] Kurznachrichten aus der Datenverarbeitung. Französisches Versandhaus bearbeitet Kundenwünsche mit 72 optischen Anzeigegeräten und zwei Computern. In: IBM Nachrichten, 18. Jg. 1968.

[455] Lochkarten lenken das Bier zum Verbraucher. In: Bull-Informationen, Nr. 17, 1961.

[456] Moderne Marktanalyse mit Bull-Elektronenrechnern. In: Bull-Informationen, Nr. 22, 1962.

[457] Programmiertechnische Kurznachrichten. SÜGRO verkauft mit Computer. In: IBM Nachrichten, 19. Jg. 1969.

[458] Provisionsabrechnung noch schneller. In: Bull-Informationen, Sonderheft Nr. 26, 1963.

[459] Zeitnah und übersichtlich – eine Umsatzstatistik nach Vertretern und Bezirken. In: Bull-Informationen, Sonderheft Nr. 26, 1963.

Firmenbroschüren und Sonstiges

Aufsätze in von Herstellerbetrieben elektronischer Datenverarbeitungsanlagen herausgegebenen Broschüren:

[460] Bull Deutschland GmbH (Hrsg.): Die Datenverarbeitungsanlage Bull Gamma 30, 5. Aufl. Köln-Mülheim 1964.
[461] *Eberlein, K.:* Transportprobleme und ihre Lösung mit einer Datenverarbeitungsanlage, IBM Form 81 502, Hrsg. IBM Deutschland GmbH. Sindelfingen o. D.
[462] Electrologica GmbH (Hrsg.): Electrologica ELX-Serie. Allgemeine Beschreibung. Düsseldorf 1967.
[463] Friden GmbH (Hrsg.): Datenerfassung und elektronische Auswertung – ein Beispiel der Praxis der Lochstreifentechnik. Nürnberg 1963.
[464] IBM Deutschland GmbH (Hrsg.): Abwicklung der Monatsorder für VW-Großhändler im IBM Service Bureau, IBM Form 71 361. Sindelfingen 1963.
[465] IBM Deutschland GmbH (Hrsg.): Anleitung zur Durchführung einer IMPACT-Studie. Sindelfingen 1964.
[466] IBM Deutschland GmbH (Hrsg.): Die IBM Lochkartenorganisation im Kaufhaus, IBM Form 71 387. Sindelfingen 1964.
[467] IBM Deutschland GmbH (Hrsg.): Die IBM-Lochkarte in der Laden-Waren-Abrechnung, IBM Form 74 847. Sindelfingen 1963.
[468] IBM Deutschland GmbH (Hrsg.): Die Lochkarte in einer Bäcker-Einkaufsgenossenschaft, IBM Form 71 323. Sindelfingen 1961.
[469] IBM Deutschland GmbH (Hrsg.): Einführung in die elektronische Datenverarbeitung, IBM Form 70 063. Sindelfingen 1965.
[470] IBM Deutschland GmbH (Hrsg.): Einführungsschrift IMPACT – Wirtschaftliche Lagerhaltung mit wissenschaftlichen Methoden, IBM Form 74 899. Sindelfingen 1963.
[471] IBM Deutschland GmbH (Hrsg.): Einführungsschrift Verkaufsabrechnung Programm-System, IBM Form 74 868. Sindelfingen 1962.
[472] IBM Deutschland GmbH (Hrsg.): Elektronisches Datenverarbeitungssystem IBM 1440 im Einsatz bei einer mittleren Handelsgesellschaft, IBM Form 74 864. Sindelfingen 1962.
[473] IBM Deutschland GmbH (Hrsg.): Finanzbuchhaltung mit IBM Lochkarten, IBM Form 74 795. Sindelfingen 1956.
[474] IBM Deutschland GmbH (Hrsg.): Formular zur Berechnung der zu erwartenden Lagerreduktion bei Verwendung von IMPACT, IBM Form 71 371. Sindelfingen 1964.
[475] IBM Deutschland GmbH (Hrsg.): Fragen zur Betriebsuntersuchung bei Großhandelsunternehmen, IBM Form 71 176. Sindelfingen o. D.
[476] IBM Deutschland GmbH (Hrsg.): Handbuch Datenverarbeitungssystem IBM 1401, IBM Form 74 856-3. Sindelfingen 1963.
[477] IBM Deutschland GmbH (Hrsg.): IBM Betriebssystem / 360 Fortran IV, IBM Form 79 807-2. Sindelfingen 1966.
[478] IBM Deutschland GmbH (Hrsg.): IBM Retail - IMPACT – Waren- und Kaufhäuser – Optimale Lagerhaltung im Einzelhandel mit wissenschaftlichen Methoden, IBM Form 71 489-0. Sindelfingen o. D.

[479] IBM Deutschland GmbH (Hrsg.): IBM System / 360 Modell 20 – Einsatz in Großhandelsunternehmen mit Kunden- und artikelabhängigen Rabatten, IBM Form 74923. Sindelfingen 1964.

[480] IBM Deutschland GmbH (Hrsg.): Integrierte Datenverarbeitung mit elektronischen Anlagen – Handel, Verkaufsabrechnung und Disposition, IBM Form 71408. Sindelfingen o. D.

[481] IBM Deutschland GmbH (Hrsg.): Prüfungen und Kontrollen, IBM Form 81815. Sindelfingen o. D.

[482] IBM Deutschland GmbH (Hrsg.): Standardmietabkommen der IBM Deutschland GmbH, IBM Form 30501-1. Sindelfingen 1967.

[483] IBM Deutschland GmbH (Hrsg.): Standardvorschlag Nr. 6/63 – Buchhaltung im 1401 Service Bureau, IBM Form 76112. Sindelfingen 1963.

[484] IBM Deutschland GmbH (Hrsg.): Standardvorschlag Nr. 22/65 – Das IBM Service Bureau hilft dem Lebensmittel-Großhändler, IBM Form 72100. Sindelfingen 1965.

[485] IBM Deutschland GmbH (Hrsg.): Verkaufsorganisation mit IBM Lochkarten – Stichworte zu einem Referat, IBM Form 70003. Sindelfingen o. D.

[486] IBM Deutschland GmbH (Hrsg.): Was ist Lagerhaltungs-Simulation?, IBM Form 74135. Sindelfingen 1964.

[487] IBM Deutschland GmbH (Hrsg.): Wirtschaftlichkeitsrechnung, IBM Form 81812. Sindelfingen o. D.

[488] ICL Deutschland International Computers GmbH (Hrsg.): Das ICL System 1900 – die universelle Familie elektronischer Datenverarbeitungsanlagen des größten Computerherstellers außerhalb der USA. Düsseldorf o. D.

[489] ICL Deutschland International Computers GmbH (Hrsg.): ICL SCAN – Ein anpassungsfähiges Lageroptimierungsprogramm für das ICL System 1900. Düsseldorf o. D.

[490] I.C.T International Computers and Tabulators GmbH (Hrsg.): Handbuch I.C.T System 1900, Form Nr. 0/1900 B/3. Düsseldorf 1965.

[491] I.C.T International Computers and Tabulators GmbH (Hrsg.): I.C.T-Lochkartenmaschinen in Lebensmittelbetrieben. Düsseldorf o. D.

[492] I.C.T International Computers and Tabulators GmbH (Hrsg.): I.C.T-Lochkartenorganisation mit einer 40stelligen I.C.T-Lochkartenanlage bei der Firma Coca-Cola GmbH. Düsseldorf 1964.

[493] I.C.T International Computers and Tabulators GmbH (Hrsg.): I.C.T-Informationen zur Hannover-Messe 1967 (29. April bis 7. Mai). Düsseldorf o. D.

[494] I.C.T International Computers and Tabulators GmbH (Hrsg.): Kleincomputer I.C.T 558 – Beschreibung des Anwendungsbeispiels Lebensmittelgroß- und -einzelhandel. Düsseldorf 1962.

[495] ICL Deutschland International Computers GmbH (Hrsg.): TCHIBO entscheidet sich für ICL System 1900, ICL-Informationen. Düsseldorf 1969.

[496] *Jaeschke, G.:* Eine Methode zur Lösung des Reihenfolgeproblems vom Typ „Identical Routing“, IBM Form 78133, Hrsg. IBM Deutschland GmbH. Sindelfingen 1964.

[497] *Littger, K.:* Bearbeitung komplexer Reihenfolgeprobleme mit elektronischen Datenverarbeitungsanlagen, IBM Form 78100, Hrsg. IBM Deutschland GmbH. Sindelfingen 1963.

[498] *Mevissen, E.:* Automatisierung einer Auktion, IBM Form 71414, Hrsg. IBM Deutschland GmbH. Sindelfingen 1965.

[499] *Müller-Merbach, H.:* Verschiedene Näherungsverfahren zur Lösung des Transportproblems, IBM Form 78106, Hrsg. IBM Deutschland GmbH. Sindelfingen 1963.

[500] NCR National Registrierkassen GmbH (Hrsg.): Elektronisches Datenverarbeitungssystem NCR 315. Frankfurt/M. o. D.

[501] NCR National Registrierkassen GmbH (Hrsg.): NCR 395 im Handel. Frankfurt/M. 1964.

[502] NCR National Registrierkassen GmbH (Hrsg.): Verkaufsabrechnung im Handel mit Lochkarten beim Einsatz der Serie NCR 500. Frankfurt/M. o. D.

[503] NCR National Registrierkassen GmbH (Hrsg.): Verkaufsabrechnung im Handel mit Lochstreifen beim Einsatz der Serie NCR 500. Frankfurt/M. o. D.

[504] National Registrierkassen GmbH (Hrsg.): Verzeichnis der NCR 315-Software. EDV-Information. Frankfurt/M. 1967.

[505] *Pyka, E.:* Rationeller bestellen, ausliefern und fakturieren mit dem IBM-Auftragskartenlocher, IBM Form 78113, Hrsg. IBM Deutschland GmbH. Sindelfingen 1965.

[506] Remington Rand GmbH (Hrsg.): Materialbestandsfortschreibung und -disposition mit der Univac 1004, Univac Mitteilungen Nr. 110130263. Frankfurt/M. 1963.

[507] Remington Rand GmbH (Hrsg.): Organisatorische Vorbereitung der Einführung des Lochkartenverfahrens, Univac Mitteilungen Nr. 100000162. Frankfurt/M. 1962.

[508] *Riegel, H.:* Datenverarbeitung im Sanitär-Großhandel, IBM Form 80549-1, Hrsg. IBM Deutschland GmbH. Sindelfingen 1965.

[509] *Schröpfer, M.:* IBM System / 360 Modell 20 – Einsatz im Textilgroßhandel, IBM Form 80559-0, Hrsg. IBM Deutschland GmbH. Sindelfingen 1965.

[510] Siemens & Halske AG (Hrsg.): A Manager's Guide to Computer Processing. London 1967.

[511] Siemens & Halske AG (Hrsg.): Der Einsatz einer elektronischen Datenverarbeitungsanlage für Lagerbuchung, Lagerdisposition und Fakturierung. München 1959.

[512] Siemens & Halske AG (Hrsg.): Wirtschaftliche Lagerhaltung mit HOREST. München o. D.

[513] Standard Elektrik AG (Hrsg.): Auftragsbearbeitung im Großversandhaus, Stuttgart 1957.

[514] *Urmes, N. M.:* Operations Research. Modelle – Methoden – Anwendungen, Hrsg. IBM Deutschland GmbH, Sindelfingen o. D.

[515] *Wiese, K.-H.:* Exponential Smoothing – eine Methode der Bedarfsvorhersage, IBM Form 78129, Hrsg. IBM Deutschland GmbH. Sindelfingen 1965.

[516] Zuse KG (Hrsg.): Das Datenverarbeitungs- und Organisationssystem Zuse Z 300 zur Rationalisierung in Konsumgenossenschaften. Bad Hersfeld 1965.

[517] Zuse KG (Hrsg.): Das Datenverarbeitungs- und Organisationssystem Zuse Z 301 zur Rationalisierung in Konsumgenossenschaften. Bad Hersfeld 1965.

[518] Zuse KG (Hrsg.): Das Datenverarbeitungs- und Organisationssystem Zuse Z 302 zur Rationalisierung im Lebensmittel-Großhandel mit Vorfakturierung. Bad Hersfeld 1965.

[519] Zuse KG (Hrsg.): Das Datenverarbeitungs- und Organisationssystem Zuse Z 303 zur Rationalisierung im Lebensmittel-Großhandel mit Ordersatzfakturierung. Bad Hersfeld 1965.

[520] Zuse KG (Hrsg.): Datenverarbeitung und Organisation im Großhandel. Das Datenverarbeitungs- und Organisationssystem Zuse Z 306 zur Rationalisierung des Lebensmittel-Großhandels. Bad Hersfeld o. D.

Referate

[521] *Ackermann, H.*: Anwendungsmöglichkeiten linearer Programmierung in Handelsbetrieben, Seminar zur Betriebswirtschaftslehre des Handels an der Universität des Saarlandes. Saarbrücken, Wintersemester 1964/65.

[522] *Andresen, H.*: Die praktischen Anwendungsmöglichkeiten der elektronischen Datenverarbeitung in Handelsbetrieben, Seminar zur Betriebswirtschaftslehre des Handels an der Universität des Saarlandes. Saarbrücken, Wintersemester 1964/65.

[523] *Brencher, F.*: Wirtschaftliche Lagerhaltung mit IMPACT, IBM Seminar für Großhandelsfirmen, Bad Liebenzell/Schwarzwald, 17–19. 3. 1965.

[524] *Bruch, W.*: Probleme des Frischdienstes, IBM Seminar für den Lebensmittelgroßhandel. Bad Liebenzell/Schwarzwald, 13.–15. 11. 1963.

[525] *Bruhn, P.*: Anwendungsmöglichkeiten linearer Programmierung in Handelsbetrieben, Seminar zur Betriebswirtschaftslehre des Handels an der Universität des Saarlandes. Saarbrücken, Wintersemester 1964/65.

[526] *Denk, K.*: Anwendungsmöglichkeiten linearer Programmierung in Handelsbetrieben, Seminar zur Betriebswirtschaftslehre des Handels an der Universität des Saarlandes. Saarbrücken, Wintersemester 1964/65.

[527] *Fresen, H.*: Anwendungsmöglichkeiten linearer Programmierung in Handelsbetrieben, Seminar zur Betriebswirtschaftslehre des Handels an der Universität des Saarlandes. Saarbrücken, Wintersemester 1964/65.

[528] *Glaser, J.*: Die Situation im Großhandel – Anforderungen einer Großhandlung mit breitem Sortiment an ein Datenverarbeitungssystem, IBM Seminar für Großhandelsfirmen. Bad Liebenzell/Schwarzwald, 17.–19. 3. 1965.

[529] *Glaser, J.*: Was kann die Elektronik der Warenverteilung bieten?, Internationales Symposium der AIDA. Genf 1965.

[530] *Grund, G.*: Rückvergütungsabrechnung, IBM Seminar für Konsumgenossenschaften. Bad Liebenzell/Schwarzwald, 13.–15. 3. 1963.

[531] *Gümbel, R.*: Betriebspolitik der Warenhandelsbetriebe, Vorlesung an der Universität des Saarlandes. Saarbrücken, Wintersemester 1964/65.

[532] *Hansen, H. R.*: Die praktischen Anwendungsmöglichkeiten der elektronischen Datenverarbeitung in Handelsbetrieben, Seminar zur Betriebswirtschaftslehre des Handels an der Universität des Saarlandes. Saarbrücken, Wintersemester 1964/65.

[533] *Heindlmeyer, P. J.*: Praktische Anwendungsmöglichkeiten der elektronischen Datenverarbeitung in Handelsbetrieben, Seminar zur Betriebswirtschaftslehre des Handels an der Universität des Saarlandes. Saarbrücken, Wintersemester 1964/65.

[534] *Hertkorn, R.*: Aufbau einer IBM-Organisation, IBM Seminar für Großhandelsfirmen. Bad Liebenzell/Schwarzwald, 17.–19. 3. 1965.

[535] *Horbelt, K.*: Aktuelle Probleme und neue Wege, IBM Seminar für den Lebensmittel-Großhandel. Bad Liebenzell/Schwarzwald, 13.–15. 11. 1963.

[536] *Jourdan, W.:* Datenverarbeitung im Cash & Carry-Betrieb, IBM Seminar für Großhandelsfirmen. Bad Liebenzell/Schwarzwald, 17.–19. 3. 1965.

[537] *Kilger, W.:* Operations Research, Vorlesung an der Universität des Saarlandes. Saarbrücken, Sommersemester 1963.

[538] *Krödel, J.:* Lagerbestandrechnung und Disposition, IBM Seminar für Lebensmittel-Filialbetriebe. Bad Liebenzell/Schwarzwald, 25.–27. 9. 1963.

[539] *Lemke, R.:* Integrierte Datenverarbeitung mit IBM 1440, IBM Seminar für den Lebensmittel-Großhandel. Bad Liebenzell/Schwarzwald, 13.–15. 11. 1963.

[540] *Linck, W.:* Das IBM System / 360 Modell 20 im Großhandel, IBM Seminar für Großhandelsfirmen. Bad Liebenzell/Schwarzwald, 17.–19. 3. 1965.

[541] *Marquart, H.:* Praktische Anwendungsmöglichkeiten der elektronischen Datenverarbeitung in Handelsbetrieben, Seminar zur Betriebswirtschaftslehre des Handels an der Universität des Saarlandes. Saarbrücken, Wintersemester 1964/65.

[542] *Martin, F.:* Elektronik und Automation – ihre umwälzenden Auswirkungen in den kommenden Jahren, Industrieclub e. V. Düsseldorf 18. 11. 1963.

[543] *Martin, F.:* Unternehmensführung und Automation. Hamburg 23. 11. 1956.

[544] *Marzen, W.:* Handelsbetriebslehre I, Vorlesung an der Universität des Saarlandes, Saarbrücken, Sommersemester 1963.

[545] *Marzen, W.:* Handelsbetriebslehre II, Vorlesung an der Universität des Saarlandes. Saarbrücken, Wintersemester 1963/64.

[546] *Möllers, P.:* Was kann die Elektronik der Warenverteilung bieten?, Internationales Symposium der AIDA. Genf 1965.

[547] *Nastansky, L.:* Die Anwendungsmöglichkeiten der elektronischen Datenverarbeitung in Handelsbetrieben, Seminar zur Betriebswirtschaftslehre des Handels an der Universität des Saarlandes. Saarbrücken, Wintersemester 1964/65.

[548] *Neubert, H.:* Die organisatorische Vorbereitung von Betrieben für den Einsatz von Datenverarbeitungsanlagen, Internationaler Produktivitäts-Kongreß „Das Unternehmen im größeren Markt", Wien 1964.

[549] *Poelchau, H.:* Integriertes Abrechnungsverfahren mit IBM 1440, IBM Seminar für Lebensmittel-Filialbetriebe. Bad Liebenzell/Schwarzwald, 25.–27. 9. 1963.

[550] *Pütz, K.:* Buchhaltung, IBM Seminar für den Lebensmittel-Großhandel. Bad Liebenzell/Schwarzwald, 13.–15. 11. 1963.

[551] *Rader, L. T.:* Zwang zur Automatisierung, Deutsches Industrieinstitut. Köln 23. 2. 1965.

[552] *Riegel, H.:* Simultane Datenverarbeitung im Groß-Sortiment, IBM Seminar für Großhandelsfirmen. Bad Liebenzell/Schwarzwald, 17.–19. 3. 1965.

[553] *Ritter, R.:* Ladenabrechnung und -kontrolle. IBM Seminar für Lebensmittel-Filialbetriebe. Bad Liebenzell/Schwarzwald, 25.–27. 9. 1963.

[554] *Ritter, F.:* Lieferscheinschreibung. IBM Seminar für Lebensmittel-Filialbetriebe. Bad Liebenzell/Schwarzwald, 25.–27. 10. 1963.

[555] *Seebode, W.:* Optimalisierung der Lagerhaltung, IBM Seminar für den Lebensmittel-Großhandel. Bad Liebenzell/Schwarzwald, 13.–15. 11. 1963.

[556] *Simon, G.:* Datenfernverarbeitung, IBM Seminar für Großhandelsfirmen. Bad Liebenzell/Schwarzwald, 17.–19. 3. 1963.

[557] *Schmitz, B.:* Das Datenverarbeitungssystem IBM 1440, IBM Seminar für Lebensmittel-Filialbetriebe. Bad Liebenzell/Schwarzwald, 25.–27. 9. 1963.

[558] *Stötzner, B.:* Die praktischen Anwendungsmöglichkeiten der elektronischen Datenverarbeitung in Handelsbetrieben, Seminar zur Betriebswirtschaftslehre des Handels an der Universität des Saarlandes. Saarbrücken, Wintersemester 1964/65.

[559] *Vogt, W.:* Organisatorische Voraussetzungen, IBM Seminar für Lebensmittel-Filialbetriebe. Bad Liebenzell/Schwarzwald, 25.–27. 9. 1963.

[560] *Vogt, E.:* Organisatorische Voraussetzungen – Volltextrechnung – Ordersatzverfahren, IBM Seminar für den Lebensmittel-Großhandel. Bad Liebenzell/Schwarzwald, 13.–15. 11. 1963.

[561] *Wagener, U.,* und *G. Leist:* Eine neue Methode zur Lösung des Transportproblems. AKOR-Jahrestagung, Vevey/Schweiz 1961.

[562] *Willi, A.:* Lohn- und Gehaltsabrechnung, IBM Seminar für Lebensmittel-Filialbetriebe. Bad Liebenzell/Schwarzwald, 25.–27. 9. 1963.

[563] *Willi, A.:* SB-Lagerabrechnung, IBM Seminar für den Lebensmittel-Großhandel, Bad Liebenzell/Schwarzwald, 13.–15. 11. 1963.

[564] *Zeilinger, J.:* Einführung in die moderne Datenverarbeitung, IBM Seminar für Großhandelsfirmen. Bad Liebenzell/Schwarzwald, 17.–19. 3. 1965.

Sachregister

ABC-Analyse 114
Artikelsatz 68
Artikelstatistik 76 ff.
Automationsgrad 12, 39 ff., 47 ff., 122 ff., 126 ff., 129 ff., 132 ff.
ban-L-System 145
Bedarfsvorhersage 117 f.
Bedingungslage 26
- Bewertung 28 ff., 50 f.
- Bestimmungsfaktoren 34 ff.
- Bezugskomplexe 32 f.
- Komponenten 31
- Merkmalsausprägungen 43 ff.

Bestandsfortschreibung 69 f., 72 ff.
Bestellmengenrechnung 114 ff.
Bestellpunktrechnung 117 ff.
Bestellwesen 70, 74 f.
Betriebsabrechnung 88 ff.
Betriebsabrechnungsbogen 89
Betriebsformen 126 ff.
Betriebsgröße 14 ff., 129 ff., 132 ff.
Bildschirmstation 66

Computer
- Größenklassen 139 f.
- Hersteller 136 ff.
- Installationen 135 ff., 173
- Marktanteile 140 ff.
- Modelle 136 ff.

Datenbank 94 ff..
Datenerfassung 52 ff.
Datenfernverarbeitung 23 ff., 65 f.
Datenstation 65
Datenverarbeitung im Lohnauftrag 21 ff., 145 ff.
Datenverarbeitungsabteilung 153
- Gesamtkosten 161 f.
- organisatorische Stellung 153 f.
- organisatorische Verbindungswege 154 f.
Debitorenbuchhaltung 81 ff.
Diebold-Statistik 135 ff., 172 ff.

Einkartenverfahren 82
Einsatz der Datenverarbeitung
- Auswahlprobleme 26 ff.
- Entscheidungsprozeß 26 ff.
- Wirtschaftlichkeit 13
Elektronische Datenverarbeitung
- Ablehnungsgründe 146 ff.
- Einführungsgründe 150 ff.
- Entwicklung 171 ff.
- Erträge 167 ff.
- Gesamterfolg 169 f.
- Kosten 159 ff.
- Organisation 152 ff.
- Verwendungszwecke 155 ff.
Entscheidungssystem 92
Exponentielle Glättung 117 f.

Fakturierung 68 ff.
Finanzplanung 86
Forschungssystem 94
Führungsprozeß 91

Gemeinschaftsanlage 20 f., 142 ff.

Handelsbetrieb 11, 14 ff.
Handschriftleser 63 f.

IMPACT 113 ff.
Informationserschließung 12 f.
Informationserträge 168
Informationssystem 92, 94 ff.
Installationsvorbereitungszeit 152 f.
Integrationsgrad 12, 158 f.

Kalkulation 91
Kimball-Etiketten 55 f.
Klarschriftleser 62
Kontrollsystem 55 f.
Kontenübersicht 84 f.
Kreditorenbuchhaltung 86 ff.
Kundensatz 68
Kundenumsatzstatistik 79 f.
Kybernetik 91

Lagerbestandsliste 74 f.
Lagerberichtigung 74
Lageroptimierungsmodell 75, 113 ff., 158
Lineare Programmierung 98, 107 ff.
Lochkarte 53
Lochkartenetiketten 55
Lochstreifen 53

Magnetolekteur-Verfahren 57
Magnetplattenspeicherung 68
Magnetbandbeschriftungsgeräte 58 f.
Magnetschriftleser 61
Mahnverfahren 83 f.
Markierungsleser 56, 60
Marksensing-Verfahren 57
Mathematische Programmierung 98, 107 ff.
Monte-Carlo-Methode 98
Multiprogramming 65

Optimale Losgröße 115
Optimierungserträge 169
Ordersatz 60

Planungssystem 95
Programmierbarkeit 93

Quantifizierbarkeit 99 f.

Rationalisierungserträge 167 f.
Rationalisierungsziele 11 ff.
Rechnungsausgangsliste 81
Rechnungseingangsjournal 86 f.
Regulierungsbrief 88

Saldenliste 86
Spieltheorie 98
Strichmarkierungsverfahren 56 f.
Stückkontrolle 77 f.
Suchtheorie 98

Transportproblem 109 ff.
Travelling Salesman Problem 109

Unternehmensforschung 75, 97 ff., 157 ff.

Vorrangsteuerung 65

Warengruppenkontrolle 77, 79
Warteschlangentheorie 98, 101 ff.

Zahlungsausgangsjournal 88
Zahlungseingangsjournal 82 f.
Ziehkartei 54 f.
Zuteilungsprobleme 107 ff.
Zufriedenheitsgrad 169 f.
Zweikartenverfahren 82

Kolibri 360 GmbH
Ferdinand-Jühlke-Straße 7
99095 Erfurt, Deutschland
produktsicherheit@kolibri360.de